G

GuRu

发现，发声

·当代中国与世界·

沈志华 姚昱 主编

DECISION MAKING
IN A CHANGING WORLD

变局中的抉择

英国南海诸岛政策研究（1920—1941）

蔡梓 著

上海三联书店

当代中国与世界丛书

总　序

　　第二次世界大战结束以后，中国与世界都发生了翻天覆地的变化。这种两个层次上同时发生的巨变互相影响，不仅造成了今天的时局，而且在可见的未来会持续产生重要的影响。就此而言，从历史学的角度探究当代中国与世界各自的变化和两者之间的互动，对理解当下具有极为重要的意义。

　　我们不得不承认，由于多方面原因，中国学界有关当代中国与世界的历史研究依然较为薄弱。从学术的角度看，这一局面的形成有其客观与主观两方面的原因。就研究对象而言，1945 年之后中国与世界以及两者之间关系所发生的重大而复杂的变化，不仅普通人难以窥其全貌，目前已公开的大量史料说明，即使是各国政要也难以掌握其趋向。如此，历史学家想要探讨的问题再如何细微具体，要在巨大历史洪流中给予其较为准确的定位也难度极大，更遑论要对一些重大事件、趋势进行宏观的描述和剖析。就研究素材而言，当代史研究者还面临一个极为尴尬的两难局面——当代史史料既太多又太少。所谓太多，指的是当代人类记录自身活动的技术手段有了革命性变化后，不仅各国的传统纸质文献有极大增长，更出现了各种音像和电子资料（如电话、视频、Email 等），当代史史料有了爆炸性的增长，其他历史时期难以望其项背。所谓太少，是指由于政府档案解密滞后，许多与当前问题息息相关的重大政治、外交、军事、经济问题核心史料获得难度极高。在当代史料的获取如此不均衡的情况下，如何能找到足以勾勒当代史重要主线的各种草蛇灰线，是历史学家面临的巨大挑战。就研究能力而言，因当代社会呈现出各国政治、经济、军事、外交等多个领域的高度重叠和深度互动，由此出现了诸如全球史、国际史、跨国史和科技史、经济史、社会史等跨学科跨领域的热潮。但中国的当代史研究目前还呈现出将中国史与世界史，历史学与其他社会科学、自然科学相割裂的状态，研究中国史不了解世界、研究世界史不了解中国的现象依然严重，从长远来看这十分不利于中国当代史研究的发展。

千里之行，始于足下。探究当代中国与世界及其彼此关系固然难度极大，但既是历史学者的职业担当，更是中国学人不可也无法拒绝的使命。至少自近代以来，现当代中国的形成是现代世界形成的一部分，探究当代中国与世界以及两者之间的互动关系，是回答中国和世界从何而来、为何如此、往何处去这些重要问题的智识基础，中国人应当和必须在此问题上给出自己的解答。有鉴于此，华东师范大学的当代史研究团队在这一领域很早就开展和推动相关研究。在海内外学友的襄助下，经数十年积累小有成就，不仅展开大规模当代史多国史料的搜集和整理工作，集合校内外科研力量围绕一系列重大当代史问题与国际学术界展开对话，还积极培养能打通学科和方向藩篱、具有广阔视野的当代史研究的青年人才。今天本团队能有所成就，离不开华东师范大学历届各级领导的关注关心，离不开国内外同仁的热情支持。

本系列丛书即为华东师范大学当代史团队和国内同仁近年来相关研究成果的呈现。本系列丛书的主旨可归纳为"从世界看中国"和"从中国看世界"，着力囊括从当代中国与世界的互动角度所可能展开的各种当代史研究议题，如边疆边界问题、中国与大国关系、中国与邻国关系、中国与世界其他国家的关系、中国与当代世界经济、华侨华人等等。在研究方法方面，本系列一方面秉持实证史学的基本要求，以扎实的多边史料为基础就相关议题展开论述，做到"论从史出""言必有据"；另一方面则积极与国际学术界展开对话，主动吸收海外研究成果和方法，并就彼此共同关注的问题展开严谨的学术讨论，以避免自说自话。

在此，本丛书编委会特别感谢上海三联书店愿意襄助本丛书的出版。我们希望"当代中国与世界"丛书的出版，能够向海内外读者揭示一些重大当代历史事件的复杂面向、当代中国与世界的复杂关系，展现围绕各种当代史议题的海内外见解和叙述，并介绍中国学者在一系列重要当代史问题上的思考和辨析，与国际学术界展开学术对话，为从事当代史研究的学者和对当代史有兴趣的读者提供严谨的智识参考。

沈志华　姚昱

2024 年 9 月

3

目　录

序　一

　　中国经略和管辖南海诸岛的历史十分悠久，对南海诸岛及相关海域拥有无可争辩的主权。然而，自 19 世纪下半叶以降，南海诸岛相继遭受西方帝国主义列强以及周边有关国家的非法侵犯。时至今日，南海局势虽总体可控，但仍然动荡不安，暗流涌动，南海问题成为国际热点，引发区域内外国家持续关注。

　　英国不是南海问题当事国，但无论在历史上还是在当下，英国一直是南海地缘博弈的积极参与者。因此，观察和研究南海问题，英国都是我们不应忽视的对象。自 20 世纪 50 年代以来，海内外学者从不同学科、不同视角对南海问题展开多方面研究，取得了许多成果，但有关英国南海诸岛政策的研究并不多见，尤其是从历史深处探究英国南海诸岛政策的由来、发展及其对现实的影响和未来走向的学术研究，尚缺乏全面、深入、系统的展开。英国与南海的关系是近代以来域外国家介入、染指南海事务的缩影，透过对英国南海诸岛政策历史经纬的揭示，不仅可以使我们更加清晰地认识域外国家干预南海问题的历史渊源、演进路径，而且可以使我们更加科学地研判域外国家南海诸岛政策的本质特征和发展趋向，从而增强我们应对南海问题的全局性、系统性和前瞻性。事实上，在可预见的未来，英国将依然在"全球英国"战略构想指导下，继续"向印太倾斜"、继续站在中国对立面不断加大对南海问题的干预。于此而言，研究英国南海诸岛政策的来龙去脉，不仅是南海问题理论研究的题中应有之义，而且凸显出其重要的现实价值。

近年来，南海问题研究日益走向多学科、多领域、多样化，在学术界同仁不懈努力下，推动南海问题研究持续走深走实。有关南海问题的历史学研究，是南海问题其他领域理论研究的基础，它在深化南海问题理论研究、在维护我国南海诸岛主权和相关海洋权益上发挥出独特作用。令人欣慰的是，随着一批新史料的发现、随着史学理论和方法的推陈出新、随着历史学与其他学科交叉融合的不断深入，在南海历史问题研究领域，一批青年才俊矢志不渝、辛勤耕耘，不断提出新观点、不断推出新成果，成为南海历史研究的生力军。其中，蔡梓博士的《变局中的抉择：英国南海诸岛政策研究（1920—1941）》即为典型代表。

英国的南海诸岛政策源于何时？其决策受到哪些因素影响？英国的目标和策略有怎样的变迁？英国在南海诸岛问题演变中扮演了什么角色？等等。为了解答这一系列问题，蔡梓博士在前人研究基础上，广泛搜集中外各种史料、档案文献，将英国南海诸岛政策寓于大国博弈的历史背景中，寓于英国帝国防务战略的时代条件下，系统考察了 1920—1941 年英国在南海诸岛问题上由主动介入到被迫退出的全过程，基于此，书中紧紧围绕不同时期英国南海诸岛政策的关键点展开较为深入的研究，显示出学术理路的逻辑性和结构层次的清晰度。"论从史出"是史学研究的基本原则，显然蔡梓博士做到了，书中正是基于对英国南海诸岛政策历史脉络的详实梳理，才有了不囿旧说的新论，比如针对"英中谈判联合建设西沙基地"的谣传、日军进占西沙后"法国和日本和平共处"等似是而非的观点，书中都有细致而严谨的辨析和独到见解。

于我而言，既关注本书对史实的还原，更关注书中的学术立论和理论建树。令人欣喜的是，蔡梓博士以其良好的学术思辨和另辟蹊径的学术视角，为我们提供了许多具有创新意义，同时又值得回味的学术观点。比如认为，在20世纪20年代，基于英帝国东部的战略安全，英国主动参与南海诸岛大国博弈，并逐渐形成南海诸岛政策。而英国关于自身与有关国家之间关系的性质及走向、所处国际关系的演变趋势、南海诸岛分别之于敌我的军事价值三方面的认知变化，共同形塑了不同时期的英国南海诸岛政策。其中既有一以贯之的立场，也有因时而变的策略。由此得出的结论是，英国在南海问题上是力不从心的干预者、现状维护者。再比如，书中指出英国从主动介入到被迫退出南海诸岛问题，是"英国的帝国防务战略变迁、远东—太平洋地区的权势转移等更宏大的历史进程的一个缩影、一个面向。"通过多方面的探微，为我们呈现了一个在南海问题外交上"投机多变""诡谲老辣""能屈能伸"的英国形象。

需要指出的是，书中虽亮点纷呈，但仍有可雕琢之处。比如有关大国间争斗和离合着墨稍多，时代背景交代有些细碎，个别观点还有待进一步斟酌和推敲。当然，瑕不掩瑜，《变局中的抉择：英国南海诸岛政策研究（1920—1941）》一书不失为有较高学术深度和思想厚度的学术佳作，对深化南海问题历史研究无疑是十分有益的。

任何学术著作的完成，并不表明学术研究的终结，而是新的理论探索的开始。显然，蔡梓博士对此有清醒认识。我注意到，在本书结语部分，蔡梓博士指出在 20 世纪 40 和 50 年代之交，"起初既没有反对也没有干预中国收复南海诸岛行动的英国，终于以中国取代日本作为南海诸岛政策的首要针对对象"。这恐怕是个引子，它引发人们对冷战中英国在南海诸岛问题上的作为、其新的南海诸岛政策的出笼以及作用和影响的新思考，蔡梓博士将其称之为"新故事"。对此，我颇为期待，希望蔡梓博士再接再厉，奋发有为，在南海历史研究领域取得更好更多优秀成果。最后，再次祝贺蔡梓博士的大作付梓面世。

李国强

2024 年 9 月 1 日于北京

序 二

2017年秋，来自华南师范大学历史文化学院的一位叫作蔡梓的硕士研究生给我发邮件，希望攻读我的博士研究生。查看他的履历，发现其在硕士研究生期间，已在《民国研究》发表"变局中的坚守：《苏德互不侵犯条约》与国民政府的抗日外交战略"论文一篇，此外，还有两篇论文待刊。后来我又打电话给他的导师肖自力教授，亦得到自力兄的鼎力推荐。由于我当时正在从事20世纪南海问题研究，在南京大学南海协同创新研究中心招收博士研究生，遂决定录取他做中国南海研究。

入学后，蔡梓给我的印象是聪颖、好学、勤奋、笔耕不辍，乃才华横溢、文思如泉之流。他的英文程度亦很好，可以熟练阅读英文书籍。我将在英国国家档案馆（The National Archives）搜集的相关英文档案交给他，让他全部翻译成中文，结果一年后他即"交卷"。

博士研究生在读期间，他先后在专业期刊上发表论文多篇。2021年底，他的博士论文《大国博弈视野下英国南海岛礁政策研究（1930—1951）》以优异的成绩通过答辩。对研究生要求一贯苛刻的我来讲，用这么短时间（三年半）即获得博士学位，大概仅此一人。

博士毕业以后，承蒙沈志华教授不弃，将蔡梓接纳进华东师范大学中国周边问题研究团队，为他今后的学术研究搭建更高层次的平台。我欣喜地看到，在沈教授志华兄的带领下，蔡梓又接连发表了数篇专题论文。

现在，蔡梓的大作《变局中的抉择：英国南海诸岛政策研究（1920—1941）》即将出版，我想借此谈谈近代以来英国对中国南海南沙群岛觊觎或侵占的情况。

众所周知，自秦汉以来，中国即对南海诸岛拥有主权。春秋末期，分布于江浙地区的越人沿海路南迁，遂形成自长江中下游至钱塘江、瓯江、闽江、粤江、红河诸流域的百越族（包括吴越、扬越、瓯越、闽越、南越、骆越等），他们均系华夏民族的一部分。①

秦始皇统一中国后两次派兵南征，在岭南地区设立桂林、南海、象郡三郡，并向岭南地区移民五六十万人。

汉高祖三年（公元前 204 年），秦南海尉赵佗起兵兼并桂林郡和象郡，在岭南建立南越国。汉高祖十一年（前 196 年）夏，赵佗臣服于汉朝，南海地区遂归汉朝管理。

汉元鼎五年（公元前 112 年）秋，因南越国丞相吕嘉弑南越王谋反，汉武帝派 10 万大军前往，于次年冬平定叛乱，并在南越国属地设置了南海（今珠江三角洲地区）、合浦（今湛江和北海）、苍梧（今广西梧州）、郁林（辖南宁、柳州、玉林等地区）等七个郡，直接归汉朝中央政府管辖。其中交趾、九真、

---

① 参见班固《汉书·志·地理志下》。

日南为今北纬16度线以北的越南北部河内、清化、顺化广大地区。①

汉武帝元封元年（公元前110年），汉军渡海收复海南岛，设珠崖、儋耳两郡，并将南海诸岛划入中国版图，隶属于珠崖郡管理。这是中国历史上首次对南海诸岛实施主权管辖。《汉书》记载："自合浦、徐闻南入海，得大州，东西南北方千里，武帝元封元年略以为儋耳、珠崖郡。"②

东汉建武十八年（42年），交趾征氏姐妹反叛，光武帝派马援率军队两万余人、楼船两千余艘，水陆并进，南征交趾。次年5月，马援击败叛军，平定交趾叛乱诸郡，东汉设交趾刺史管理之。马援征伐时，曾至"千里石塘"，即今西沙群岛。

"安南，古交阯地。唐以前皆隶中国。"③历经三国、魏晋南北朝、隋唐，凡900余年，交趾和南海地区一直为中原王朝所控制。历朝历代先后设置了交州刺史、交州都督和安南大都护对环南海地区实施主权管理。唐贞元五年（789年）曾以琼为督府，"下有千里长沙"（西沙群岛）和"万里石床"（南沙群岛）。

至元二十九年（1292年），元世祖派史弼（塔剌浑）率军从泉州出征爪哇，"风急涛涌，舟掀簸，士卒皆数日不能食。过七洲洋（西沙群岛）、万里石塘（南沙群岛），历交趾（今越南北部）、占城（今越南南部）界。"④

① 《汉书·志·地理志下》。
② 同上。
③ 《明史·列传·卷第二百零九·外国二·安南》。
④ 《元史·列传·卷四十九·史弼》。

明太祖时代，安南国王陈日焜派遣使者来明朝贡，朱元璋颁布"守境南陲，称藩中国，克恭臣职，以永世封"的诏令，也就是说，安南王朝必须得到明朝皇帝正式册封后才能成为合法国王。建文二年（1400年），安南陈朝丞相黎季犛杀废王陈顺宗父子三人而建立胡朝。永乐四年（1406年），明成祖派大军数十万征伐安南胡氏王朝，大将张辅于永乐五年（1407年）5月"擒黎季犛及黎苍献京师，安南平"，朱棣于同年6月诏告天下，撤销安南王国，改为交趾省，下设交趾布政使司：① 辖交州、北江、谅江、三江、建平、新安、建昌、奉化、清化、镇蛮、谅山、新平、演州、乂安、顺化 15 府，共 36 州 181 县。又设太原、宣化、嘉兴、归化、广威 5 州 29 县，直隶布政司管理。② 这就是明成祖的"郡县安南"政策。

嘉靖二十年（1541年）4月，明世宗"改安南国为安南都统使司，以登庸为都统使"。③ 安南从藩属国降为属地，"改其十三道为十三宣抚司，各设宣抚、同知、副使、佥事，听都统黜陟。"④ 安南再次纳入中国版图。

嘉庆七年（1802年），阮福映建立阮朝，年号嘉隆，向清朝请求册封，嘉庆八年（1803年），嘉庆皇帝册封阮福映为越南国

① 《明史·本纪·卷五·成祖二》。
② 据《明史·列传·卷第二百零九·外国二·安南》记载，明朝此次征伐安南王国，"安抚人民三百一十二万有奇，获蛮人二百八万七千五百有奇，象、马、牛二十三万五千九百有奇，米粟一千三百六十万石，船八千六百七十余艘，军器二百五十三万九千八百。"
③ 《明史·本纪·卷十七·世宗一》。
④ 《明史·列传·卷第二百零九·外国二·安南》。

王。嘉庆九年（1804年）正月，清朝派遣的册封使携带册封阮福映为"越南国王"的印信敕书进入越南。从此，阮朝开始了对清朝二年一贡、四年一遣使的宗藩关系。[①]

通过上述历史叙述可见，南海诸群岛是中国人民最早发现、最早命名、最早开发经营，并由历朝历代中国政府最早实行有效管辖的中国领土，其主权归属自是毋庸置疑。

鸦片战争以后，随着不平等条约体系的建立，中国国力日渐衰落，边疆、海疆危机四伏，南海诸岛亦遭受列强的觊觎、强占与侵吞。

1858年起，法国人开始侵略中南半岛。1883—1885年中法战争期间，法军占领越南及柬埔寨部分地区，建立法属交趾支那，中南半岛遂成为法国殖民地。1885年《中法新约》签订，大清帝国放弃对越南的宗主权，越南遂被法国占领。1887年，法兰西共和国政府授权允许正式建立法属印度支那联邦。该印支联邦建立前，中法两国于1887年6月26日签订《续议界务专条》，划定了中国和法属印度支那之间的边境线。该约第二款规定："广东界务现经两国勘界大臣勘定，边界之外，芒街以东及东北一带，所有商论未定之处，均归中国管辖。至于海中各岛，照两国勘定大臣所划红线，向南接划，……即以该线为界；该线以东海中各岛归中国，该线以西海中九头山及小岛归越南。"这条红线以竹山为起点，位于北纬21度30分，东经108

---

① 《清史稿·本纪·卷十六·仁宗本纪》《清史稿·列传·卷三百十四·属国二·越南》。

度 03 分①。这根红线清晰地划定了中国与法属印度支那在海上的分界，后来成为国民政府划定的南海疆域线的起点，即中国南海断续线（11 段线和后来 9 段线）的来源。

1907 年 8 月 11 日，日本商人西泽吉次登上东沙群岛，"树立日旗，建筑宿舍，开采鸟粪"，更将该岛命名为"西泽岛"。清朝外务部得到消息后即责令两广总督张人骏查明情况，对日交涉。经过张人骏同日本驻穗领事的多次交涉，中国政府终于 1909 年 10 月将东沙岛收回。这是中国政府基于国际法原则，于 20 世纪初维护南海诸岛固有主权的一次重大举措。

西泽私登东沙岛后，张人骏即派副将吴敬荣前往西沙群岛查勘，并于 1909 年 5 月"设局筹办经营"；同年 5 月 19 日，派水师提督李准为总指挥，率海军士兵 170 余人乘"伏波""探航""广金"等舰艇，前往西沙群岛查勘，用该三艘军舰命名了西沙群岛中的三座岛屿，并在伏波岛插黄龙旗，立碑志记。对于中国海军这次在西沙群岛的巡视行动，法国外交部承认，"无论如何，中国人在这些岛屿上树立了中国的旗帜，改变了群岛的名称，从而彰显了他们的主权。"②

---

① 根据中法《续议界务专条》所附草图上的法文原文，这条穿过茶古岛的东部经线以巴黎子午线为基准，故为东经 105 度 43 分。该草图参见台北"国史馆"，图档名称：020-049904-0007-0145，m.jpg。

② 《法国外交部亚大处关于普拉塔斯群岛和帕拉塞尔群岛主权归属之节略》（1921年 1 月 14 日），法国外交部档案馆巴黎分馆藏外交部档案，"西、南沙群岛" 第 16—17 页，第 312 卷（Nationalité des îles Pratas et Paracels, Note de la direction Asie-Océanie, le 14 janvier 1921, pp.16-17, Iles Spratly et Paracels, Asie 1918-1929: Chine, Série E, Carton 513, Dossier 9sd/1, Vol.312, Centre des Archives diplomatiques de La Courneuve）。

1919 年，广东省政府将西沙群岛划入崖县（今三亚）管辖。

1930 年 4 月，法属印度支那占领南威岛。1931 年日本发动"九一八事变"后，列强掀起了瓜分中国边海疆的第二次狂潮。法属印度支那政府于 1933 年 4 月上半月先后派军队占领南沙群岛的安波沙洲、太平岛、南钥岛、中业岛与双子礁（包含北子礁和南子礁）等岛礁。法国政府于 1933 年 7 月 25 日宣布这些岛屿为法国所有。

法国占领"南海九岛"的消息于 1933 年 7 月 14 日被披露后，国民政府外交部在调查与核实后，屡次向法国政府提出交涉和抗议，强调这些群岛"为华人居住和历代属我"的史实。1935 年 4 月，国民政府内政部"水陆地图审查委员会"出版了《中国南海各岛屿图》，首次确定了中国南海最南的疆域线至北纬 4° 附近的曾母滩，并第一次将南海诸岛明确地分成东沙群岛、西沙群岛、南沙群岛（即今中沙群岛）和团沙群岛（即今南沙群岛）。1936 年白眉初编绘《中华建设新图》，获准收录《中国南海各岛屿图》。这就是中国地图上最早出现的南海疆域线，又称"U"型实线，即今日中国南海地图上 U 形断续线的雏形。

关于近代帝国主义国家侵占这片自汉朝以来即属于中国的远洋海岛历史，美国国务院情报与研究局（Bureau of Intelligence and Research）官员叶林（J. H. Yellin）在 1977 年的一份报告中写道："英国从未宣称其对西沙群岛拥有主权。但其在 1955 年提及：在 19 世纪时，两名在危险地带海域从事鸟粪矿石开采的英国企业家曾在南威岛和安波沙洲升起英国国旗。虽然英国没有放弃这一主权要求，但在最近几年间，他们并没有继续追求这一主张。"①

英国外交部研究局在 1972 年 7 月 27 日的一份名为"南沙群岛"（The Spratly Islands）的备忘录中，追溯了英国在中国南海所持立场的变化。

据英国外交部 1932 年的一份备忘录，英国皇家海军指挥官沃德（Ward）于 1864 年首次访问过这里。1887 年，时任纳闽岛（Labuan）②代理总督及驻婆罗洲（Borneo）③代理总领事的特雷彻（Treacher）先生接受了在南威岛（Spratly Island）和安波沙洲（Amboyna Cay）从事生产经营的两个人（其中一人是英国臣民）的主权注册要求。后经英国国务大臣同意，让他俩在岛上升起英国国旗。英国外交部的调查显示，没有任何外国政府正式宣称对这两个岛屿拥有主权，而且这两个岛屿与婆罗洲和马来半岛距离如此之远，以至于任何一个国家都不能以毗连或地理位置为由声称它们是其附属岛屿。④

英国对南威岛和安波沙洲提出主权要求已在不同场合出现过。20 世纪 30 年代初，英国政府出于战略考虑而关注法国的主权要求，因此希望继续对这两个岛屿提出主权要求。但英国法务部于 1932 年指出："我们认为，英国政府 1930 年 4 月对南威

---

① Sovereignty Claims in the South China Sea, January 6, 1977, Report No.672. Bureau of Intelligence and Research, Declassified and Approved for Release 2012/12/12: CIA-RDP08C01297R000300180010-1, USA.

② 该岛位于马来西亚沙巴州南。

③ 加里曼丹的旧称。

④ Research Department Memorandum, The Spratly Islands, 27 January, 1972. London, The National Archives, FCO 51/246/4-E-1785/11342132.

岛和安波沙洲提出的主权要求，其性质值得怀疑，以至于只能把它提交给国际常设法庭（仲裁），且成功的希望渺茫。"[1]

尽管如此，英国海军部于 1933 年底表示："我们不会以任何方式承诺接受法国对这一地区所命名之所有小岛等的主权要求。……至于处于危险区的这些小岛和群礁，正如你们所说的那样，它们现在是无人管辖之地，我们认为我们完全有能力占领和吞并这些岛礁，但是我们得出的结论是，目前这样做是不明智的。"[2]

战后时期，英国对于确保日本在 1951 年的旧金山和平条约中放弃这些岛屿（包括南威岛和安波沙洲）进行了不懈努力。后来，英国政府在 20 世纪 50 年代又两次提及。第一次是在 1955 年，当时美国政府询问英国的意见；第二次是在 1956 年，当时一些国家对该地区的部分岛礁提出主权要求。

1955 年，英国外交部在答复美国关于中国南海地区的询问时，并没有提及英国从未正式放弃这一主权要求的事实，而是讲述了英国对南威岛和安波沙洲拥有主权的历史。英国政府当时的看法是：英国政府从未承认其他国家此前在危险地带（即南沙群岛）区域内岛礁提出的各种主权要求（即除了前面已经提到的两个岛屿外），指出"这里的所有岛屿都是礁石和浅滩，其中一些岛礁在潮汐状态下被海水完全覆盖，因此不适宜居住，无法实行占用和占领"。也就在那一年，一位英国法律顾

---

[1] Research Department Memorandum, The Spratly Islands, 27 January, 1972. London, The National Archives, FCO 51/246/4-E-1785/11342132.

[2] 同上。

问也指出，在进行更多的调查之前，他完全不能就南沙群岛的地位发表明确的法律意见。他提及 1932 年的法律意见，并补充说："他认为自 1932 年以来，没有发生任何事情足以强化英国的（主权）声索；"经过 20 年的沉寂期，英国的主权诉求确实已经变得越来越弱。"①

1956 年，英国再次提出主权要求。当时，英国驻东南亚总专员报告说，婆罗洲（今加里曼丹）的（英商）壳牌公司要求远东军事基地的总司令将其一名地质学家运送到南威岛。基地总司令曾询问过该总专员，英国军舰"丹皮尔"号（Dampier）在执行任务时是否应该升起英国国旗并对该岛屿实施正式占领。经过英国法律顾问们的讨论后一致决定，鉴于南沙群岛的主权争议，"丹皮尔"号不应升起英国国旗或正式占领南威岛。大家一致认为：即便是在该岛上逗留，也是最不明智的。法律顾问们认为，鉴于"缺乏有效行使主权"，致使英国对该岛屿的主权声索太过软弱，以致无法为国际法院所接受。1957 年，海军部在接到外交部的询问后表示，从战略角度来看，英国海军对这些岛屿根本没有兴趣；外交部远东司也致函英国驻北京代办处，表示无意干涉目前围绕这些岛屿的争吵，也无意对各种主权要求提出异议。②

但是，尽管英国政府采取了不正式放弃其软弱主权声索的立场，但出于战略考虑，英国期待中国南海南部的这片岛礁至

---

① Research Department Memorandum, The Spratly Islands, 27 January, 1972. London, The National Archives, FCO 51/246/4-E-1785/11342132.

② 同上。

少要确保不被对英国或其盟国不友好的国家拥有。其次，鉴于这一海域有可能发现石油，英国自身在主权声索上的弱点并不是现阶段放弃主权要求的理由。因为如果放弃主权声索，英国似乎得不到任何好处。因此，英国政府一直坚持这样的立场：既然这些地方不适合人居住，它们就不会被占用和占领。但是英国也认识到，如果在该地区发现石油的话，主权冲突几乎不可避免地会引起麻烦，这会使任何划分大陆架和海床的企图变得极为困难。1970 年代初菲律宾和南越大肆侵占自汉代以来即属于中国主权所有的南沙群岛各主要岛礁，似乎也证明了英国判断之准确。①

总之，蔡梓的这部大作，可以使我们对于近代以来中国孤悬远洋的固有领土屡遭帝国主义侵吞、占领这段历史加深了解，增强我们保卫中华民族海疆的决心。

陈海平

2024 年 9 月 8 日定稿于南京龙江

---

① Research Department Memorandum, The Spratly Islands, 27 January, 1972. London, The National Archives, FCO 51/246/4-E-1785/11342132.

绪　论

　　随着欧洲列强向东方殖民扩张，作为进入远东的海上通道的南海日益受到世界各大国之重视。[①] 自 18 世纪以来，西方频频对南海尤其是被称为 "危险地带"（the Dangerous Ground）的特定的南沙海域进行地理勘察、水文调查、岛礁命名、地图测绘等。[②] 但是，截止到 19 世纪末，欧洲列强长期以来对于散布在南海中的西沙群岛和南沙群岛兴趣索然，日本和美国的势力则刚刚抵近南海——日本在 1895 年从中国割占台湾及其附属岛屿，美国在 1898 年才从西班牙手中夺走菲律宾——南海诸岛 [③] 尚未进入它们的战略视野。应该说，南海诸岛成为一个 "问

---

① 本书所用的 "南海" 概念系西人习称的 "South China Sea"（南中国海）的简称，是指位于亚洲大陆东南方，介于中国大陆、中南半岛、马来半岛、婆罗洲、巴拉望岛、吕宋岛与台湾岛之间的一片广大水域。这一海域相对独立、半封闭，通过马六甲海峡、巴士海峡、巴林塘海峡、巴布延海峡、台湾海峡等与外界连通。须指出的是，现在中国人所习称的 "南海"，通常是指南海断续线内、中国拥有历史性权利的水域。其因地理位置相较于中国另外三大边缘海（渤海、黄海、东海）居于最南而得此名。从地理范围来看，前者包含后者。关于 "南海" 的定义，参见萧曦清：《南沙风云》，台北：台湾学生书局，2010 年，第 13—14 页；Mark J. Valencia, "Southeast Asia: National Marine Interest and Marine Regionalism", *Ocean Development and International Law*, Vol.5, No.4（1978），p.428。
② "危险地带" 所指代的特定的南沙海域北起礼乐滩，南到安渡滩。该地带岛屿分布密集，舰船在此间航行存在较高的危险性。
③ 李金明指出，"南海诸岛" 是 "中国南海疆域" 的重要组成部分。"南海诸岛" 包括东沙群岛、西沙群岛、南沙群岛和中沙群岛，其范围大致 "北起（转下页）

题"，是进入 20 世纪之后才发生的。[①] 如若从英国的角度来说，则可以说是第一次世界大战之后的事情。从某种意义上讲，当今的西沙争端和南沙争端是 20 世纪上半叶列强殖民扩张与争夺西太平洋之海权的"历史遗产"。[②] 多方围绕南海诸岛所展开的竞斗，是这一时期以角逐远东—太平洋地区之主导权、西太平洋之海权为主题的大国博弈之构成部分。所谓"Sea Power"，即"海权"，《不列颠百科全书》（国际中文版）将其译为"海上力量"，并作如下解释：当一个国家能绝对控制海运——"保护己方海运不受敌方袭击，并摧毁敌方商业或军事海运"——即可视为拥有"海权"。拥有"海权"的国家掌握了从海上对敌国实施封锁和发起军事打击，以及对中立国施压的能力。[③]

南海是英国向东方拓展贸易和殖民扩张的必经之地。为了

（接上页）北纬 21° 附近的北卫滩，南至北纬 3°40′ 附近的曾母和亚西等暗沙，东起东经 117°50′ 的黄岩岛，西至东经 109°30′ 的万安滩"。关于这四大群岛的具体情况，一并参见李金明：《中国南海疆域研究》，福州：福建人民出版社，1999 年，第 2—20 页。

① 应指出的是，当前的南海岛礁争端除了涉及西沙群岛、南沙群岛，也涉及中沙群岛的黄岩岛，而中国对东沙群岛的主权已无争议。不过，菲律宾是在 20 世纪90 年代才对中国的黄岩岛主权提出异议。

② 有学者认为："南海中的领土的特点是其法律地位存在争议，这一方面根植于该地区深厚的殖民历史，另一方面根植于依据国际法所建立的岛屿法律制度。""殖民时期的发现和占领一直被主权声索国用来证明它们对西沙群岛和南沙群岛的主权，甚至到现在也是如此。"参见 Nguyen Thi Lan Anh, "Origins of the South China Sea Dispute", Jing Huang, Andrew Billo, eds., *Territorial Disputes in the South China Sea: Navigating Rough Waters*, Basingstoke: Palgrave Macmillan, 2005, p.15, 18。

③ 《不列颠百科全书》国际中文版编辑部编：《不列颠百科全书》（国际中文版），北京：中国大百科全书出版社，1999 年，第 161 页。

确保航行便捷和安全，英国一直积极对南海进行地理勘察与海图测绘。① 有学者指出："在侵入南海调查测绘的各国中，英国活动最早、最频繁、历时最久。"② 在 1920—1941 年间，英国把日本列为主要敌手，而且一度视之为头号潜在敌国，并相应地把帝国防务重心、次重心置于远东—太平洋地区。③ 作为远东—太平洋区域秩序的主要主导者、南海地缘博弈的主要参与者，英国在这一时期主动介入南海诸岛问题。进入冷战时期，英国随着国势衰颓、大英帝国土崩瓦解，而选择从南海诸岛问题乃至整个南海撤离。南海当前再度成了大国博弈的重要舞台，④ 南海诸岛问题位于舞台的中央，倍受域内外各方瞩目。其中，英

---

① 关于近代以来英国在南海的勘探和测绘活动，可参见 David Hancox, Victor Prescott, *Secret Hydrographic Surveys in the Spratly Islands*, London, Asean Academic Press Ltd., 1999；萧曦清：《南沙风云》，台北：台湾学生书局，2010 年，第 129—130 页；游博清：《英国东印度公司与南中国海水文调查（1779—1833）》，《自然科学史研究》2015 年第 1 期；等等。

② 孙冬虎：《南海诸岛外来地名的命名背景及其历史影响》，《地理研究》2000 年第 2 期，第 218 页。

③ 在这一时期的英国档案中，"太平洋问题"和"远东问题"是可以相互替换的，即两者在本质上是同一概念。在英国眼中，远东—太平洋是一个地缘整体。在谈到远东或太平洋时，其视野覆盖的是这整个区域。参见 "Annual Review of Imperial Defence Policy for 1933 by the Chiefs of Staff Sub-Committee", October, 1933, London, The National Archives, CAB 24/244。

④ 2010 年以来，南海聚集了当前国际体系中主要的大国力量，除美国外，英国、日本、法国、德国、俄罗斯、印度甚至澳大利亚都在南海地区拥有各种形式的军事存在（参见吴士存：《南海缘何再度成为大国角逐的舞台》，《人民论坛·学术前沿》2021 年第 3 期，第 16—27 页）；"南海的地缘战略意义使得南海争端由地区性争端演变为国际性争端。"事实上，南海争端"已经逐渐变成大国在场和参与的战略棋盘"（Nguyen Thi Lan Anh, "Origins of the South China Sea Dispute", Jing Huang, Andrew Billo, eds., *Territorial Disputes in the South China Sea: Navigating Rough Waters*, Basingstoke: Palgrave Macmillan, 2005, p.28）。

国积极"重返南海"。自 2016 年提出"全球英国"构想以来，英国"外交工作的优先方向包括向印太地区倾斜"。英国把南海作为向"印太"战略倾斜的重要场域和"拥有重要利益但又必须直面风险和挑战"的地区。[①] 在南海诸岛问题上，英国公开否定中国对西沙群岛和南沙群岛的主权，以"自由航行"为名派遣军舰军机在南海（包括中国实控区在内的争议区）实施巡航，提高与域内声索国（越南、菲律宾、马来西亚等）、域外利益攸关国（美国、澳大利亚、日本等）军事互动的频率及程度，并显露出在南海及其周边建立实质性军事存在的意图。毋庸讳言，尽管大英帝国早已烟消云散，但英国仍是当今世界上的主要大国和海洋强国，它在南海的言行给中国带来的地缘压力和挑战不容小觑。南海诸岛是中国的神圣领土，南海是中国不可或缺的对外通道，皆为中国核心利益所系。再者，中国正在努力转型为"海陆并重"的强国。积极经略海疆，是中国实现这一目标的必由之路，如何妥善处理南海诸岛问题关乎中国的和平崛起、和平发展。故中国必须直面英国在南海的挑战。彰往察来，研究英国南海诸岛政策的起源与演变是理解其"重返南海"、再次介入南海诸岛问题的重要途径。知己知彼、百战不殆，这项研究在一定程度上将有助于中国寻求对策以因应英国在南海之

[①] 相关内容可参阅英国内阁的系列文件，如 HM Government, "Global Britain in a competitive age: The Integrated Review of Security, Defence, Development and Foreign Policy", 2021; HM Government, "National Security Capability Review", 2018; HM Government, "National Security Strategy and Strategic Defence and Security Review 2015", 2015; HM Government, "The UK National Strategy for Maritime Security", 2014。

挑战。以史为鉴，可以知兴替，这项研究某种意义上也能为中国在"百年未有之大变局"中应对南海地缘博弈提供镜鉴。

鉴于此，本书以1920—1941年英国南海诸岛政策为研究对象。所谓"南海诸岛政策"主要由"西沙政策"和"南沙政策"构成。本书欲在辨析"西沙政策"和"南沙政策"的差异性之基础上注重归纳它们的共性，厘清两者的内在关联，进而从整体上探讨"南海诸岛政策"。或许，这比单独探讨英国对某一群岛之政策更能反映其在当时对南海地区的战略考量和利益诉求之全貌，乃至揭示南海诸岛、南海地区在当时英国的全球战略中的位置。本书力求在系统梳理英国文献、辅以中日法美四国相关文献，及辩证吸纳前人研究的基础上，把英国南海诸岛政策置于"大国博弈"研究框架中，结合1920—1941年大国博弈形势之演进及英国帝国防务战略之变动，通过文献考订、比对和互证，长时段、多角度、多层次地考察英国在国际变局中如何思考、制定、调整、推行南海诸岛政策。本书希望能够动态呈现英国南海诸岛政策的延续性、阶段性、复杂性，兼顾其"变"与"常"，从而诠释英国的决策思路，借此透视当前英国"重返南海"的历史渊源，并深入剖析英国对南海诸岛问题历史演进之影响。

有必要指出的是，在这一时期围绕南海诸岛而展开的大国博弈中，西沙群岛、南沙群岛既是主要的"争夺"对象，也是英国的焦点所在。鉴于此，为了便于行文，本书所述"南海诸岛"，若无特别说明，其所涵盖范围限于西沙群岛和南沙群岛。与此同时，为了确保研究的完整性，本文必要时也会涉及东沙群岛。西沙群岛在西方文献中被命名为"Paracel Islands"（"帕拉塞尔群岛"），日本则称之为"平田群岛"，本书一律译为"西沙群岛"；南沙群岛在西方文献中通常被命名为"Spratly Islands"或"Spratley Islands"（"斯普拉特利群岛"），日本则称之为"新南群岛"，本书一律译为"南沙群岛"。

第一章 1920—1934 年英国在南海诸岛问题上的"有限介入"

第一次世界大战结束之后，虽然新确立的华盛顿体系使列强在远东—太平洋地区建立了脆弱的均势，一时间相安无事，但表面上风平浪静的南海其实暗涌不断。日本长期以"非暴力"的方式攫取中国南海诸岛的资源，法国对西沙、南沙群岛的野心与日俱增，小动作频频。日法两国围绕南海诸岛的"竞争"终于在 20 世纪 30 年代初演变成了对中国南海诸岛主权的公然侵犯。从某种意义上看，法国、日本的侵略是当今南海诸岛问题的滥觞，其"后遗症"贻害至今。而在 1920—1934 年，随着国际局势和远东—太平洋地区地缘格局的变迁，英国对南海诸岛的认知发生着变化，并立足于帝国防务战略，审慎地介入围绕南海诸岛而展开的大国博弈。

第一节 一战后至 20 世纪 30 年代早期英国的帝国防务战略及其影响

在第一次世界大战中，英国及其帝国，[①] 同协约国盟友们一

---

① 1914 年 8 月 4 日，英王乔治五世以大英帝国（"British Empire"）的（转下页）

道费尽九牛二虎之力，最终战胜了以德国为首的同盟国集团。挟胜利之威，英国企图重现 1814 年摧毁拿破仑帝国、1856 年击败沙皇俄国之辉煌，再次建立起对自身有利的战后国际秩序。客观来说，至少在表面上，英国实现了这一目标。英国通过巴黎和会主导建立起凡尔赛体系，又控制了国际联盟（简称"国联"）。与此同时，大英帝国在同盟国集团的废墟上达到了扩张的顶峰，大量的德国殖民地和奥斯曼帝国旧疆被纳入其版图。

然而在辉煌的背后，英国实已元气大伤，第一次世界大战的硝烟刚刚散去，英国内阁便急不可待地商讨如何解决财政困难。在 1919 年 8 月 5 日的内阁会议上，首相劳合·乔治（Lloyd George）"特别强调了英国财政困难的严重性"，认为"在目前的情况下，政府可以在国防上承担一些风险，但不能在社会和经济事务上也这么做"。这一主张得到了内阁成员普遍支持。劳合·乔治提出，英国政府为此"应该有一些政策指导，可能涵盖未来 5 年或 10 年"。[①] 8 月 15 日，战时内阁作出决议：

（接上页）君主之身份宣布参战，而加拿大、澳大利亚、新西兰等自治领，印度、非洲等殖民地皆奋勇投入战争，显示了对大英帝国的忠诚（参见洪霞、刘明周：《英帝国的衰落》，钱乘旦主编：《英帝国国史》第七卷，南京：江苏人民出版社，2019 年，第 79—82 页）。"British Empire"，译为"大英帝国"或"英帝国"，最初只是英格兰的自称，在 18 世纪后半期被明确用于指称英国统治下的领土和人民的集合，到了 19 世纪，"British Empire"这个词已流行开来。所谓英国治下的领土，包括了殖民地、保护地和其他领土。本质上，大英帝国是指隶属于英国王室宗主权、受英国政府管理的一个世界范围内的依附体系（参见：张亚东：《英帝国的发展》，钱乘旦主编：《英帝国国史》第三卷，南京：江苏人民出版社，2019 年，第 1 页）。

① N. H. Gibbs, *Grand Strategy*, Vol.1, London, Her Majesty's Stationery Office, 1976, p.5.

"为了对预算在框架上进行修订，应该假定，大英帝国在未来十年将不会被卷入任何一场大战，并且不需要为此目的而派遣远征部队"。此即所谓的"十年假设"或"十年规则"。故而，"在没有内阁授权的情况下，不应对战前规定的海军规模之标准作出任何改变"；"不应该进行新的海军建设，海军部应该尽一切努力停止建造不具备商业价值的舰船"；"陆军和空军的主要职能是为印度、埃及、新的委任统治的领土及所有英属领土（自治领除外，原注）提供卫戍部队，同时为母国政权提供必要的支持"；等等。战时内阁要求海军部、陆军部和空军部都应该遵循此决议制定各自的预算。[①] "十年规则"被历届英国政府所继承，直到 1932 年 3 月 23 日才被麦克唐纳政府取消。[②] 对英国来说，长期维持如战时一般的庞大战备无疑是沉重的负担。更何况，英国如今债台高筑，单单是对美国的战争债务就高达 40 亿美元。[③] "十年规则"的出台和推行折射出英国国力和大英帝国的防务需求之间的不协调。再者，从长远来看，"十年规则"的长期严格执行留下了严重的后遗症。有学者评论说："两次世界大战期间的政治家们在现代英国历史上是最受诟病的，因为他

---

① "War Cabinet 616A: Draft Conclusion of a Meeting held at 10, Downing Street, S. W. 1, on Friday, August 15, 1919, at 11:30 a.m.", August 15, 1919, London, The National Archives, CAB 23/15.

② "Meeting of the Cabinet to tee held at 10, Downing Street, S.W.L., on Wednesday, March 23, 1932, at 11 a.m.", March 23, 1932, London, The National Archives, CAB 23/70.

③ 温斯顿·丘吉尔：《丘吉尔第二次世界大战回忆录》(1)，方唐译，北京：北京时代华文书局，2017 年，第 21 页。

们仓促而过于极端地裁减海陆空三军导致了灾难性的后果，以及他们没有能够让公众直面世界政治令人不快的现实"。① 当然，所谓"诟病"更多的是"后见之明"。毕竟当时英国举国上下"不存在任何共识来支持即使是最起码的军事开支水平"，"十年规则"不过是彼时英国国内政治的具体呈现罢了。②

那么，彻底摧毁了以德国为首的同盟国集团，确立并主导了凡尔赛体系，英国就可以高枕无忧了吗？显然不是！此时此刻，尽管其曾经的头号敌国德国战败并受到凡尔赛体系的极大抑制，暂时不足为患，但英国独享了一个多世纪的海权却因美国和日本的海军力量的崛起而变得岌岌可危。美国凭借在第一次世界大战后期参战而跃进大国博弈舞台中心，其海军实力已基本上和英国的海军力量平起平坐；在东方，日本"不仅成为远东最强的海军国家，而且成为世界第三海军强国"。③ 英国崛起并长期称霸于海洋，对海权有着可谓与生俱来的敏感。再加上，日本打着英日同盟④的旗号对同盟国宣战，却趁欧洲列强忙于战争而无暇东顾之机，浑水摸鱼，极力扩展在远东—太平洋

① 保罗·肯尼迪：《英国海上主导权的兴衰》，沈志雄译，北京：人民出版社，2014年，第292页。

② 威廉森·默里：《帝国的倾覆：1919至1945年的英国战略》，威廉森·默里等编：《缔造战略：统治者、国家与战争》，时殷弘等译，北京：世界知识出版社，2004年，第439页。

③ E. H. 卡尔：《两次世界大战之间的国际关系：1919—1939》，徐蓝译，北京：商务印书馆，2010年，第15页。

④ 20世纪初，英俄、日俄在亚洲的争夺皆愈演愈烈。英日两国为制衡俄国，于1902年1月结成同盟。参见马士、宓亨利：《远东国际关系史》，姚曾廙等译，上海：上海书店出版社，1998年，第486页。

地区的权势。日本的国势尤其是海军力量的膨胀及其显露出来的勃勃野心令英国不寒而栗。于是，英国在战后重新审视英日关系。1920年，外交部拟定关于英日同盟的备忘录，断言"日本如同战前的德国，妒忌英帝国的地位"，它渴望扩张，必将危及英国在远东的利益。[1] 总之，英日关系在第一次世界大战后随着国际格局的巨大变迁而出现逆转。经过深思熟虑之后，一方面，英国基本排除了美国成为潜在敌国的可能性，[2] 而且英国海军方面还萌生了同美国结盟、联合主宰世界的想法，谓"我们整个海军政治政策应该指向与美国结盟或签订协约，这似乎是不可避免的，到那时，大英帝国和美国应该能够在各自的和平事业中携手并进，增加幸福、满足和繁荣"；[3] 另一方面，英国将日本视为头号潜在敌国。与之相适应的是，英国的帝国防务重心移向远东。以上是英国日后在华盛顿会议上选择和美国合作，共同抑制日本的认知基础和客观要求。

---

[1] James Neidpath, *The Singapore Naval Base and the Defence of Britain's Eastern Empire, 1919—1941*, Oxford: Oxford University Press, 1981, p.38.

[2] 第一次世界大战结束后，在1918—1921年间，英国海军方面曾屡次抛出英美战争的假设案例。可是"这几乎不能表明英美战争爆发的可能性很大"，因为不仅英国内阁不热衷于讨论对美开战，海军部在华盛顿会议之后更未专门就英美战争进行准备。可以说，英国海军部在这一时期抛出英美战争的假设案例更多的是要在厉行"十年规则"的情况下争取尽可能多的经费，尽管它的确对美国在海军力量上赶超英国忧心忡忡，甚至也对英美两国因贸易问题等而擦枪走火有所担心。参见 Christopher M. Bell, "Thinking the Unthinkable: British and American Naval Strategies for an Anglo-American War, 1918—1931", *The International History Review*, Nov., 1997, Vol.19, No.4, p.792。

[3] "Memorandum about Naval Policy by Beatty", January 7, 1920, London, The National Archives, ADM 167/61.

从地缘角度观之，一旦英日互为敌手，对英国而言，首当其冲遭到威胁、攻击的不是本土而是大英帝国东部。[①] 在向东方拓展贸易和殖民扩张的过程中，英国形成并掌控了连结本土和远东的战略通道：本土—直布罗陀海峡—苏伊士运河—曼德海峡—马六甲海峡—远东。新加坡（1824 年正式成为英国属地）扼守马六甲海峡，香港（1842 年从中国割占）是英国进入中国的关键据点和抵御日本的重要前哨，而连结两者的航线途经南海。此外，马来亚、北婆罗洲等英属殖民地分布于南海周边，彼此之间的交通线、它们与大英帝国东部其他领地之间的交通线、英国本土与大英帝国东部及中国大陆之间的交通线，也大多需要穿过南海。简言之，作为这些交通线的汇集地的南海是大英帝国在远东赖以维系的重要地带。假若日本欲染指英国在远东的属地与利益，南海便是其必经之路。反过来，在某种意义上说，南海是防范和抵御日本袭击大英帝国东部的战略前沿。由于英国本土与大英帝国东部距离遥远，威慑日本的最好办法即是在大英帝国东部地区常驻一支强大的舰队，或者在必要时能够及时派遣主力舰队

---

① 根据官方档案，英国自认为的大英帝国东部包含其在苏伊士运河以东的在亚洲、大洋洲、太平洋、印度洋区域的自治领、殖民地等属地，诸如澳大利亚、新西兰、印度、缅甸等。从地域范围来看，大体可用当今非常热门的地缘政治概念"印太地区"来指代（参见 "Programmes of the Defence Services: Third Report by Defence Requirement Sub-Committee", November 21, 1935, London, The National Archives, CAB 24/259）。英国历史学家安德鲁·兰伯特（Andrew Lambert）指出，在从亚丁湾到香港的弧线所经过地区的英国属地构成了"帝国在东方的领土"。照此来看，其范围涵盖了从苏伊士运河往东到南海周边的亚洲大陆、印度洋和西太平洋上的英国属地（参见安德鲁·兰伯特：《海洋与权力：一部新文明史》，龚昊译，长沙：湖南文艺出版社，2021 年，第 309 页）。

远征，同时大英帝国东部能够对其展开军事行动提供有效支撑。其实，日本的"南进论"由来已久，发端于明治中期，最初以在"移民"与"贸易"的幌子下先掌握商业利益再实现政治控制作为主要手段，同时辅以军事侵略。[①]

为防患于未然，英国早在1919年便设计出"针对日本的进攻性太平洋战略"。该战略设想，英国应建立一支强大的远东舰队，其主力舰与日本海军的主力舰之实力对比应在1.5:1以上，并"配备大量用于贸易及运兵护航的巡洋舰和驱逐舰"，同时"鉴于新加坡对日本具有安全距离，应将其打造为主要基地"。可以说，"在大战结束的一年之内，作为后来的太平洋战略的纲要就已经被制定出来了"。[②]奈何英国的理想和它的国力之间已存在鸿沟，这一海军建设计划迟迟没有下文。

1920年夏，英国军方围绕着设计新形势下的帝国防务战略展开讨论。海军部提交了一份文件，郑重其事地指出"英国的海上霸权长期以来被视为英帝国防务体系的基础"。帝国防务委员会深以为然，强调"用以抵御海外进攻的任何帝国防务体系，无论是在联合王国、大洋洲还是其他地方，都必须一如既往地以维持我国的海上力量作为基础"。[③]可以说，英国成长为世界性强权和属地遍布全球的头号殖民帝国，得益于它对海权的掌

---

① 李凯航、俞祖成：《明治日本"南进论"思想的形成与演变》，《南洋问题研究》2021年第2期，第81—90页。

② N. H. Gibbs, *Grand Strategy*, Vol.1, London: Her Majesty's Stationery Office, 1976, p.375.

③ 同上书，p.11。

控。英国凭借手中的海权，既可以几乎畅通无阻地从帝国各地调集军事力量开赴战略目的地，又可以基本保障本土源源不断地获得来自五洲四海的战略物资供应，还能够尽量将敌国封堵、围困乃至锁死于一隅，至少拒止敌方军事力量，使之不能对帝国本土或属地造成毁灭性打击。不过，英国政府未能在当年就对日军事战略做出决断。

与此形成鲜明对比的是，日本在 1920 年 7 月开始实行"八八舰队"计划。若该计划得以顺利实行，到 1928 年日本海军将新增主力舰和巡洋舰各 8 艘。面对日本扩充军备的压力，为捍卫自身在西太平洋的海权、保障大英帝国东部的战略安全，英国内阁最终采取折中做法，于 1921 年 6 月 16 日批准了新加坡海军基地建设方案，以新加坡作为帝国东部防务体系的核心，[①] 但放弃了为"针对日本的进攻性太平洋战略"量身打造的造舰方案。这意味着"针对日本的进攻性太平洋战略"变成了"防御性对日军事战略"。

紧接着，英国在可能发生的日本"南进"问题上画了一道"红线"。1921 年 10 月 14 日，英国海军部在帝国防务委员会常设防务小组委员会第 10 次会议上提出："日本在台湾以南建立海军基地是不可接受的，这将威胁到通往香港的交通线，并且将令日本更加接近我们在远东的最先进的基地。"这一观点被接受了。1922 年 9 月 15 日，海军部要求外交部在制定和推行

---

① 关于英国营建新加坡基地和该基地在大英帝国东部防务体系中的地位及所发挥的作用，参见 James Neidpath, *The Singapore Naval Base and the Defence of Britain's Eastern Empire, 1919—1941*, Oxford: Oxford University Press, 1981。

对日外交战略、政策时密切联系其提出的相关军事战略，因为它"对于日本在中国沿海或任何近岸岛屿尤其是香港以南的岛屿获取立足点的一切企图都会感到忧虑。几乎没有必要强调任何此类企图的实现可能给远东地区的海军战略形势造成多么不利的影响"。① 海军部所言"远东的最先进的基地"便位于新加坡。两相对比，英国防止日本获得军事立足点的范围之北部界线稍稍南移，从台湾岛以南变成了香港以南。但无论如何，本质上都是为了遏止日本的军事力量过于接近帝国东部防务体系的核心新加坡。而日本如果企图在台湾或香港以南建立海军基地，那么中国的南海诸岛和海南岛均有可能成为其目标。这预示着英国此后的南海诸岛政策将以避免这一情况作为基本的目标——一旦日本对南海诸岛有所动作的话。其实，海军部此次致函外交部的主要动机，就是商讨因应当时日本向西沙群岛渗透之对策。故从更大的层面观之，这显示了南海作为日本南进和英国防止日本染指大英帝国东部的角力场之意义。

帝国防务重心移向远东与"十年规则"的出台几乎同时进行，这意味着英国在军事上威慑和遏制日本的意愿不会很强烈。毕竟"十年规则"预设英国至少在整个20世纪20年代都不会卷入大战。由于国力无法支撑其推行"进攻性太平洋战略"，而建造中的新加坡海军基地也是缓不济急，于是，维系英日同盟似乎是一个可供英国考虑的选择。1921年，英国外交部在备忘

---

① "Admiralty to Foreign Office", September 15, 1922, in Kenneth Bourne and D. Cameron Watt, eds., *British Documents on Foreign Affairs*, Part 2, Series E, Vol.27, New York: University Publications of America, 1994, p.241.

录中坦承："帝国在太平洋处于暴露的地位，这使它非常希望有一个友好的日本。如果同盟不能延续，我们将发现自己面对的是一个多疑的和可能怀有敌意的日本，这将使我们在中国、印度和远东普遍陷入相当窘迫的境地。由于我们目前经济发展的需求及日本日益增强的海军力量，一旦遭到日本的胁迫，我们在远东地区所维持的军事力量不足以支撑采取强硬政策，甚至无法同日本匹敌。""唯一能够替代在太平洋上维持一支能够对付日本的英国舰队的似乎是更新同盟关系，如此一来，我们便有可能像过去那样，在未来获得有用的支持。"[①] 但是，英国在续订英日同盟问题上面临着来自华盛顿的越来越大的压力。美国对英日同盟如鲠在喉，欲除之而后快。

受帝国防务战略的限制和现实状况的影响，英国亟需思考如何通过和平的方式重塑战后远东—太平洋地区秩序，进而将自身尚存的海军力量优势固定下来及遏止日本可能的向南扩张。恰恰在这个时候，美国"对日本在东亚扩张心存芥蒂，欲抑制日本的过度膨胀"，[②] 同样试图以和平的方式遏制日本，确保其在亚太之安全和利益。1921 年 7 月，美国向中国、英国、日本、法国、意大利等国非正式倡议召开华盛顿会议，讨论裁军和远东问题。11 月 12 日，华盛顿会议召开，美国、英国、日本、法国、意大利、中国、荷兰、比利时、葡萄牙派代表参加。经过

① N. H. Gibbs, *Grand Strategy*, Vol.1, London, Her Majesty's Stationery Office, 1976, p.17.
② 史桂芳：《第一次世界大战前后日本对外扩张与东亚格局之变动——以华盛顿体系为中心的考察》，《世界历史》2012 年第 4 期，第 4 页。

激烈博弈，与会各国通过了一系列决议案、缔结了一系列条约。它们暂时协调了列强在远东—太平洋地区的关系，建立了相对"均势"的秩序——华盛顿体系。其中，《关于太平洋地区岛屿属地与领地的条约》（简称《四国条约》）、《美英法意日五国关于限制海军军备条约》（简称《五国海军条约》）和《九国关于中国事件应适用各原则及政策之条约》（简称《九国公约》）最为重要。1932 年美国国务卿史汀生（Stimson）曾对华盛顿会议有过如下评价："华盛顿会议本质上是一次裁军会议，其目的是不仅停止海军军备竞赛，而且通过解决各种威胁世界和平的令人不安的问题尤其是远东问题，来提升世界和平的可能性。"① 当然，"就华盛顿诸条约所确立的形势是建立在日本并不愿意放弃它在亚洲大陆的急进政策这一点来说，这种形势是不安全的"。② 总之，凡尔赛体系和华盛顿体系都是从建立之初就不稳定，因而由它们构成的国际秩序本质上是脆弱的。

从英国的角度观之，华盛顿体系的建立基本上满足了它的战略诉求。《关于太平洋地区岛屿属地与领地的条约》要求英、美、法、日四国相互尊重"在太平洋区域内岛屿属地和岛屿领地的权利"，并废除英日同盟协定。③《美英法意日五国关于限

---

① "The Secretary of State to the Consul General at Shanghai（Cunningham）", February 24, 1932, U. S. Department of State, *Papers Relating to the Foreign Relations of the United States, Japan: 1931—1941*, Vol.1, WDC, U. S. Government Printing Office, 1943, p.85.

② E. H. 卡尔：《两次世界大战之间的国际关系：1919—1939》，徐蓝译，北京：商务印书馆，2010 年，第 16 页。

③ 《关于太平洋地区岛屿属地与领地的条约》（1921 年 12 月 13 日），《国际条约集（1917—1923）》，北京：世界知识出版社，1961 年，第 736—739 页。

制海军军备条约》规定，大英帝国、美国的主力舰和航母的总吨位均分别不超过 52.5 万吨和 13.5 万吨，日本主力舰和航空母舰的总吨位则分别不超过 31.5 万吨和 8.1 万吨。同时该条约还对日本、英国、美国在太平洋地区修建新基地的问题做出限制，其中，日本除了在本土，"在太平洋中的岛屿和属地"及"将来取得的一切岛屿和属地"，"不得建立海军基地或新的要塞"。相比之下，英美两国所受限制要宽松得多。英国不得在不包括加拿大沿岸岛屿、澳大利亚联邦和新西兰的东经 110° 以东地区新建基地。换言之，英国还可以继续扩建新加坡基地。美国的夏威夷群岛也被排除在受限制的范围之外。[①] 有学者把《美英法意日五国关于限制海军军备条约》的缔结称为"英国在第一次世界大战中的最后一次胜利"，因为该条约让英国得以在避免军备竞赛的情况下保持对其他强国的相对海军优势，即"英国在原则上已经失去了在海上的特殊地位，但实际上却保持着这种地位"。[②]《九国公约》则确认了"尊重中国之主权与独立，领土与行政之完整""门户开放""机会均等"等原则。[③] 这无疑是针对趁着欧美列强忙于第一次世界大战而大肆在中国扩张势力、攫

---

① 《美英法意日五国关于限制海军军备条约》（1922 年 2 月 6 日），《国际条约集（1917—1923）》，北京：世界知识出版社，1961 年，第 740—746 页。

② John R. Ferris, "The Symbol and the Substance of Seapower: Great Britain, the United States, and the One-Power Standard, 1919—1921", B. J. C. McKercher ed., *Anglo-American Relations in the 1920s: The Struggle for Supremacy*, London: Macmillan Press Ltd., 1991, pp.75—77.

③ 《九国关于中国事件应适用各原则及政策之条约》（1922 年 2 月 6 日），《国际条约集（1917—1923）》，北京：世界知识出版社，1961 年，第 765—769 页。

取权利的日本。综上可知，英国最终通过承认美国在海军力量上与自己平起平坐的既成事实，和美国联手成功压制了日本，暂时确保了其在远东的战略安全和既得利益。[1]

尽管英日同盟的废除象征着英日关系进入了化友为敌的新时期，但英国在华盛顿体系确立之后乐于守成，希望保持英日两国相安无事的状态。1924 年，英国政府又一次评估英日关系及其走向。外交大臣张伯伦（Austen Chamberlain）声称，虽然日本"是一个不稳定和相当不安分的强国"，但是"无法想象在任何情况下，我们都有可能单枪匹马地与日本作战"，抑或"日本会单凭一己之力寻求与我们发生冲突"，因为"只有在欧洲列强重新组合阵营之后，日本才可能会变得危险"。其结论是："由于英国和日本之间没有可预见的战争危险，在这种情况下，英国不应该做任何会刺激日本的事情，尤其是竞争性地建造军舰或基地。"此时军方也颇为乐观，帝国防务委员会认同张伯伦的意见，认为"在现有情况下，日本在未来十年对大英帝国发动侵略行动不是一件值得严肃考虑的意外事件"。随后，内阁接受了帝国防务委员会的这一结论。[2] 以后见之明观之，英国政府的这一判断并没有错。日本的确是在 1940 年德国在欧战中连

---

① 王立新指出：第一次世界大战后，英国试图通过联合美国来维护自身利益，所以对美国谋求在远东建立新秩序的政策予以支持。"美国遂与英国联合，在华盛顿会议上实现了对远东国际秩序的重建。"参见王立新：《踌躇的霸权：美国崛起后的身份困惑与秩序追求（1913—1945）》，北京：中国社会科学出版社，2015 年，第 133 页。

② N. H. Gibbs, *Grand Strategy*, Vol.1, London, Her Majesty's Stationery Office, 1976, pp.50—51.

战连胜之际才下定决心和德国建立军事同盟的。而20世纪20年代的欧洲确实既未出现反英的强国或强国集团，又没显露出战争一触即发的迹象。也正是在此环境中，"十年规则"得以延续。在其指导下，英国的防务建设停滞不前。具体到远东，"新加坡基地建设不得不再次中断；即使该港可以使用，也没有任何战列舰能够据守"。[①] 直到1938年，计划中的新加坡海军基地才正式投入使用。

1929年，率先在美国爆发的资本主义世界经济大危机很快波及英国。原本英国就因财政困难而在防务支出上勒紧裤腰带，而今来势汹汹的大萧条更令其防务建设雪上加霜。鉴于海军建设耗资巨大，英国首相麦克唐纳（James Ramsay MacDonald）有意通过召开裁军会议，再次以和平的方式确保英国现有的海军优势、战略安全与利益。多方协调之后，1930年1月21日，英国、美国、日本、法国、意大利在伦敦召开海军会议，并缔结了《限制和裁减海军军备的国际条约》，对各国的海军军备作出了详细的限制。[②] 尽管法、意最终没有批准该条约，但英国基本上还是再次达到了限制日本海军军力扩张、保持已有的海军优势、避免陷入严峻的军备竞赛的战略目标。可以说，英国通过华盛顿会议和伦敦裁军会议，与美国携手在20世纪20年代至30年代初较为成功地抑制了日本之军力尤其是海军实力的膨胀

---

① 保罗·肯尼迪：《英国海上主导权的兴衰》，沈志雄译，北京：人民出版社，2014年，第304页。

② 《限制和裁减海军军备的国际条约》（1930年4月22日），《国际条约集（1924—1933）》，北京：世界知识出版社，1961年，第465—477页。

和向西南太平洋扩张海权的势头，从而给大英帝国——具体而言是大英帝国东部——带来了一段时间的太平日子。从某种意义上看，这也让英国实现了关于十年内不卷入大战的战略假设。正是这一系列外交上的成就，身处大萧条之中的英国颇有信心地选择继续坚持"十年规则"。1931 年 7 月 15 日，英国内阁举行会议，决定采纳帝国防务委员会的建议，即"目前仍应该假定，未来十年内的任何时期都不会爆发大战"，但保险起见，应当根据 1932 年的形势发展，再次全面彻底地对帝国防务的情况进行检查，以此决定"目前的政策是继续还是废止"。[①] 毕竟，英国对其帝国防务所处的虚弱状态是心中有数的。

时隔不久，英国的太平日子首先被日本打破。日本开始对中国发起一轮又一轮的军事侵略。从 1931 年至 1933 年，在东北，日本制造"九一八事变"，攻城略地，并扶植受其控制的"伪满洲国"；在上海，日本挑起"一·二八事变"；在华北，日本的兵锋直抵长城沿线。有学者认为，"九一八事变标志着日本告别华盛顿体系，开始实施建立所谓的东亚新秩序。"[②] 日本这一系列扩张虽然尚未直接危及大英帝国东部的战略安全，但表明其不甘愿一直被华盛顿体系所束缚。这极大震撼了奢望还能再有十年时间可以不卷入大战的英国。英国"在 1931 年至 1932

① "Cabinet 38（31）: Conclusion of a Meeting of the Cabinet held at 10, Downing Street, S. W. L., on Wednesday, July 15th, 1931, at 10:30 a.m.", July 15th, 1931, London, The National Archives, CAB 23/67.

② 史桂芳：《第一次世界大战前后日本对外扩张与东亚格局之变动——以华盛顿体系为中心的考察》，《世界历史》2012 年第 4 期，第 4 页。

年的远东危机期间"，视日本为"唯一有可能从海上威胁到英国的国家"，并"以对日本单线作战的可能性为依据"评估可能卷入的海战状况。[①] 总之，在距华盛顿体系建立约十年之后，大英帝国东部终于面临史无前例的威胁。由于其他地区相对安稳，英国的帝国防务重心被牢牢拴在远东——太平洋地区。

由日本侵华所引起的远东危机促使英国检讨帝国防务战略和防务建设。1932 年 2 月 23 日，帝国国防委员会下属的参谋长委员会提交了《帝国防务政策：1932 年年度评估》。参谋长委员会指出，"裁军会议是在被普遍视为令人不安的国际局势的阴影下进行的。在同一时期，在中国东北和上海发生了战斗，这是国际联盟和美国共同力求避免而不得的"。在现有的帝国防御部署的基础上，远东的险恶局势"显现出不祥的光芒"。而且，"没有任何迹象表明远东局势能够得到永久改善"。因此，"让目前的毫无防御能力的状态延续下去将是极其愚蠢的"。参谋长委员会建议，应该取消"十年规则"，并"着手确定纯粹防御性质的义务，包括对基地的防御，并首先考虑远东的需要"。[②]3 月 22 日，帝国防务委员会审议并基本同意了这一报告，并提请内阁批准。翌日，内阁做出决议，对帝国防务委员会关于接受参谋长委员会提出的取消"十年规则"的建议之结论"不表示异议"。不过，内阁同时提出保留意见，表示"不应以此为理由，

---

① N. H. Gibbs, *Grand Strategy*, Vol.1, London, Her Majesty's Stationery Office, 1976, p.375.

② "Imperial Defence Policy: Annual Review for 1932 by the Chiefs of Staff Sub-Committee", February 23, 1932, London, The National Archives, CAB 24/229.

在不考虑仍然存在的非常严重的财政和经济状况的情况下扩大国防部门的开支"。① 无论如何，英国再次确认了日本是其头号潜在敌国，并据此开始解绑套在防务建设上的桎梏。

1933 年 2 月 15 日，英国内阁召开会议，海军大臣、陆军大臣和空军大臣纷纷对各自军种存在的弊病叫苦不迭。海军大臣表示，"他对远东局势深感忧虑……新加坡处于一种几乎不受保护的状态，尤其是如果它被袭击，那么很大程度上这种袭击是在没有预警的情况下便发生了"。最终，内阁批准了去年参谋长委员会在《帝国防务政策：1932 年年度评估》中提出的"确定纯粹防御性质的义务，包括对基地的防御，并首先考虑远东的需要"的建议，以此为政策。② 从"十年规则"的出台到取消，英国在帝国防务建设方面十年如一日，节衣缩食，连新加坡军事基地的建设都是时断时续。这种状况直到 1933 年才得以基本扭转。这从帝国防务建设的角度解释了为何英国在 1933 年以前未曾考虑过在西沙群岛和南沙群岛建设军事基地。

基于大国博弈视野审视日本对中国东北的侵占，可以说，"在太平洋，它意味着重新开始曾经被华盛顿会议暂停的权力之争。在整个世界，它预示着回到'强权政治'"。③ 对

---

① "Meeting of the Cabinet to tee held at 10, Downing Street, S.W.1, on Wednesday, March 23, 1932, at 11 a.m.", March 23, 1932, London, The National Archives, CAB 23/70.

② "Cabinet 9（33）: Conclusion of a Meeting of the Cabinet held at 10, Downing Street, S. W. L., on Wednesday, February 15th, 1933, at 11 a.m.", February 15, 1933, London, The National Archives, CAB 23/75.

③ E. H. 卡尔：《两次世界大战之间的国际关系：1919—1939》，徐蓝译，北京：商务印书馆，2012 年，第 137 页。

于渴望维持现有国际秩序、在中国拥有大量利益和特权的英国而言，日本侵略中国、践踏华盛顿体系的行径本来是不可容忍、亟需遏止的。可是，英国却没有诉诸强有力的行动维护现有秩序。在30年代早期"中日之间反复出现的斗争中，英国的政策在英日传统友谊和中国市场的潜在吸引力之间摇摆不定"。[①] 甚至，英国政府还担忧国联过度干预中日问题而使英国承担过多的义务。毕竟美国并非国联成员，苏联又被国联拒之门外，法国在远东的势力则不及英国，在此情势下，"解决太平洋地区发生的问题的责任，在国联成员国中，几乎全部落在英国身上"。[②] 正是由于英国在20世纪30年代早期的远东危机中裹足不前，在中日问题上对日本一再迁就，[③] 中国出现了英国"已有退出远东之谣传"，国民政府感慨"当全世界唯英马首是瞻之际，英国对华政策反与十九世纪末年相似，令人如坠雾中"。[④]

英国在外交上持重求稳，归根结底是因为其国防力量满足不了维护大英帝国广泛的海外利益和履行其背负的国际义务的需求。参谋长委员会在《帝国防务政策：1932年年度评估》中

① "Memorandum by Sir V. Wellesley", February 1, 1932, *Documents on British Policy Overseas*, Ser. 2 Vol.9, No.239, F 654/1/10.

② 安东尼·艾登：《艾登回忆录：面对独裁者》上卷，武雄等译，北京：商务印书馆，1977年，第76页。

③ 关于英国对1931—1933年远东危机的因应，可参见徐蓝：《英国与中日战争（1931—1941）》，北京：北京师范学院出版社，1991年，第29—50页。

④ 《资源委员会存英国远东政策检讨》（1933年），具体时间不详，中国第二历史档案馆编：《中华民国史档案资料汇编》第五辑第一编"外交"（二），南京：江苏古籍出版社，1994年，第1236页。

一方面强调"远东最近发生的事件是不祥的预兆","不能够视而不见";另一方面又认为英国在远东的防务空虚,一旦爆发战争,大英帝国在远东、印度、澳大利亚等属地的海岸线及贸易航线都是可以被肆意攻击的。"在远东的局势中,我们不能指望能够及时发挥我们的海上力量,以避免日本侵略所造成的可怕后果。在舰队抵达之前,日本很可能已经成功夺取或摧毁了舰队通往东方的最后阶段和抵达后进行机动作战时所必需的设施和燃料储备。"① 于是乎,只要日本没有把侵略矛头直接对准英国及其帝国,或者向其发动进攻,英国除了抓紧时间弥补防务缺陷以期未雨绸缪,不可能招惹日本以致引火烧身。

进入 1933 年,英国同时在远东和欧洲遭到挑战,所面临的防务形势悄然发生了改变。在远东,日本一如既往,处心积虑摆脱《四国条约》《五国海军条约》《伦敦海军条约》的约束,加大力度扩充军力。各类传闻甚嚣尘上,者如"日本政府将反对延长目前的伦敦条约的条款和要求修改正式提出的吨位";② "(日本)第二个海军更新计划的细节仍被保密,尚未得到政府批准,但还是有很强烈的迹象表明,该计划将于今年开始启动,其中包括一艘航母、两艘巡洋舰、七艘驱逐舰、六艘

---

① "Imperial Defence Policy: Annual Review for 1932 by the Chiefs of Staff Sub-Committee", February 23, 1932, London, The National Archives, CAB 24/229.

② "Sir F. Lindley to Sir John Simon", March 22, 1933, Kenneth Bourne and D. Cameron Watt, eds., *British Documents on Foreign Affairs*, Part 2, Series E, Vol.12, New York: University Publications of America, 1992, p.215.

潜艇和一艘布雷艇，花费 4.2 亿日元，为期三年"；^①"1933 年
2 月 14 日，日本国会通过了最初的预算……是自 1921 年以来
海军拨款最多的一次"。^②而且，日本以国联接受李顿调查团报
告书为由，比德国更早一步，于 1933 年 3 月退出国联。在欧
洲，1933 年 1 月，希特勒上台，领导德国踏上了撕毁《凡尔赛
条约》、整军经武的道路。此后，德国公开和加速推进"已经秘
密进行了几年的重整军备"，^③其军费开支分别占国民总收入和
德国政府总支出的比例从 1933 年时的 1.6% 和 4%，急剧增长到
1936 年时的 13.7% 和 39%。^④德国还在 1933 年 10 月退出了裁
军会议和国联。德国的所作所为撬动了大国博弈之格局。

    1933 年 10 月，参谋长委员会完成了《1933 年帝国防卫政
策年度检讨》。参谋长委员会认为，"第二个危险区域在过去的
一年在欧洲自身出现了。所以，不再可能让远东完全吸引我们
的注意力"。但是，"远东仍然是一个潜在的危险区，从帝国防
御的观点来看，远东的重要性丝毫没有减弱"。对此，参谋长委
员会进行区分和界定，认为"欧洲问题和太平洋问题在本质上
是不同的"。欧洲问题攸关生死，英国不仅要确保欧洲和平，还

---

① "Sir Snow to Sir John Simon", June 21, 1933, Kenneth Bourne and D. Cameron
    Watt, eds., *British Documents on Foreign Affairs*, Part 2, Series E, Vol.12, New York:
    University Publications of America, 1992, pp.259—260.

② 同上书，p.284。

③ E. H. 卡尔：《两次世界大战之间的国际关系：1919—1939》，徐蓝译，北京：商
    务印书馆，2010 年，第 158 页。

④ 罗伯特·格拉特利主编：《牛津第三帝国史》，马诗远、韩芳译，北京：北京日
    报出版社，2021 年，第 169 页。

要确保直接关乎自身安全的低地国家，即荷兰、比利时、卢森堡不会再次落入强国之手；太平洋问题攸关利益，英国所要做的，"是捍卫我们的利益和属地"。在参谋长委员会看来，就长远而言，英国"如今在欧洲面临着一个更为严峻的问题"，因为"德国不仅已经开始重新武装，而且将继续这一进程，直到几年之后，德国将再次被视为一个强大的军事力量。无论裁军谈判或任何其他谈判的结果如何，我们目前所能看到的是，德国的政策倾向于继续公开或秘密地重新自我武装"。此外，参谋长委员会"还对地中海安全问题，通常是基地和通道的安全问题进行了初步评估"，认为尽管英国"在地中海的防御部署在许多方面是过时的"，但"鉴于我们与法国和意大利的良好关系及我们在其他地方的防务需求更加迫切，这一方面不能在帝国防务中占据高度优先的次序"。最终，参谋长委员会认为远东、欧洲、印度是帝国防务政策必须优先考虑的三个地区。[①] 对欧洲问题和太平洋问题的性质做出明确界定是英国帝国防务重心从远东转移回欧洲的前兆。这只是因为英国军方判断德国完成军备重整尚需时日，一时半会还不会构成严重威胁，才没有立刻再次把德国视为头号潜在敌国。至于在地中海，英国觉得仍享有传统的安全。

11月9日，帝国防务委员会审议了参谋长委员会提交的这份评估报告，采纳了关于远东、欧洲和印度在帝国防务政策中

---

① "Annual Review of Imperial Defence Policy for 1933 by the Chiefs of Staff Sub-Committee", October 12, 1933, London, The National Archives, CAB 24/244（在文件中，"太平洋问题"又被称为"远东问题"）。

的排序，决定将它们作为国防各部门的开支的优先考虑者。帝国防务委员会还决定"不应该为了抵御来自美国、法国或意大利的攻击而产生专门的开支"。[①]11月15日，英国内阁批准了帝国防务委员会的决议。为了检视防务体系和力量所存在的严重缺陷，研究整改和提升方案，英国在同一天成立了防务需求委员会。[②]尼尔森（Keith Neilson）认为，防务需求委员会是"一个争论场所，英国的战略性外交政策在其中被各种相互竞争的利益和观点打磨而成，最重要的是，该机构的决策在很大程度上决定了1939年之前的英国的战略性国防政策之走向"。[③]无论如何，英国终于决意整顿军备了。可以假设，如果没有发生其他变数，或者英德两国最后能够达成某种妥协，英国很可能沿着这一轨道进行帝国防务建设，依旧将远东作为防务重心，把日本视为第一威胁。

总之，从第一次世界大战结束到20世纪30年代早期，英国的帝国防务战略的主要基调是"不战"和"守成"。它具有以下几个特点：其一，基于大英帝国十年内不卷入战争的假设，英国力图维持最低限度的军备，以致其全球防务呈外强中干之状；其二，英国把帝国防务重心置于远东，视日本为头号潜在

---

① "Extract from the Draft Minutes of the 261st Meeting, held on November 9, 1933", November 9, 1933, London, The National Archives, CAB 24/244.

② "Report by Defence Requirement Sub-Committee", February 28, 1934, London, The National Archives, CAB 24/247.

③ Keith Neilson, "The Defence Requirements Sub-Committee, British Strategic Foreign Policy, Neville Chamberlain and the Path to Appeasement", *The English Historical Review*, Vol.118, No.477（Jun., 2003）, p.653.

敌国，以新加坡作为帝国东部抵御日本的防务体系之核心，但力避爆发对日战争；其三，英国试图通过大国协约、谈判的方式维持现有秩序和均势格局，避免发生军备竞赛。正是在这一背景下，20世纪30年代早期，英国对以南海诸岛的归属为主题的南海地区大国博弈作出了回应。

第二节 "策略性支持中国"：英国西沙政策的形成

在1931年法国挑起中法西沙交涉之前，早在清末，边疆危机深重的中国开始注意到了捍卫西沙群岛的重要性，直接诱因是日本企图侵夺东沙群岛。"自清季日本人西泽吉治（又作"西泽吉次，引者注），占据东沙岛，肇起衅端，粤督张人骏，据理向日本领事力争，大费唇舌。因闻海南大洋中，有西沙岛者，虑及长任荒废，亦将为东沙岛之续，于是始派副将吴敬荣等，驾轮前往查勘。"张人骏在1909年除了委派吴敬荣等前往勘查西沙群岛，还派遣李准率队巡视西沙群岛，并在向清廷奏报时强调，西沙群岛"居琼崖东南，适当欧洲来华之要冲，为南洋第一重门户。若任其荒而不治，非唯地利之弃甚为可惜，亦非所以重领土而保海权"。[①] 遗憾的是，清末和民国时期正值多故之秋，深陷内忧外患的中国对西沙群岛的治理和开发一直十分滞后，从而给法国、日本以可乘之机。不过，值得欣慰的是，

---

① 陈天锡编著：《西沙岛东沙岛成案汇编·西沙岛成案汇编》，香港：商务印书馆，1928年，第3、22、128页。

中国通过艰难的交涉，最终于 1909 年使日本承认东沙群岛属于中国，撤出侵占该岛的日本人，向清政府补交税款，并赔偿因其侵略活动而给中国渔民造成的损失。①

　　进入民国时期后，日本通过各种手段在经济上对横亘在自新加坡至香港的航道上的西沙群岛进行渗透、攫取资源，损害中国的权益。② 尽管在最初的较长时期内日本对西沙群岛的渗透和活动尚不涉及军事和政治层面，但由于在第一次世界大战结束后把日本视为头号潜在敌国、正在转变对日政策和战略，英国开始对此产生疑惧，警惕日本暗藏针对自己的军事企图。1920 年 2 月 23 日，英国驻日大使馆致电外交部，声称日方报纸报道了日本兼并西沙群岛的消息。外交部认定"日本的占领行为是有害的"，"应鼓励中国行使其主权"，当天即电令驻华公使朱尔典（J. Jordan）询问中国将会如何应对。2 月 25 日，朱尔典向北京政府海军总长萨镇冰提及日本占领西沙群岛的传闻。萨镇冰表示"中国将派遣一艘炮艇巡视西沙群岛"，但这实际上没有落实。6 月 21 日，外交部提出应"敦促中国通过在西沙群岛上建设灯塔的方式行使主权"。7 月 3 日，英国驻华公使馆向

---

① 关于日本在东沙群岛的侵略及由此引发的中日交涉，可参见吕一燃：《日商西泽吉次掠夺东沙群岛资源与中日交涉》，《中国边疆史地研究》1994 年第 3 期，第 1—10 页；郭渊：《日本对东沙群岛的侵略与晚清政府的主权维护》，《福建论坛·人文社会科学版》2004 年第 8 期，第 41—44 页。

② 相关研究可参见沈克勤：《南海诸岛主权争议述评》，台北：台湾学生书局，2009 年，第 85 页；刘永连、卢玉敏：《从日本史料看近代日本势力对西沙群岛的渗透——以 1921—1926 年何瑞年案为中心》，《中国边疆史地研究》2018 年第 1 期，第 161—172 页；许龙生：《中日两国围绕西沙群岛磷矿开发的合作、竞争与纠纷（1917—1930）》，《史林》2017 年第 5 期，第 116—126 页。

外交部建议：关于建设西沙灯塔，"应向海关总税务司发出指示"。① 日本兼并西沙群岛纯属子虚乌有，可英国在未证实传闻的真实性的情况下便"如临大敌"。质言之，这是英国基于帝国防务安全所作出的本能反应，也说明英国判断西沙群岛存在军事价值。在主动介入西沙问题之初，英国便把承认中国对西沙群岛的主权作为策略，为的是将中国变成它遏止日本侵占西沙群岛的"挡箭牌"，为此甚至出现关于在西沙基建方面主动向中国提供协助的主张。这可以视为英国"策略性支持中国"政策的滥觞。遗憾的是，中方对英方提出的通过"承担这些岛屿的照明工程从而更牢固地确立自身对这些岛屿的主权"的建议置之脑后。② 当然，若中国真的付诸行动，在西沙群岛建造灯塔，还将有利于包括英国船只在内所有途经这一海域的舰船的航行安全。故而推动中国在西沙群岛修筑灯塔对英国来说实可谓一举两得。

慑于日本在华南海域的频繁活动，英国海陆军联合情报局奉命调查日本是否在从香港至琼州海峡一带寻找可供舰队停靠的锚地，西沙群岛即是主要的关注对象。经过调查，海军情报官员于 1922 年 6 月完成报告。其结论是："一旦爆发战争，该群岛不太可能具有巨大的价值。但任由日本吞并这一位于自香港至新加坡航线上的群岛及在商业活动的伪装下借助该群岛向

---

① "Minute Sheet of the Paracel Islands"，无具体日期，London, The National Archives, FO 676/98。

② "Admiralty to the Under Secretary of State", Foreign Office, December 12, 1925, London, The National Archives, FO 371/10957/F5975.

南扩充影响力是不可接受的"。① 显然，该报告所言西沙群岛在战时的用处不大是对英国而非日本而言，故才会得出不能放任日本占有该群岛的结论。这也是当时英国军界的普遍认知。对于当时盛传的日本意图和孙中山领导的南方政府达成协议，通过向后者提供武器换取某些特许权，如开发包括西沙群岛在内的所有由广东省管辖的岛屿，英国驻华舰队总司令② 提醒称，"西沙群岛虽然不是一个很好的锚地，但可以为一些小型船只提供庇护所，而且地理位置正好横跨从新加坡至香港的贸易航线，这就证明了把它们用作潜艇或袭击者的基地之企图存在合理性"。③9 月 15 日，英国海军部直接表达了"对日本人通过日本公司取得租约的方式获得这些岛屿的控制权的忧虑"。④ 当时日本的确仅停留于经济渗透，但英国一再杯弓蛇影，怀疑日本心怀叵测，野心实际上超出了经济目的，既说明了英国是基于"日本如同战前的德国"之认知而做出研判，又体现出英国是从帝国防务安全的角度审视西沙问题。

在华盛顿体系建立之后，英国关于通过承认西沙群岛属于

---

① "Colonial Office to Foreign Office", October 9, 1922, in Kenneth Bourne and D. Cameron Watt, eds., *British Documents on Foreign Affairs*, Part 2, Series E, vol.27, New York: University Publications of America, 1994, pp.248—249.

② 英国驻华舰队又名"中国舰队"（China Station，1865—1941 年），总部设在香港，主要负责远东的防务。

③ "Sir B. Alston to Marquess Curzon of Kedleston", August 7, 1922, in Kenneth Bourne and D. Cameron Watt, eds., *British Documents on Foreign Affairs*, Part 2, Series E, vol.27, New York: University Publications of America, 1994, p.238.

④ "C. W. Orde to Tyrell", FO 371/15509/F2971, London, The National Archives, June 10, 1931.

中国，从而借助中国遏止日本侵占西沙群岛的策略有了国际体系的支撑。依据华盛顿体系对中国领土完整和主权独立之规定，英国除了更积极地鼓励、敦促中国采取措施宣示主权、加强管辖，还试图通过对华施压防止中国向日本转让或出租西沙群岛。1922年9月，英国海军部"建议英国政府应继续反对任何中国政党表现出将中华民国的海岸线与岛屿的主权割让或者交换出去的倾向"。故外交部向驻华公使发出指示："任何割让中国领土的做法将公然违背九国公约关于中国的规定"，"也将公然违背中国于1921年11月22日向华盛顿会议的太平洋和远东问题委员会做出的郑重承诺，即不将任何部分领土或沿海地区转让或租借给任何强国。因此，这类做法将立刻遭到英国政府的反对"。而"除中国外，似乎没有其他国家对西沙群岛提出所有权要求……在华盛顿会议上，这些岛屿也许就被认为是中国的领土，所以它们属于九国公约及中国做出的上述承诺所规定的范畴"。[①] 英国承认中国对西沙群岛的主权这一做法的策略性在这里得到了很好的诠释：以遵守和维护华盛顿体系的名义，行将中国变成"挡箭牌"之实，从而对中国及觊觎西沙群岛的国家施加约束力，以求维持现有的南海权势格局。

当然，英国对于中国是否有意愿、有实力加强对边陲西沙群岛之管辖，以及孱弱的中国能否震慑得了日本皆无把握。于是，英国一度打算亲自"敲打"日本。1922年，英国计划派

---

① "C. W. Orde to Tyrell", June 10, 1931, London, The National Archives, FO 371/15509/F2971.

舰勘察西沙群岛。几经商量,海关总税务司弗朗西斯·安格联(Francis Aglen)同意派巡逻舰"平清号"(Ping Ching)在是年"10 月左右按照天然的航线驶往香港,途中前往勘察东沙群岛和西沙群岛",并"指示舰长在可能的情况下故意让日本船只发现"。因为这既能让英国的行动显得并非有意为之——"并不是什么不自然的事",又能向日本展示英国对西沙群岛的重视及在该海域之存在——"日方船只肯定会立即向日本报告此事"。①英国试图在深化对西沙群岛之了解的同时温和地提醒日本,在西沙群岛的渗透须适可而止。这一"一箭双雕"之计划可谓煞费苦心,但最终没有付诸实施,②而驻华公使馆未向英国政府禀报此改动。结果,当法国就西沙归属向中国提出交涉时,英国政府却欲查核相关档案以为决策之依据。在此之后,英国时常从不同渠道得到有关日本攫取西沙权利或中国向日方让渡相关权利的传闻,多次同中方交涉以防传闻成为现实。可无论如何,英国终归没有直接向日本表示相应关切或警告。

不过,日本还是注意到英国敦促中国在西沙群岛开展基建,于是主动试探英国。如 1925 年 10 月 30 日,日方向英方询问有

---

① "Sir B. Alston to the Earl of Balfour", July 31, 1922, in Kenneth Bourne and D. Cameron Wat, eds., *British Documents on Foreign Affairs*, Part 2, Series E, vol.27, New York: University Publications of America, 1994, p.232.

② 1925 年,为了纠正已知的对这些岛屿的地理位置之错误认知,英国在未经中国许可的情况下派"易洛魁人号"(Iroquois)舰非法考察西沙群岛。这一行动在当时不为各方所知晓,也非"平清号"舰勘测计划的替代行动。参见"Admiralty to the Under Secretary of State, Foreign Office", December 12, 1925, London, The National Archives, FO 371/10957/F5975。

关中国政府计划在西沙群岛建设无线电站等事。在 11 月 25 日的复函中，英方称"对西沙群岛的任何此类站点的情况一无所知"。^①显然，日本意在弄清英国在其中所扮演的角色和介入的程度。本来，英国可以趁机向日本直截了当地承认是它力促中国在西沙群岛建设灯塔，并表明英国对日本在西沙群岛的经济渗透之关切。然而英国非但没有这么做，反而撇清关系。这在某种意义上佐证了英国承认西沙群岛属于中国本质上是其在西沙问题上对日博弈时用以避免直面日本的策略。

　　总之，20 世纪 20 年代，日本在西沙群岛的活动从未超出经济领域，华盛顿体系亦暂时缓和了列强在亚太地区的争斗。因此，英国虽然对日本可能会侵占西沙群岛提心吊胆，但所面临的压力终究不大，远未到必须直接对抗日本的地步。而且英国在"十年规则"的指导下，正殚思极虑将国防开支限制在最低限度并力避卷入大战。故即使其对日军事战略强调防止日本在香港以南获得军事立足点，英国主观上也不愿在西沙问题上同日本发生冲突，它对西沙群岛基本上维持着有限的关注。由是之故，这一时期英国一直致力于促使中国加强对西沙群岛的主权宣示和管辖，并严防中国向日本让渡西沙权利，却始终未运用自身实力和权势威慑日本。如此一来，英国便可在华盛顿体系下将中国作为"挡箭牌"，以遂遏止日本侵占西沙群岛之目标，从而在避免陷入与日本的冲突之前提下，防止日本利用西

---

① "S. P. Waterlow to Isaburo Yoshida", November 25, 1925, London, The National Archives, FO 371/10957/F5306.

沙群岛威胁大英帝国东部。从这一角度观之，英国承认中国对西沙群岛之主权并敦促中国有力行使和捍卫这一主权，其策略性尤为明显，绝非单纯承认事实及出于公义而支持中国。故这一政策可谓"策略性支持中国"。遗憾的是，由于国事蜩螗，这一时期，中国始终未认真考虑英国的建议和敦促，通过切实举措加强对西沙群岛的主权宣示和管辖，由此错失了可以在几乎不受他国妨碍的情况下——当时日本和法国均未下定决心争夺西沙群岛——加强该群岛的管治，甚至可在基建方面得到英国协助的良机。

1929 年，大萧条席卷资本主义世界，日本遭受重创，在西沙群岛的日本人及团体于 20 年代末撤离。这客观上令英国遏止日本侵占西沙群岛的决策目标暂得实现，但西沙局势并未因此而风平浪静。在 20 世纪二三十年代之交，法国正在酝酿着转变西沙政策。自 1930 年起，法国政府内部逐渐形成共识，谋划就西沙群岛归属向中国提出交涉。①1930 年 4 月，法国抢占中国南沙群岛中的南威岛，从而引发了英法交涉。在此期间，英国驻西贡总领事郭通（F. G. Gorton）向英国政府汇报了一个重要情

---

① 法国在 1921 年决定以承认中国对西沙的主权换取中国承诺不在西沙群岛驻防及不将它转让他国，但自 20 年代末起又逐步改变想法，最终于 1931 年下半年决定正式向中国提出西沙主权要求。其具体思路是，先争取通过外交方式实现这一目标，若行不通则考虑提交仲裁，若仲裁失败则重拾 1921 年的政策。相关研究可参见任雯婧：《20 世纪初法国西沙群岛政策的演变——基于法国外交部 20 世纪 30 年代西沙群岛档案的考察》，《海南大学学报》（人文社会科学版）2018 年第 6 期，第 68—77 页；郭渊：《20 世纪 10—20 年代法国对西沙群岛的认知及政策》，《暨南学报》（哲学社会科学版）2017 年第 7 期，第 69—76 页。

报：法属印度支那当局明确表示正在严肃考虑"宣布西沙群岛为其保护地"，其"理论依据是该群岛最初是安南的一部分"。[1]然而，英国政府不以为意，也没有从中觉察到法国正蓄谋攫取西沙群岛，这或许是因为此时它对南海诸岛的注意力集中于南威岛。直到一年后，由于军方对西沙群岛的军事价值之认知发生了积极转变，英国开始警惕法国对西沙群岛的野心。1931 年4 月 2 日，海军部提醒外交部、自治领部、殖民地部、空军部和财政部注意郭通一年前的情报，因为"近期的报告显示，这些岛屿也许能够建成一个有用的基地"。[2]为了攫取西沙群岛，法国政府和法属印度支那当局在舆论上造势。[3]英国海军部一度被唬住，特意向外交部确认："（1）这个群岛是否是中国领土。（2）如果是，它是否包括在 1922 年订立的华盛顿九国公约（相关规定）的范围之内。（3）如果不是，是否有任何条约可以作为我们的依据，以拒绝同意法国的占领行为。"简言之，英国能否名正言顺反对法国攫取西沙群岛。海军部指出，西沙群岛"构成了一个潜在的海军锚地，万一发生战争，它可能对我们的舰队非常有用"。[4]

[1] "His Majesty's Consul-General（Saigon）to Secretary of State for Foreign Affairs", April 23, 1930, London, The National Archives, T 161/622/3.

[2] "Charles Walker to the Under-Secretary of State, Foreign Office", April 2, 1931, London, The National Archives, T 161/622/3.

[3] "F. G. Gorton to His Majesty's Principal Secretary of State for Foreign Affairs", April 13, 1931, London, The National Archives, FO 676/98/F2731.

[4] "Minute of French Proposal to Occupy Paracel Islands", May 8, 1931, London, The National Archives, FO 371/15509/F2669.

当时中国政局也在一定程度上影响英国决策。1931年2月，蒋介石扣押胡汉民。各路反蒋势力借机发难，在广州另组国民政府，一度形成宁粤对峙局面。鉴于中国政局动荡，英国海军部判断：尽管西沙群岛"已被视为中国的领土"，但"如果现在的中国政府在不久的将来垮台，法国政府也许会认为这是对这些岛屿提出所有权要求的好机会"。海军部未雨绸缪，计划令军舰"易洛魁人号"在"返回香港的途中对永乐群岛（西沙群岛的一部分，引者注）进行额外的勘测，以使绘制的海图合理且安全"，"并密切留意任何居民或船只的迹象"。同时，海军部向外交部提议：第一，"无论是在现阶段还是在进一步证实了法国的企图的时候"，都应该鼓励中国政府在西沙群岛建设灯塔；第二，应"查明1922年海关所进行的调查的结果"，因为迄今没有任何记录表明英国政府已经收到相关调查报告，并要弄清当前中国政府对西沙问题的普遍态度，"尤其是对西沙照明工程的态度"。海军部提醒称，英国"应对任何强国考虑采取吞并行动的一切迹象保持充分的关注"。① 在这里，海军部所反对者从具体的日本、法国扩大到"任何强国"。在海军部的推动下，英国决定以"策略性支持中国"政策应对蠢蠢欲动的法国，将其野心扼杀在萌芽之中，同时把决策目标提升为遏止任何强国侵占西沙群岛。总之，与20世纪20年代相比，西沙问题出现了新变化——法国暂时替代日本成了中国领土主权完整的侵害者和

---

① "Admiralty to the Under Secretary of State, Foreign Office", May 21, 1931, London, The National Archives, FO 371/15509/F2819.

英国的防范对象。不管怎样，法国的介入使西沙问题变得更复杂了。

　　综上可知，英国同样以"策略性支持中国"政策遏止日本、法国侵吞西沙群岛，决策立足点始终是帝国防务安全，但具体的出发点有本质区别。前者是基于"敌我斗争"，而后者更多的是出于对西沙群岛的军事价值的新认知——西沙群岛有可能为己所用。在英国看来，若听任除日本外其他强国得到西沙群岛，尽管不一定会对大英帝国东部造成威胁，英国却将因此失去利用西沙群岛的可能性；若由海上力量虚弱的中国保有西沙群岛，非但对英国无害，而且英国仍有机会从中国手里获得西沙群岛的使用权，[①] 毕竟英国在华享有诸多殖民特权。这是决策目标在提升之后新增的内涵。由于不愿让日本、法国窥破它对西沙群岛存有军事企图，英国把"易洛魁人号"舰勘察西沙群岛之计划列为机密，"这项调查在进行的过程中没有引起任何注意"。[②] 无疑，对西沙群岛的新认知令英国更积极推行这一政策。值得注意的是，虽然此时英国关于西沙群岛的军事价值的认知依旧如 1922 年时那般模糊，而且由于仍遵循"十年规则"，也不太可能短期内就在西沙群岛投入防务经费，但这却可以看作是后来英国思考在西沙群岛建设基地、将其纳入帝国东部防务体系

---

① 1949 年，英国外交部反思 30 年代早期的西沙政策时指出："我们希望这些岛屿处在中国的主权管辖之下，以便我们在紧急情况下可以自由使用它们。"参见 "Minutes of the Spratly Island, Amboyna Cay and Paracel Islands by R. S. Milward", December 30, 1949, London, The National Archives, FO 371/76038/F18458。

② "S. H. Phillips to the Under Secretary of State, Foreign Office", February 17, 1937, London, The National Archives, FO 676/271/F980.

的前奏。

1931 年 5 月 29 日，英国外交大臣亨德森（Arthur Henderson）电告驻华公使蓝普森（Miles Wedderburn Lampson），"中国应通过诸如在岛上建设灯塔等方式重申其对西沙群岛的主权"，要求他"尽可能谨慎地查明中国政府当前对西沙群岛的普遍态度，尤其是对建设西沙照明工程的态度"，"报告除中国外的任何强国考虑申明对西沙群岛的主权要求的一切迹象"，以及将电报内容转发给驻日大使馆。同时，外交部向海军部通报了这一行动。[①] 可想而知，所谓"其他任何强国"不仅包含海军部提到的蠢蠢欲动的法国，也包括了曾经试图染指西沙群岛的日本。英国对于当前的头号潜在敌国日本，依旧不敢掉以轻心。驻华公使馆随即指示驻上海总领事直接向海关总税务司询问具体情况，同时要求驻广州总领事提供任何可能获得的信息。蓝普森还计划如有机会将亲自或令驻南京代理总领事向中国海军部部长陈绍宽提议筹建西沙灯塔。[②] 结果，中方没有报以明确回应。

6 月 1 日，英国海军部建议外交部现在就与法国交涉，防止其侵吞西沙群岛，"因为有必要提前为一个可以预见将成为既定事实的事件做准备"。海军部强调，"南京蒋介石政权的强有力的反对者们已在广州组建新的'国民政府'……这场内讧，伴随着内战的爆发，有可能分散中国对诸如西沙所有权等相对次

① "Arthur Henderson to Lampson", May 29, 1931, London, The National Archives, FO 676/98.

② "Lampson to Aveling", June 5, 1931, London, The National Archives, FO 676/85.

要的问题的注意力"。"由于法国在和印度支那交界的华南数省拥有重要的经济利益，法国的政策可能是支持新生的广州政权，或公开或秘密地提供军火等"，而"'南方政府'所给予的一个小小的（秘密的——原注）补偿可能是不会对法国吞并西沙群岛的行动提出异议"。[①] 外交部远东司司长奥德（C. W. Orde）认为："尽管如我们所知道的，巴黎正在考虑占领西沙群岛并受到来自西贡的敦促，但我们没有证据证明这个主张得到了巴黎的赞同"。鉴于此，奥德主张最好先听听蓝普森的意见，"再根据海军部的建议采取行动"，并提出具体建议，即英国政府目前可以先指示驻法大使梯雷尔（William Tyrell）"口头知会法国政府"，"我们认为中国人对西沙群岛拥有合法的所有权，我们作为《华盛顿条约》缔约国，关心这些岛屿的现状的任何改变"。奥德特意提到，华盛顿会议与会各国"都有权抗议和反对以任何形式转让中国的西沙群岛主权"。[②] 所谓《华盛顿条约》即《九国公约》。由于法国本身就是《九国公约》缔约国，奥德此言暗含着法国本身也受到该条约的约束，不应侵夺中国的西沙群岛的意思。外交部采纳了奥德的意见。6 月 10 日，奥德指示梯雷尔同法国政府交涉，有分寸地敲打法国。[③] 一望而知，英国向法国表明其承认中国对西沙群岛的主权绝非仗义执言，而是意在

① "Admiralty to the Under Secretary of State, Foreign Office", June 1, 1931, London, The National Archives, FO 371/15509/F2971.

② "Minutes of Ownership of the Paracel Islands by C.W. Orde", June 3, 1931, London, The National Archives, FO 371/15509/F2971.

③ "C. W. Orde to Tyrell", June 10, 1931, London, The National Archives, FO 371/15509/F2971.

利用华盛顿体系抑制法国对西沙群岛的野心和可能的侵略行动，同时使自身得以凭借《九国公约》缔约国的身份师出有名地反对法国侵吞西沙群岛。这一言行又一次充分诠释了英国承认中国对西沙群岛的主权的策略性。从中，英国的谨慎"守成"的现行国际秩序维护者之形象可见一斑。

　　对于英国的"敲打"，法国外交部称"由于海军部担心这些岛屿（即西沙群岛，引者注）有一天会被中国或其他强国用作水上飞机或潜艇的基地"，"外交部的法律顾问正在审查这些岛屿的主权依据问题。印度支那政府坚称安南在 1806 年或 1815 年兼并了这些岛屿"，"如果外交部的法律顾问得出结论，认为安南皇帝在 19 世纪早期对这些岛屿的吞并是有效的，法国政府似乎将向中国政府递交照会，对它们提出主权要求。若该要求存在争议，则将提议提请仲裁"。法国外交部特意表示"法国政府不可能侵吞这些岛屿，而且充分意识到 1922 年 2 月 6 日签订的《九国公约》的第一条明确禁止任何扩张。在这一个争端中，唯一的问题是中国的所有权依据是否比法国的更好。如果法国的所有权依据得到支持，则《九国公约》将不适用。如果是另一种情况，即结论对中国的所有权依据有利，法国无疑将接受这一结果，不会采取进一步行动"。[①] 可以窥知，同样是《九国公约》缔约国的法国并不想公然挑战亚太地区现行的华盛顿体系，而是图谋通过编造历史证据、制造主权争端，以遂规避

---

① "Tyrel to Arthur Henderson", July 8, 1931, London, The National Archives, FO 371/15509/F3869.

42

《九国公约》之约束、堂而皇之攫取西沙群岛之目的。当然，法国的策略一旦得逞，英国的"策略性支持中国"政策也就不攻自破。

7月15日，英国外交部将梯雷尔的电文转给海军部以征询意见。8月25日，海军部复函称，仅凭此电文"很难看出来目前采取何种进一步的行动会有好处"。海军部认为，"除非法国能够运用国际法证明自己的所有权要求"，否则中国把西沙群岛"交给它可能是一种违反九国公约的挑衅行为"。而至少从表面上看，法国要运用国际法证明其主权要求"似乎不可能办到，因为它所宣称的主权是如此地不确定"。因此"似乎可以相信中国人能够保住对这些岛屿的所有权"。不过，海军部提醒外交部，"有必要密切关注这个问题的进展，以确保中国人不会在没有充分理由的情况下把这些岛屿交换出去"，并请其"随时向海军部通报事态的发展"。① 可见，海军部对当时的中国政府捍卫西沙主权的意志并不放心。

7月17日，蓝普森向英国外交部报告：其一，据海关总税务司了解，"中国对西沙群岛的主权从未受到质疑"；其二，据说中国广东省政府"似乎在一段时间内拒绝了在岛屿上建设照明工程的建议，因为其认为灯塔可能会引诱其他船只相互靠近，相比于目前让船只相互远离，这会导致更多的沉船"。另据"国民通讯社1930年7月9日报道，中国政府已经批准在群岛上建

---

① "V. W. Baddeley to the Under Secretary of State, Foreign Office", August 25, 1931, London, The National Archives, FO 371/15509/F4669.

设气象台和无线电台";其三,"据公使馆调查,1922年海关缉私船的考察从未发生过"。蓝普森的结论是"没有证据表明,除中国外,其他强国想要申明对西沙群岛的主权要求"。另外,蓝普森表示目前"正在等待驻广州总领事发来的观察意见"。[①]令人诧异的是,英国驻华公使馆在早些时候已获悉法属印度支那当局向西沙群岛派出了考察队,[②]蓝普森却只字未提,很大可能是他掉以轻心,否则也不致得出"没有证据表明除中国外的其他强国想要申明对西沙群岛的主权要求"这一草率的结论。7月28日,驻广州总领事向蓝普森汇报了两个重要信息:一是法国驻广州领事官员非正式询问英国驻广州领事官员图森(Tuson)有关西沙群岛的问题;二是中国确实在筹建西沙灯塔并有意寻求英国的协助与合作。蓝普森这才意识到法国可能要采取行动,当即向外交部报告上述情报及法国科考队前往西沙群岛一事,并表示"强烈反对我们进一步卷入"即将发生的中法西沙交涉。[③]这一建议要比"策略性支持中国"政策保守得多。须强调的是,在非法勘察西沙群岛这一问题上,无论是英国的"偷偷摸摸"还是法国的"明火执仗",皆淋漓尽致展现出它们的殖民强权本性。

　　总之,在二三十年代之交,西沙局势呈现的新特征是"日

---

① "Lampson to Foreign Office", July 17, 1931, London, The National Archives, FO 371/15509/F3984.

② "H. B. M. Consulate-General (Shanghai) to His Majesty's Minister, Peking", July 14, 1931, London, The National Archives, FO 371/15509/ F4354.

③ "Lampson to Foreign Office", July 28, 1931, London, The National Archives, FO 371/15509/F4180.

本撤退、法国入场"。由于形成西沙群岛可能在军事上为己所用的新认知,英国认定孱弱且对英友好的中国保有西沙群岛最符合自身战略利益。于是,英国同样以"策略性支持中国"政策应对法国,并将决策目标提升为遏止任何强国侵占西沙群岛,而不刻意区分所针对的对象。再者,此时尽管恰逢凡尔赛—华盛顿体系走向崩坏的分水岭,国际局势暗流涌动,但表面上仍波澜不惊。这一客观环境让英国得以较为从容地因应西沙问题,而不会产生必须调整政策的紧迫感。

自"九一八事变"至"一·二八事变",日本相继向中国东北、华东发动侵略。日本肆无忌惮地侵略中国,既动摇了华盛顿体系所维系的列强在亚太的脆弱均势,也严重损害英国的战略利益。英国对亚太的注意力立即被吸引过去。正值远东—太平洋地区山雨欲来之际,法国企图浑水摸鱼,巧取西沙群岛。法国政府于1931年12月4日就拟好了关于西沙群岛的致华照会,但不知何故,一直到1932年1月4日才向中国驻法使馆递交该照会,首次正式要求获得西沙群岛。在照会中,法国政府声称"七洲岛(即西沙群岛,引者注)向属安南王国",并以阮朝初年已有安南人前往西沙海域捕鱼、嘉隆王于1816年"正式管领该岛并树立旗帜"、明命王于1835年"复遣人前往建塔及石碑"为证。同时,法方还举一反证:1898年两艘英国船只在西沙群岛附近沉没,"中国渔人窃售船身破铜"。而当驻海口的英国领事馆提出抗议,并要求惩治罪犯时,中国政府答称七洲岛非中国领土,不由中国管辖。最后,法国政府表示西沙问题"非政治问题",希望中方"以法律上之解释见复"。①

　　须指出的是，法国炮制的"先占权"依据漏洞百出，实属牵强附会。② 其中"所谓'嘉隆王插旗'说实为法国传教士塔尔伯特借鉴他所熟知的欧洲常规，通过夸张的想象，把从他人那里获知的阮朝'黄沙队'的活动虚构成了一场威严雄壮的占领行为。19 世纪早期的越南不具备科学测绘的物质条件和技术准备，也不具备产生现代意义上的领土主权思想的意识基础"。③事实上，"嘉隆王插旗"说的出台"具有很强的政治性，是在法国外交部、殖民地部、海军部和印支殖民政府的直接参与和指导下，为了达到争夺西沙群岛的目的，在很薄弱的史料基础上，仓促提出的"，而且其真实性从一开始"即受到法国和安南两方

① 《驻法使馆转呈关于七洲岛问题法外部来文并请示我国意见》(1932 年 1 月 7 日)，台北，"国史馆"藏，"外交部档案"，020-049904-0001。该卷宗同时收入了两份内容一致但日期不同的法文照会，一份日期为 1931 年 12 月 4 日，一份日期为 1932 年 1 月 4 日。陈梁芊经过考证指出，前一份照会是后来由法国驻华公使韦礼德(Henry Auguste Wilden)在 1932 年 4 月 29 日向国民政府递交其他照会时随函附上的(参见陈梁芊：《20 世纪 30 年代初法国西沙群岛政策考论》，《边界与海洋研究》2024 年第 1 期，第 60 页)。安东尼·卡蒂则提到，该照会"原本应该发送北平一份，然而却由于时局不利导致照会未能发出"(安东尼·卡蒂：《南海的历史与主权》，王祥、武巍、拾壹译，北京：新星出版社，2023 年，第 180 页)。

② 关于法国拼凑、编织"安南拥有西沙群岛的历史证据"之过程及对所谓"证据"之辨析，可参见如下新近研究。任雯婧、彭敦文：《"九一八事变"前后法国声索西沙群岛"主权"研究补正》，《中国边疆史地研究》2023 年第 2 期，第 173—186、217 页；郭渊：《20 世纪 30 年代初法国西沙立场的演变及评析》，《云南师范大学学报》2024 年第 1 期，第 1—14 页；陈梁华：《20 世纪 30 年代初法国西沙群岛政策考论》，《边界与海洋研究》2024 年第 1 期，第 60—80 页。

③ 丁雁南：《史实与想象："嘉隆王插旗"说质疑》，《南京大学学报》(哲学·人文科学·社会科学)2015 年第 4 期，第 88 页。

直接参与相关资料搜集与研究的官员的质疑"。^① 至于法国提出的中国官方在中英铜货索赔案中表示西沙群岛不属于中国这一"证据"，则是"法国人对中英文史料的曲解和臆想"，究其实质，纯属造假。^② 此后数年，中法两国断断续续进行着低烈度的交涉，双方的较量总体上呈低烈度，中国保持着对西沙群岛的管辖，直至全面抗战爆发。^③

由于当时正密切关注日本对中国的军事侵略，加上中国政府直到 1932 年 7 月才完成回应法方的准备，^④ 西沙局势总体上风微浪稳，英国在约半年后才注意到法国要求改变西沙现状的外交举动。1932 年 5 月中旬，英国驻广州总领事馆从中方媒体得知法国致中方照会的内容。^⑤ 驻华公使馆在 5 月 30 日接获驻广州总领事馆的报告后，于 6 月 8 日电告外交部。^⑥ 外交部对"法国政府已向中国驻巴黎公使馆发出照会，声称西沙群岛属于印度支那"将信将疑，于是指示梯雷尔"确认这份报告的可靠

① 谷名飞：《再谈"嘉隆皇帝插旗"说的真实性——基于法国档案的研究》，《南京大学学报》（哲学·人文科学·社会科学）2018 年第 2 期，第 70 页。
② 顾跃挺、曹树基、许盘清：《对 19 世纪末中英铜货索赔案的再研究——法国史料"两广总督称西沙既不属于中国也不属于安南"的来龙去脉》，《清华大学学报》（哲学社会科学版）2023 年第 4 期，第 117—133 页。
③ 关于中法交涉过程和在此期间中国的维权举措及其意义与局限，参见蔡梓：《20 世纪 30 年代初国民政府对西沙群岛问题的因应》，《史学月刊》2023 年第 2 期，第 85—92 页。
④ 《外交部致驻法使馆训令》，1932 年 7 月 26 日，台北，"国史馆"藏，"外交部档案"，020-049904-0001。
⑤ "Herbert Phillips to Lampson", May 19, 1932, London, The National Archives, FO 676/85.
⑥ "Ingram to Foreign Office", June 8, 1932, London, The National Archives, FO 371/16235/F5619.

性"。① 法国外交部部长向梯雷尔承认，法国政府已就西沙归属向中方提出交涉，但表示"法国政府无意采取除法律行为之外的任何行动"，并强调"法国政府不重视这些鸟粪矿床"，但不能容许中国开发西沙群岛的矿产。② 法国否认觊觎西沙群岛的资源，意在凸显其行为的正当性，但这无异于向英国暗示它看中的是西沙群岛的军事价值，从而令英国更加坚信确有必要遏止任何强国侵占西沙群岛。果不其然，英国海军部由此得出结论："西沙群岛的永乐群岛有可能会被证实能够为舰队提供一个合适的锚地，这或许显示出它对这个国家（即法国，引者注）具有巨大的价值。正是因为它对海军相当重要，无论是法国还是除中国以外的其他国家都不应该确立对这些岛屿的所有权"。③

面对法国的非法主张，中国积极维权，包括将西沙基建提上日程并寻求英国的帮助。粤省政府主动与海关当局"就西沙群岛的照明工程计划展开讨论"。④ 这对英国而言这可谓正中下怀。毕竟自20年代以来英国费尽口舌敦促中国修建西沙灯塔，却长期得不到中国的积极响应。于是，英国通过海关总税务司顺水推舟。值得一提的是，1932年11月24日，日本驻广东陆

---

① "C. W. Orde to Tyrrell", July 23, 1932, London, The National Archives, FO 371/16235/F5619.

② "British Embassy（Paris）to John Simon", August 8, 1932, London, The National Archives, FO 676/85/F6071.

③ "S. H. Phillips to the Under Secretary of State, Foreign Office", September 26, 1932, London, The National Archives, FO 676/85/F7011.

④ "The Letter from J. H. Thomas on the Subject of the Paracel Islands", November 16, 1932, London, The National Archives, DO 35/180/3.

军武官和知鹰二致电参谋次长，分析称在法国向中国提出西沙主权要求后，"中国方面旋即推进多年来未动工的该岛上无线电台的建设……中国方面从速着手这一工程，是英国人在背后策动"。① 和知鹰二捕风捉影，断定英国是中国采取行动捍卫西沙主权的主使者。其实，这一论断看似夸大其词，却切合日本的普遍认知，即英国意欲借中国之手追求其在西沙群岛的战略诉求。日本并不相信英国此前诸如对中国在西沙群岛的基建计划"一无所知"之类的表态。应该说，日本窥破英国"策略性支持中国"政策的真实意图。

在法国于 1933 年 4 月在南沙群岛制造"九小岛事件"之后，西沙局势又出现重要变化：日本势力重回西沙群岛。日本媒体起初在报道该事件时误以为"九小岛"是西沙群岛，有的甚至宣称西沙群岛早在 20 年前就为日本所占有，大肆渲染法国侵害了日本的权益。② 尽管日本随后弄清楚"九小岛"实为南沙岛屿，但其对西沙群岛之野心已被唤醒。驻广东代理总领事吉田丹一郎鉴于中法西沙交涉，别有用心地提出中国对西沙群岛的主权依据比日本的弱。③ 这一提法很可能是受到法国的

① 《和知少佐致参谋次长電》(1932 年 11 月 24 日)，東京：日本外務省外交史料館藏，《各国领土発見及帰属関係雑件 / 南支那海諸礁島帰属関係》第二卷，JACAR（アジア歴史資料センター）Ref.B02031159400。

② 浦野起央：《南海诸岛国际纷争史》，杨翠柏等译，南京：南京大学出版社，2017 年，第 144、168 页。

③ 《吉田總領事代理致内田大臣》(1933 年 8 月 17 日)，東京：日本外務省外交史料館藏，《各国领土発見及帰属関係雑件 / 南支那海諸礁島帰属関係》第二卷，JACAR（アジア歴史資料センター）Ref.B02031160100。

启发，从某种意义上看也恰好是针对英国的"策略性支持中国"政策。日方甚至传出效仿法国制造"九小岛事件"的伎俩而强占西沙群岛的声音："因法国政府以简单之声明，得以决定所占九岛之属籍，日本政府亦将以同样手段占取与台湾关系最深之西沙群岛。"这引起了中国的警惕，国民政府外交部在 1933 年 8 月 2 日电请海军部"火速派舰前往驻防"西沙群岛，"以免万一"。① 中国舆论也倾向于认为日本可能趁机强占西沙群岛。陆东亚指出，"日本思占西沙群岛已非一日"，"今见法占九岛，其心不无所动，或将实行侵略西沙群岛，以求抵偿，亦属可能"。② 王芸生更是强调，尽管法国所占诸岛并非西沙群岛，但"日本迷以该岛影射西沙，而称为拔拉色尔群岛。按拔拉色尔群岛 Paracels 系中国西沙群岛之西文名称"，"惟日人故呼此名，实有意朦胧，极应注意，不要因此真个把西沙岛赔上"。③

　　虽然日本当时没有如此行事，但时隔不久，日本的军事力量悄然出现在西沙海域。大概是缘于忌惮英国，这一时期日本试图向英国隐瞒其在西沙海域的军事活动。例如，1934 年 2 月，一艘日舰到访新加坡。该舰舰长在与英舰"先驱号"（Herald）舰长塞尔（W. H. Cell）交谈时仅表示日舰"是从香港直接驶往

① 《外交部致海军部电》，1933 年 8 月 2 日，台北，"国史馆"藏，"外交部档案"，020-049904-0014。
② 陆东亚：《西沙群岛应有之认识》，《外交评论》1933 年第 2 卷第 10 期，第 73—75 页。
③ 王芸生：《法占领者非西沙岛（附图）》，《国闻周报》1933 年第 10 卷第 31 期，第 8 页。

西贡"，而"确实没有提到西沙群岛"。① 但事实并非如此。在2月27日，英国海军中尉霍尔西（C. K. Horsey）在参观该舰的过程中在布告栏上发现一张航迹图，此时"日舰领航员显得很慌乱，想把那张航迹图从板上拿下来"。该航迹图显示，日舰的"航迹穿过了西沙群岛"。尽管该领航员辩称"那是个错误，该舰没有靠近那个地方"，但霍尔西仍断定日舰的确到过西沙海域，因为"航路在地图上有很明确的定义，在每个到访过的地方旁边，该国的国旗都是用不同的颜色画的，所以不可能把西沙群岛误认为是其他任何地方"。② 英国海军部后来向外交部、空军部和自治领部通报这一情况，以为决策之参考。③ 日本的军事力量鬼鬼祟祟出现在西沙海域无疑会令英国相信日本对西沙群岛怀有不可告人之目的。面对新的西沙局势，英国必须思考是否应对西沙政策进行调适。

不仅西沙局势出现变化，进入1933年，从国际视野观之，英国面临的防务形势也发生深刻改变——同时在东西方分别遭到挑战。面对欲摧毁凡尔赛—华盛顿体系而后快的德国和日本，英国作为这一国际体系的主要主导者和既得利益者，其帝国防务压力与日俱增。曲突徙薪，如前文所述，英国内阁在1933年11月15日批准了军方的方案，按照远东、欧洲和印

① W. H. Cell to Commander-in-Chief, China Station, March 2, 1934, London, The National Archives, FO 371/18145/F3267.

② C. K. Horsey to the Commanding Officer, H. M.S. Adventure, February 28, 1934, London, The National Archives, FO 371/18145/F3267.

③ J. S. Barnes to the Under Secretary of State, Foreign Office, May 29, 1934, London, The National Archives, FO 371/18145/F3267.

度这一顺序，把这三者作为国防开支的优先考虑者，同时把美国、法国和意大利排除在敌对国行列之外，不准备以它们为假想敌而消耗国防经费。可想而知：其一，英国虽仍将帝国防务重心置于远东，却因德国渐成心腹之患而无法全力以赴遏制日本。这导致英国更不愿主动激化英日矛盾，挑起英日冲突；其二，英国将法国视为友邦，不与之为敌。这意味着对英国而言在西沙问题乃至南海诸岛问题上联合法国制衡日本是可供选择的策略，甚至法国占据西沙群岛亦不致威胁大英帝国东部的安全。于是，英国对"策略性支持中国"政策进行调适：区别对待日本和法国。一方面，英国坚持防止日本侵占西沙群岛；另一方面，英国不再排斥法国占有西沙群岛。面对中国为抵制法国对西沙群岛的野心而在西沙气象台建设工程上向其寻求支持与协助，英国最终改变了原先的顺水推舟之做法，选择置身事外，避免卷入中法交涉。当时海关总税务司给中方的最终答复是：既不关心也不愿意以任何方式卷入中国建设西沙气象台会牵涉到的政治问题。[1] 此后，英国在中法西沙交涉中避免公开表现出支持中国的态度。只不过，每当法国要求英国承认其对西沙群岛的所谓"主权"，英国总是委婉地表达旧有的承认西沙群岛属于中国之立场，未因英法友邦关系而偏向法国。总之，"策略性支持中国"政策在 1934 年定型了。具体而言，英国细化了决策目标，以遏止任何强国侵占西沙群岛为最高层级——

---

[1]　"A confident letter from Coast Inspector to Officiating Inspector General", June 18, 1934, *Gale Scholar*, GALE | BXXEFS404792626.

最优解，以防止日本侵占西沙群岛为底线——退而求其次，并以不公开表态之策略应对具体的中法交涉。或许，此前蓝普森关于强烈反对进一步卷入中法交涉之意见也影响了英国的决策。

综上所述，英国在 1932 年或 1933 年改变了承认西沙群岛属于中国的立场而逐渐倾向于法国，和英国始终坚持认为西沙群岛属于中国这两个相矛盾的论断均失之偏颇。[①] 对于中法交涉，一方面，英国在 1934 年起决定不公开表态，不像以前直截了当对法国亮明立场，就此而言，第一个论断似可成立。另一方面，英国不但始终不承认法国对西沙群岛的"主权要求"，并向法国婉转指出中国是"声索国"，而且在和日本博弈时常将把西沙群岛列为中国领土，就此观之，第二个论断亦可成立。其实，这一时期英国西沙政策存在着多重面貌，上述观点则是不同学者透过各自角度观察到的其中之一。上述多重面貌生动体现出英国外交的老辣、诡谲。

[①] 郭渊、王静均认为，在法国于 1931 年底挑起中法西沙交涉后，英国在质疑法国对西沙群岛的"主权要求"之同时，逐步调整立场，从承认中国对西沙群岛的主权逐渐倒向法国，但不公开介入中法交涉。两位学者的观点的区别在于，郭渊认为英国在 1932 年改变了立场，王静则认为英国立场发生变化是从 1933 年开始的。而胡德坤、韩永利认为英国官方从 20 世纪 20—70 年代"始终坚持西沙群岛属于中国的观点"（参见郭渊：《英国政府对于在西沙建塔台的关注及主权立场（1910—1930）》，《军事历史研究》2019 年第 6 期，第 105 页；王静：《20 世纪 30 年代初英国对西沙地缘形势的关注及立场》，《社会科学》（上海）2020 年第 7 期，第 114—115 页；胡德坤、韩永利：《20 世纪 20—70 年代英国官方档案证实西沙群岛属于中国》，《边界与海洋研究》2021 年第 1 期，第 29 页）。

第三节　"不承认"和"不放弃"：英国南沙政策的起源

英国人东来，过了马六甲海峡，便进入了广阔无垠的南海。早在18世纪，随着英国向远东殖民扩张和拓展贸易，南沙群岛及其海域的水文资料开始出现英国官方记录中。① 据解密的英国档案记载，英国在1864年与南沙群岛中的南威岛、安波沙洲发生了首次切实的"关联"。当时英国皇家海军军舰"步枪兵号"（Rifleman）的船员在这两个岛礁"都放置了信标，并种植了椰子树和蔬菜"。十余年后，开始有英国人对开发这两个岛礁产生兴趣，并因此导致英国与它们发生进一步的"关联"。1877年9月，英国人辛普森（H. Simpson）和詹姆斯（H. G. James）、美国人格雷厄姆（G. F. Graham）考察南威岛和安波沙洲。随后，他们在纳闽殖民当局注册登记"对南威岛、安波沙洲的土地与产品的所有权"，同时"获准在南威岛和安波沙洲上升起英国国旗"。时任纳闽代理总督兼驻婆罗洲代理总领事的特雷彻（William W. Treacher）于1877年10月25日签署文件，规定"从1877年10月25日起，如果上述岛屿和产品未得到妥善开发和处理，及他们在之后五年内的任何时候都不开工，该所有权将失效"，"该文件得到英国外交大臣的批准"。然而"到1888年为止，南威岛并没有得到进一步开发"。1889年9月3日，"外

---

① 早在1744年，英国海军部就有关于南沙群岛的记录。参见陈鸿瑜：《英国对于南沙群岛之主张及其影响（1930—1951）》，《"国史馆"馆刊》2016年总第48期，第60页。

交部依据殖民地部提出的条件，同意把南威岛和安波沙洲的鸟粪开采权授予中央婆罗洲公司"，为期三年。1892 年 12 月 10 日，"殖民地部询问中央婆罗洲公司是否希望续签合同"，"中央婆罗洲公司表示无意续约"。同样，"没有任何证据表明中央婆罗洲公司在合同期内对这两个岛屿采取了任何开发措施"。① 不过，根据陈鸿瑜的研究，辛普森等人在 1879 年曾在安波沙洲开采鸟粪。②

　　进入 20 世纪，虽然在 1902、1915、1920 年相继有人向英国殖民当局申请开发南威岛和安波沙洲的鸟粪，但他们在获得"授权"后并未付诸行动。③ 由此可见，英国从未对南威岛和安波沙洲进行实质性的殖民统治和经营，相关资源开发计划基本都停留于文本。而且，这一时期英国也不关注南威岛和安波沙洲是否存在军事价值，更谈不上在军事层面考虑将南沙群岛纳为己用。一言以蔽之，在这么长的时期内，英国一直没有形成南沙政策。可尽管如此，当获悉法国抢占南威岛时，以上殖民活动所烙下的历史记忆却迅速演化成英国对南威岛和安波沙洲的"殖民情结"。在之后英国关于南沙群岛的决策中，这一"殖民情结"发挥了影响。

　　自 20 世纪 20 年代中期开始，法国日益重视南海诸岛对拱卫法属印度支那的作用。究其根源，乃"印度支那自 1920 年以

---

① "C. Howard Smith to His Majesty' Attorney General and Solicitor General", March 16, 1932, London, The National Archives, T 161/622/4.

② 陈鸿瑜：《英国对于南沙群岛之主张及其影响（1930—1951）》，《"国史馆"馆刊》2016 年总第 48 期，第 62 页。

③ "M. B. Shelley to Passfield", January 21, 1931, London, The National Archives, T 161/622/3.

来，就在法国的殖民计划上以及在太平洋和远东的国际关系上，有了新的重要意义。对于连结和发展法属太平洋各岛的企图方面来讲，它成了法帝国在这一部分世界里的弧形线上的一个正式基石"。[1] 南沙群岛"正式进入法国政府视野应归于 1927 年底日本驻河内总领事黑泽（Kurosawa）与印支总督的会晤"，当时黑泽向法属印度支那殖民当局探询法国对南沙群岛领属状态的立场。慑于日本对南沙群岛的野心，法国积极筹划抢占南沙群岛，"印支殖民政府确认官方在南威岛的行为不会引起任何国际司法问题后"，"派遣军舰马里休斯号（La Malicieuse）于 1930 年 4 月 13 日占领该岛，并宣称法国对其拥有主权"。[2] 4 月 22 日，"三家法国主要报纸均报道了法国兼并南威岛，称这是'法兰西殖民帝国的扩大'"。[3] 事实上，日本远早于 1927 年就萌生了对南沙群岛的觊觎之心。按照日方档案的记载，日本在大正七年即 1918 年便开始对南沙群岛展开诸如探险、调查、采矿等殖民活动，其行为体既有"个人"，如小松重利、池田金造等，也有经济组织，如拉萨岛磷矿株式会社。[4]

中国对法国侵占南威岛的行动一无所知，而英国对南沙群

---

[1] 马士、宓亨利：《远东国际关系史》，姚曾廙等译，上海：上海书店出版社，1998 年，第 606—607 页。

[2] 任雯婧：《法国南沙群岛政策与"九小岛事件"再研究》，《中国边疆史地研究》2019 年第 3 期，第 189—192 页。

[3] "His Majesty's Consul-General（Saigon）to Secretary of State for Foreign Affairs", April 23, 1930, London, The National Archives, T 161/622/3.

[4] 《南支那海諸礁島ニ関スル件》（1933 年 7 月 17 日），東京：日本外務省外交史料館蔵，《各国領土発見及帰属関係雑件/南支那海諸礁島帰属関係》第二巻，JACAR（アジア歴史資料センター）Ref.B02031159400。

岛的兴趣则因之被激起。英国驻西贡总领事郭通要求法属印度支那当局就占领南威岛进行解释，后者称"是奉法国外交部之命令而采取行动"。4 月 23 日，郭通向英国政府报告这一事件及最初的交涉过程，并提醒称"法国宣布吞并南威岛，该岛或称为风暴岛，这似乎就是在 1877 年被英国吞并的那个岛"。[①] 随后，郭通进一步补充："从今天报纸上刊登的一篇文章（我至今还没有得到政府部门的证实）来看，法国似乎已占领由东经 111°—117° 和北纬 7°—12° 所形成的四边形区域之内的所有岛屿，其中包括南威岛和安波沙洲"。此外，郭通还提到，法属印度支那当局曾明确表示当前正在严肃考虑以西沙群岛"最初是安南的一部分"为由"宣布西沙群岛为其保护地"。[②]

英国的注意力主要落在了南威岛而非西沙群岛上，它首先想到的是确认英国是否对南威岛拥有"主权"。4 月 28 日，外交部拟定了一份备忘录，通过梳理自 1864 年"步枪兵号"舰考察南威岛以来英国在 19 世纪下半叶在南威岛和安波沙洲的活动，得出英国确实早已吞并了这两个岛屿之结论。[③] 在得到财政部、殖民地部、海军部等赞成后，5 月 10 日，外交部把该备忘录发给驻法大使坎贝尔（R. H. Campbell），令其在参阅英国驻西贡总领事的 4 月 23 日电报后，"将本备忘录中所述事实通知法国政

① "His Majesty's Consul-General（Saigon）to Foreign Office", April 23, 1930, London, The National Archives, T 161/622/3.

② "His Majesty's Consul-General（Saigon）to Secretary of State for Foreign Affairs", April 23, 1930, London, The National Archives, T 161/622/3.

③ "Draft of Memorandum about Spratly（or Storm）Island", April 28, 1930, London, The National Archives, T 161/622/3.

府，并请他们将南威岛是英国领土这一事实通知法属印度支那当局"。[1] 显然，英国政府试图以"英国基于先占权而获得南威岛的主权"来否定法方相关"主权要求"。从某种意义上说，这是英国在南沙问题上的"不承认不放弃"政策之雏形，只不过此时其针对对象是具体的法国，涵盖范围限于南威岛，至多再加上安波沙洲。平心而论，假设不诉诸军事手段，英国欲促使法国放弃占领南威岛乃至为自己谋得南威岛，这是绝佳的手段。只是，英国的如意算盘最后还是被法国打乱。

5月21日，坎贝尔奉命向法国政府递交照会。这是英国官方首次正式向其他国家阐述其对南威岛和安波沙洲归属问题的立场和主张。英方强调，格雷厄姆、辛普森、詹姆斯于1877年在纳闽殖民当局注册登记了对南威岛和安波沙洲的所有权，并得到了英国政府的正式许可，而且他们曾在岛上升起英国国旗。因此，除非英国明确放弃，"否则上述岛屿仍是英国领土"，而"这种放弃行为从未发生过"。[2] 可以说，英国对南威岛和安波沙洲的"殖民情结"是其介入南沙问题的最初动力。

不过，就英国而言，法国抢占南威岛的行动及扩大占领范围的可能性的最大后果，是引起它对南威岛乃至南沙群岛本身可能存在的军事价值的前所未有之关注，毕竟它长期以来在意的是途经南沙海域的航道。英国外交部意识到东经111°—117°和北纬

---

[1] "Foreign Office to R. H. Campbell", May 10, 1930, London, The National Archives, T 161/622/3.

[2] "Note from His Majesty's Ambassador at Paris to the French Government", May 21, 1930, London, The National Archives, T 161/622/3.

7°—12° 所形成的四边形区域的 "东部边界穿过菲律宾群岛最南端的巴兰邦岸岛，该岛与英属北婆罗洲大陆毗邻"，尽管 "法国的所有权可能只涉及相关区域内的珊瑚礁和无人居住的岛屿"。[①] 海军部指出 "从海军的角度来看，这个岛屿（即南威岛，引者注）的重要性在于它位于从新加坡到香港的战略通道上，该群岛（即南沙群岛，引者注）的一些岛屿也大约介于这两地中间"，"虽然这个特殊的岛屿在海军方面的用途目前或许值得怀疑，但是法国在该地区建立自己的地位是不受欢迎的"。[②] 由于在南沙群岛是否具有军事价值的问题上怀着 "宁可信其有" 的心理，海军部认为不应坐视法国抢占南威岛甚至侵吞整个南沙群岛。空军部声称 "这些岛屿除了可能具有某些能为海军所用的用途，也可能适合用作飞机的燃料补给站，尽管并非理想之地"。[③] 显而易见，英国对南沙群岛的军事价值之想象抑或推测是建基于该群岛的地缘位置而非勘察结果。香港是英国进入中国的关键据点和抵御日本的重要前哨，新加坡更是英国在第一次世界大战结束后，为防范新的头号潜在敌国日本而建构的帝国东部防务体系之核心。英国自然不愿意看到任何强国因掌控南威岛乃至整个南沙群岛而具备袭击、切断连结新加坡和香港的海上通道的条件。尤须注意的是，大约同一时期，英国对西沙群岛和南沙群岛都产生了

---

① "Foreign Office to the Secretary of the Treasury", June 17, 1930, London, The National Archives, T 161/622/3.

② "Alex Flint to the Under-Secretary of State, Foreign Office", August 27, 1930, London, The National Archives, T 161/622/3.

③ "J. S. Ross to the Under-Secretary of State, Foreign Office", May 5, 1931, London, The National Archives, T 161/622/3.

它们或许可为己所用的认知。这是后来英国萌发将南海诸岛纳入帝国东部防务体系构想的认知基础。

面对英国的交涉，法国针锋相对。7月13日，法国外交部向英国驻法大使馆递交照会，批驳英国的"主权依据"，指出詹姆斯等人的登记行为仅仅是"私人领域的行为"，因为他们既没有以英国国王的名义占领南威岛，也没有实际拥有过该岛，即便他们曾登岛竖立国旗。[①]法方直击英方这套"先占权"说辞的要害，以致英国外交部产生动摇。英国外交大臣亨德森在政府内部承认：不知道诸位要员在多大程度上重视保有这个岛，但是根据面前所有的资料，他倾向于认为英国的所有权要求不是很有力度。英国政府若决定坚持原先的主张，则有必要尽可能获取所有有关该岛的历史文献和过去英国行使该岛"主权"的资料。[②]海军部向外交部强调听任法国侵吞南威岛"可能成为法国对其他岛屿提出类似的所有权要求之前奏"，同时认可亨德森的看法，提议在正式回应法方之前有必要好好研究自身以前在南威岛的活动。[③]海军部的主张得到空军部的支持。[④]质言之，

---

① "Ministère Des Affaires Etrangères, Republique Française to Ambassade De Sa Majeste Britannique", Le 13 Juillet, 1930, London, The National Archives, T 161/622/3.

② "Foreign Office to the Secretary of the Treasury", July 25, 1930, London, The National Archives, T 161/622/3.

③ "Alex Flint to the Under-Secretary of State, Foreign Office", August 27, 1930, London, The National Archives, T 161/622/3.

④ "J. S. Ross to the Under-Secretary of State, Foreign Office", May 5, 1931, London, The National Archives, T 161/622/3.

英国军方主张在法国抢占南威岛这一问题上不得退让，除了出于对南威岛和安波沙洲的"殖民情结"，更重要的是担心一旦妥协，法国会得寸进尺而侵吞整个南沙群岛，从而造成对英国不利的南海地缘形势。随后，英国千方百计搜集自身对南威岛、安波沙洲的殖民统治的历史证据，试图论证"南威岛、安波沙洲为英国殖民属地"。

然而，由于英国不仅在历史上与南沙群岛素无渊源，近代以来也没有对南威岛、安波沙洲施行持续且有效的殖民统治，[1]欲找出用以"声索主权"之有力"证据"无异于天方夜谭。1931 年 1 月 27 日，海峡殖民地当局向殖民地部报告，称英属婆罗州当局"查不到就这些岛屿所颁发的任何许可证之记录"。[2]态度最为坚决的海军部在详尽查阅文献之后亦只得坦承找不到关于自 1877 年以来英国占领或使用南威岛的记录，并直言驻华舰队总司令亦向其报告称没有找到更多相关信息。[3]

英国在搜集"证据"期间继续遭受法国的压力。1931 年 3 月 28 日，法国外交部又向英国驻法大使递交照会，强调法国已于 1930 年 4 月 13 日占领南威岛，从而确立了相应"主权"，而

---

[1] 基彭指出："从 1891 年到 1933 年，英国殖民地部的名单中都会提及南威岛和安波沙洲，尽管几乎没有采取行动来开发它们或维护对它们的主权。"（Nehginpao Kipgen, *The Politics of South China Sea Disputes*, London and New York: Routledge, 2020, p.19）

[2] "Deputy of the Officer Administering the Straits Settlements Government to the Lord Passfield", January 27, 1931, London, The National Archives, CO 273/565/12.

[3] "Charles Walker to the Under-Secretary of State, Foreign Office", April 2, 1931, London, The National Archives, T 161/622/3.

"英国政府没有能力证明它已经取得并有效维护对该领土的主权"。法国外交部随函附上殖民部提供的备忘录，意在更好地阐明法方观点。[1] 法国的施压客观上加剧了英国政府内部在是否要继续坚持"南威岛为英国殖民属地"的问题上的分歧。最终，英国政府内部出现了两方对垒。海军部力主维持关于南威岛为英国殖民属地的立场。[2] 外交部则指出，仅凭詹姆斯等人的权利注册和登岛竖立国旗的做法、中央婆罗洲公司的活动难以有效证明英国已将南威岛和安波沙洲纳入殖民地管辖。[3] 殖民地部支持海军部的主张，并针对法国所谓英国从未基于管辖目的将南威岛纳入任何英属殖民地的观点进行辩解，称"正如《1930年殖民地部名单》的522页所记述的，有许多分散在世界各地的英属岛礁没有被纳入任何殖民地，其中特别提到南威岛和安波沙洲"。在得到殖民地部的支持之后，海军部向外交部提议"没有必要如此重视关于对这些无永久居民的离岛进行正式管辖之规定"。[4] 外交部不认同海军部、殖民地部的主张和辩解。亨德森指出，"行使主权尤其意味着对领土的管理和统治作出规定。在此问题上只能采取以下两种方式中的一种：（a）出于行政目

---

[1] "Ministère Des Affaires Etrangères, Republique Française to Ambassade De Sa Majeste Britannique", Le 28 Mars , 1931, London, The National Archives, T 161/622/3.

[2] "Charles Walker to the Under-Secretary of State, Foreign Office", April 2, 1931, London, The National Archives, T 161/622/3.

[3] "C. Howard Simth to the Under Secretary of State, Colonial Office", April 28, 1931, London, The National Archives, CO 273/573/23.

[4] "V. W. Baddeley to the Under-Secretary of State, Foreign Office", June 16, 1931, London, The National Archives, T 161/622/3.

的将其并入其他的领土；或者（b）为这一新领土设立专门的管理机构"。然而英国并没有对南威岛和安波沙洲采取上述任何一种措施。尽管英国曾把"这些岛屿列入《英国自治领和殖民地名单》"，但这"不能说明已通过事实上的管理和占领而完善了这一主权要求"。而且"格雷厄姆、辛普森等人就南威岛、安波沙洲的所有权进行注册登记的行为不能被看作是将这些岛屿纳入英国殖民地。因为这项法案是由特雷彻以婆罗洲总领事而不是以纳闽代理总督的身份制定的，殖民地部当时认为这两个岛屿超出纳闽殖民地的范围，不在殖民地部的利益范围之内"。退而言之，即使特雷彻以纳闽代理总督的身份起草注册文件，可"单凭这一事实还不足以证明这些岛屿由纳闽总督实施行政管辖"。①

在各部门僵持不下之际，英国殖民大臣帕斯菲尔德男爵（Lord Passfield）"同意不能再坚持这两个岛屿属于纳闽殖民地"，同时鉴于"海军部和空军部对南威岛的重视"和法国有可能扩大占领范围，向外交部、海军部、财政部、空军部和自治领部提议：其一，"有必要尽早采取行动"，把英国曾提出过所有权要求的其他岛屿"并入英国的某些殖民地或保护国"；其二，有必要就法国占领南威岛一事"征求皇家法律官员（The Law Officers of the Crown）的意见"。② 就第一个建议而言，殖民地部无疑是担心法国会故技重施抢占安波沙洲，主张先发制人；

---

① "C. Howard Smith to the Under-Secretary of State, Colonial Office", May 12, 1931, London, The National Archives, T 161/622/3.

② "Walter D. Ellis to the Under-Secretary of State, Foreign Office", June 16, 1931, London, The National Archives, T 161/622/3.

第二个建议则可看作是殖民地部为谋求在法理上确立"南威岛为英国殖民属地"而进行的最后挣扎。亨德森赞成第一个建议，但认为没有必要专门就英国对南威岛和安波沙洲的"主权要求"之问题咨询皇家法律官员。亨德森同时表示，如果帕斯菲尔德男爵或海军部认为有必要这么做，他将起草一份草案，并在征得相关部门的同意之后提交皇家法律官员。① 财政部照顾到海军部的立场，赞成依照殖民地部的第二个建议行事，表示"在考虑与法国政府进行进一步沟通之前，最好先听取皇家法律官员对所涉及的法律原则的意见"。财政部指出，英国欲维持对南威岛的"所有权要求"，就"必须能够证明是以英王的名义取得该领地，而且这一所有权通过占领行为而生效"。然而"到目前为止，现有的证据不能够满足要求"。再者，"即使从政策的角度来看，在目前的情况下，或许最终仅需要为反驳法国政府所声称的（英国）无法确立先占原则而提出一个合理的论点"。② 最终，帕斯菲尔德男爵的第二个建议被采纳，第一个建议则不了了之。不言而喻，在已经陷入巧妇难为无米之炊的窘境的情况下，不愿诉诸武力的英国唯有孤注一掷，硬着头皮利用现有的"证据"论证对南威岛、安波沙洲的"先占权"。

经过和财政部、自治领部、殖民地部、海军部及空军部等的一系列互动，综合各方反馈，1932 年 3 月 16 日，英国外交部

① "C. Howard Smith to the Under-Secretary of State, Colonial Office", July 8, 1931, London, The National Archives, T 161/622/3.

② "R. V. Nind Hopkins to the Under-Secretary of State, Foreign Office", July 28, 1931, London, The National Archives, T 161/622/3.

助理次官史密斯（C. Howard Smith）致函皇家法律官员——总检察长和副检察长。史密斯详细地陈述了 19 世纪以来英国在南威岛、安波沙洲的活动和当前对法交涉中存在的不利因素。他敦请皇家法律官员论证"英国政府是否在 1930 年 4 月依据国际法对南威岛和／或安波沙洲提出了主权要求，该主权要求能够被提请常设国际法院仲裁并且有确定的或理论上的胜诉前景"。① 经过严谨的分析和推演，皇家法律官员最终得出的结论是："英国政府在 1930 年 4 月对南威岛和安波沙洲提出的主权要求本质上是如此值得怀疑，以致能做的只是将它提交给常设国际法院，而且成功的希望渺茫。"② 这一结论令海军部、空军部、殖民地部等大失所望。

　　海军部对皇家法律官员的结论十分不满，不肯轻易死心。1932 年 11 月 14 日，海军部官员巴恩斯（J. S. Barnes）向史密斯强调，英国在 19 世纪对南威岛海域进行了大量的勘测活动，同时还提出一个"新证据"，即南威岛是英国捕鲸船"塞勒斯号"（Cyrus）在 1843 年发现的。海军部极力主张：第一，外交部可请皇家法律官员就南威岛归属再行论证；第二，本部当前已经在对有关法国对南沙岛礁提出所有权要求的问题做进一步调查，在此期间，外交部"不要采取任何有损英国之立场或承认法国之所有权要求的行动"，同时向本部提供收集到的任何有

---

① "C. Howard Smith to His Majesty' Attorney General and Solicitor General", March 16, 1932, London, The National Archives, T 161/622/4.

② "Law Officers' Department, Royal Courts of Justice to John Simon", July 29, 1932, London, The National Archives, T 161/622/4.

关这些岛礁的资料；第三，英国"应该基于行政管辖的目的将所有声称拥有所有权的领土划入殖民地或保护国"。与此同时，海军部将所谓的"新证据"和主张告知财政部、自治领部、殖民地部和空军部。① 其中的第三点，殖民地部也曾提过，海军部可能是受此启发。

1933 年 2 月 8 日，英国海军部向外交部、殖民地部、自治领部、空军部和财政部更为系统地阐述其立场。其一，"不同意皇家法律官员关于英国政府不具备拥有南威岛所有权之依据的观点，也不同意其关于英国未公开宣示主权的说法"；其二，由于南威岛的归属问题"具有极大的战略意义，尤其是考虑到法国正在把提出所有权要求的对象扩大到广大区域内所有的岛屿和暗礁"，对"皇家法律官员不能够提供更有利于英国的所有权要求之观点而倍感失望"。因为 19 世纪英国在南威岛、安波沙洲的活动"足以挑战法国极为薄弱的理由"，而这些活动本身也是英国"宣示主权"的一种表现；其三，"现在有必要尽量充分利用一切可以提出的论据来支持英国的所有权要求，并指出法国的所有权要求之漏洞，这不仅要涵盖这两个岛屿，而且要包括这一广袤区域内的所有岛礁"。海军部声称现阶段"不需要进一步咨询皇家法律官员的意见"，而应尽早答复法国 1931 年 3 月 28 日的照会，并表示不希望仅仅因找到 1843 年英国捕鲸船"塞勒斯号"发现南威岛这个"新证据"，便"将此事再次提交

---

① "J. S. Barnes to the Under-Secretary of State, Foreign Office", November 14, 1932, London, The National Archives, T 161/622/4.

给皇家法律官员"。海军部主张"在抗议法国对这一区域所有岛屿（即南沙群岛，引者注）提出所有权要求时，应强调英国舰船在这一地区所做的探险和勘测工作，并指出英国之所以没有宣布对这些偏远的岛屿拥有所有权，是因为它们本质上不适宜居住"，同时正告法国，英国"无论如何不能默许在一个我们长期特别感兴趣并且进行了许多危险的勘测工作的地区实施任何此类大规模的兼并"。最后，海军部建议外交部现在应起草一份致法国政府的照会，"其中应列出所有能够支持英国对南威岛和安波沙洲的所有权要求的事实，并指出法国最近的兼并行动缺乏任何依据，且这在本质上是不友好的行动"，"强烈抗议其对这一广袤地区内所有岛礁提出完全不正当的所有权要求"。[①] 海军部直言对南沙群岛而非特定岛屿深感兴趣，强调南沙群岛的归属事关英国利益，力主在交涉中以法国的侵占行为会损害英法邦交为由向法国示强施压，无不说明其决策立足点已然超越"殖民情结"，所谓对南沙群岛素怀浓厚"兴趣"实属夸大其词。海军部改变了先前关于请皇家法律官员从法律角度重新论证的想法，主要是因为其深知所谓的"新证据"如同"旧证据"，在法律层面是完全站不住脚的，皇家法律官员即便再行论证，其最终答案很可能一字不易。这生动反映出海军部因实在找不出更靠谱的借口，而只得在明知"南威岛、安波沙洲为英国殖民属地"纯属无稽之谈的情况下胡搅蛮缠，奢求在气势上压制住

---

① "J. S. Barnes to the Under-Secretary of State, Foreign Office", February 8, 1933, London, The National Archives, T 161/622/4.

对方。

2 月 23 日，海军部又致电外交部、殖民地部、自治领部、空军部、财政部，并附上一表，其中注明法国声索的南沙岛礁的概况、英国船只发现和考察这些岛礁的日期，及关于这些岛礁的规模和性质是否足以说明法国的吞并行为具有合理性的初步意见。海军部强调"这些事实清楚表明，无论如何，这些岛礁的发现是由英国舰船完成的，对这一危险地带的最初及后来的考察作业也是完全由英国舰船完成的。"① 值得一提的是，诚然英国多次对南威岛、安波沙洲乃至整个南沙群岛的海域进行勘测，但主要勘察的是航道而不是岛屿。因此，直到 1938 年以前，英国政府围绕南沙群岛的很多军事评估和构想一直是不切实际的。不管怎样，海军部的表现佐证了是法国占领南威岛的单边行动和法国有可能将占领范畴扩大到整个南沙群岛，引起了英国在军事层面对南威岛乃至整个南沙群岛的兴趣，使英国倾向于相信南沙群岛确实具有军事价值。

英国外交部则倾向于接受皇家法律官员的意见。新任外交大臣西蒙（John Simon）认为，"除非英国具备充分有利的条件而能够将这一案例诉诸常设国际法院"，否则向法方提出英国"对这些岛屿拥有主权的法律依据，或者在外交信函中从法律权利层面抗议法国吞并这些岛屿，皆毫无用处"。可是，英国对南威岛、安波沙洲和其他南沙岛礁"均未提出过充分合理的主权要

---

① "J.S. Barnes to the Under-Secretary, Foreign Office", February 23, 1933, London, The National Archives, CO 273/589/4.

求"，因此在任何形式的国际裁决中，英国的诉求都难以获得支持。而且，"海军部查明的新的事实还不足以影响皇家法律官员的意见"。因此，西蒙"倾向于既不对这些岛屿提出主权要求，也不反对法国的任何吞并行为，因为这在任何方面都和英国的权利相悖"。西蒙称，"似乎一个国家只有先行拥有主权才有资格反对另一个国家的兼并"。西蒙还预测称，法国占领南威岛的"结果可能会引发一种竞争，并可能以某种形式的国际争端告终"。①在西蒙看来，英国根本不具备先占权，理应放弃论证"南威岛、安波沙洲为英国殖民属地"这一徒劳无功的做法。须指出的是，西蒙绝非主张消极对待法国抢占南威岛，而是认为应穷则思变，另择策略。无论如何，皇家法律官员的结论标志了英国自证南威岛、安波沙洲为其殖民属地的失败。此后，英国逐渐放弃这一策略。值得一提的是，西蒙的预判颇具预见性。的确，法国抢占南威岛是南沙问题演进的重要节点，它拉开了法国侵吞南沙群岛、中英日等国对法交涉及多方博弈的序幕。

在英国内部为是否继续自证"南威岛、安波沙洲为其殖民属地"而争执不下之际，法国也在谋划扩大对南沙群岛的占领范围，并付诸实施。有学者认为，英国反对法国占有南威岛在很大程度上"推动了法国向整个南沙群岛的推进"。②1933 年 4 月，法属印度支那当局派遣军舰"阿斯托拉布号"（Astrolabe，

---

① "C. Howard Smith to the Secretary of the Admiralty", March 6, 1933, London, The National Archives, T 161/622/4.

② 任雯婧：《法国南沙群岛政策与"九小岛事件"再研究》，《中国边疆史地研究》2019 年第 3 期，第 192 页。

又译为"星盘号")、"阿勒尔特号"(Alerte,又译为"警报号")和水文勘测船"德拉内桑号"(De Lanessan)前往南沙群岛,在南威岛、安波沙洲、太平岛、北子岛、南子岛、南钥岛、中业岛升旗立碑。法国侵夺上述岛屿正值中日两国在长城沿线鏖战,英美等强国在远东的注意力为日本侵华所吸引。日本于1933年2月进攻中国热河省,旋即进逼长城,最终于5月31日迫使中国与之签订《塘沽停战协定》。在法国外交部正式发布兼并南沙岛礁的通告之前的相当长时期内,中英日等国因各种缘故竟对法国的占领行动一无所知。

到了7月中旬,英国才一知半解地得知法国已侵占南沙数岛。7月17日,驻华公使蓝普森向西蒙报告称,他从7月15日的中文报纸上获悉"某支法国海军舰队声称占领了很多个小岛,它们大概位于法属印度支那和菲律宾群岛之间"。但迄今为止,他没有任何情报可资证实法国占领了哪些岛屿及是否有必要从战略或经济的角度重视"报道中提到的法国已采取的行动"。而他在与法国驻华公使馆的交流中"已小心翼翼地避免提到这个问题"。蓝普森建议,如果这一事件如西沙问题那般值得引起重视,"最好是由驻法大使直接与法国政府交涉"。[1] 回顾蓝普森在中法西沙交涉发生前夕向外交部的建言——"强烈反对我们进一步卷入这个问题",[2] 可以感觉到,他在西沙问题上和在南沙问题上的思路具有一致性,

---

[1] "Lampson to John Simon", July 17, 1933, London, The National Archives, FO 676/85.

[2] "Lampson to Foreign office", July 28, 1931, London, The National Archives, FO 371/15509/F4180.

即不希望英国过多牵涉其中。概言之，蓝普森在南海诸岛问题上主张英国"冷眼旁观""置身事外"。

有必要提及的是，法国政府原计划在完成对南沙群岛的主要及次要岛屿的占领之后，再正式发布兼并通告。不承想，法国媒体在 7 月 15 日就将 4 月份实施的占领行动公之于世。法国外交部部长约瑟夫·保罗-邦库尔（Joseph Paul-Boncour）对此很是恼怒，谓"这种泄密行为会给我部造成困扰"，有关国家将有时间提出反对意见，"把我们拖入不合时宜的争论之中"。[①] 法国外交部不得已在 7 月 25 日正式发布通告，宣布占领上述小岛，又于翌日发表新通告取代之。[②] 卡蒂（Anthony Carty）认为，"法国由于担心英国怎么看待同法国的关系，迫于压力正式宣告占领行动。"[③] 因为起初外媒报道称法国所占岛屿为九个，后来中国各界沿用此说，故该事件被称为"九小岛事件"。

而在 7 月 24 日，法国外交部亚洲—大洋州事务处便特地向英国驻法大使馆递交照会，通报法国所占领的岛屿之名称、方位及完成占领之时间，并宣称这些岛屿"现在处于法国的主权之下"。[④] 毫无疑问，法国扩大侵占范围使英国军方更加坚定其

---

① "Le Ministre des Affaires étrangères à Monsieur le Ministre de la Marine", Le 17 Juillet, 1933, Paris, Centre des Archives Diplomatiques de La Courneuve, 32CPCOM/748, N°390.

② 两份通告的内容大致相同，只是后者在细节上稍作修正。参见阮雅等著：《黄沙和长沙特考》，戴可来译，北京：商务印书馆，1978 年，第 227—232 页。

③ 安东尼·卡蒂：《南海的历史与主权》，王祥、武巍、拾壹译，北京：新星出版社，2023 年，第 40 页。

④ "Ministère Des Affaires Etrangères, Republique Française to Ambassade De Grande-Bretagne", Le 24 Juillet, 1933, London, The National Archives, CO 1030/396.

对南沙群岛具有某种军事价值的猜想。空军部坚称鉴于南沙群岛有可能存在可用作燃料补给基地的岛屿，它"欢迎英国政府采取由海军部提倡的政策"。[①] 海军部后来也回顾称，在法国相继占领南威岛及其他南沙岛屿之后，它对南沙群岛产生了兴趣，因为其中某些位于新加坡、婆罗洲和香港之间航线上的岛屿具备建成燃料补给基地的可能性。[②] 与此同时，法国却未向中方发出类似的通告。究其原因，除了此前英国已就南威岛归属向法国展开交涉，关键在于英国乃世界性强权，法国不能也不敢无视英国在南海的存在和利益。当时的日本舆论就声称："缘法国于西贡与广州湾备有容纳一万吨级巡洋舰之船坞，此次将因占领该群岛建筑飞机根据地，并因配备潜水舰，而得掌握南海之制海权。如是则英国进出远东根据地之新加坡与香港之海上交通将被切断。而英法两国之势力恐将因此而发生冲突之危机"。[③] 相对地，当时的中国是弱国，故法国敢无视拥有南沙主权的中国。

由于早期中法西沙交涉在大约半年之前才暂告平息，如今法国在南海抢占数岛，中国朝野的第一反应均是将法国抢占南沙岛礁的行动与西沙群岛联系起来："去岁法方曾主张西沙隶属安南，酿起无谓之交涉，今岁适又有法占九岛之事"，"国人以

---

① "Air Ministry to the Secretary Admiralty", August 23, 1933, London, The National Archives, T 161/622/4.

② "P. D. Nairne to D. C. Symon", February 14, 1957, London, The National Archives, FO 371/127311/FC1081.

③ 《法占粤海九小岛外部准备提抗议》，《申报》(上海版)，1933年7月27日，第3版。

未悉方位，外讯亦措辞闪烁，一时竟传法所占领者，即系西沙群岛，或西沙群岛之一部，举国惶骇，调查呼吁，骚然弗宁"。① 到了 7 月底、8 月初，国民政府最终弄清楚了"九小岛"和西沙群岛不存在所属关系。之后，中方向法方递交照会，声明"中国政府对于斯举，甚为重视……中国政府未经确实查明前，对于法国政府上述之宣言，保留其权利"。② 国民政府内部在讨论如何因应"九小岛事件"时，参谋本部基于自身国防力量，坦言"吾中国海军在今日情形之下，所有沿海一切岛屿如舟山群岛、琼州岛、西沙群岛等，胥无法可守，遑论南海九岛乎"。同时，参谋本部又着眼于当时列强在远东的博弈，臆想"委骨于地，任法日两犬相争。法若因是转入英美之怀，集欧美以伐日，而我利矣"。③ 简言之，中国的国防力量客观上无法支撑国民政府断然采取军事措施对抗法国以捍卫南沙主权，"以夷制夷"的战略逻辑亦使国民政府决定"坐山观虎斗"，等日本和法国两败俱伤，再伺机收复南沙岛礁。几经权衡，国民政府决定"不妨抱镇静态度"。④ 也就是说，中国在应对"九小岛事件"中排除了立即诉诸军事手段这一选项。

① 《西沙群岛交涉及法占南洋九岛事（附表）》，《外交部公报》1933 年第 6 卷第 3 期，第 205 页。

② 《外交部致法国使馆照会》（1933 年 8 月 4 日），台北："国史馆"藏，"外交部档案"，020-049904-0015。

③ 《国防委员会秘书处致外交部函》（1933 年 9 月 1 日），台北："国史馆"藏，"外交部档案"，020-049904-0017。

④ 《国防委员会第六十七次会议记录》（1933 年 9 月 1 日），台北："国史馆"藏，"外交部档案"，020-049904-0002。

"九小岛事件"令日本深受刺激。通过在 1933 年 5 月底、7 月初相继逼迫中国与之缔结《塘沽停战协定》及达成非正式的《何梅协定》，日本阶段性地实现了侵略中国华北的企图，从而将其注意力从华北移开，腾出手来和法国争夺南沙群岛。日本认为，"上述岛礁在磷矿业之外，还在如水产业等方面具有相当的经济价值，在军事上具有利用价值。因此不单要让法国尊重我方的经济利益，而且要寻求与之在岛礁军事化问题上达成妥协"。其策略是"秉持不承认法方先占说的态度"，并在法国愿意协商的情况下"推动这一悬案的解决向着永久搁置的方向转化"。8 月 14 日，日本外务省将这一决策传达给日本驻法大使长冈春一。[①] 或许，当时日本正汲汲在中国大陆扩张，尚不急于将南海诸岛收入囊中。11 月 18 日，日本驻法代办泽田廉三奉命向法方提议，日法两国应达成一项协议，即宣布南沙群岛为"无主地"，法国放弃其"权利"，日本则承诺永不占有该群岛。为了迫使法国就范，日本甚至诉诸军事恐吓。12 月 9 日，泽田廉三与法国外交部亚洲—大洋洲事务处副处长戈斯默（Henri Cosme）举行会谈。会谈过程中，戈斯默投石问路，示意"法国能够向日本提供最明确的保证，即法国政府无意将这些岛屿用于军事目的，占领这些岛屿只是为了确保海员的安全"。泽田廉三报以威胁：若法方拒不接受日方关于宣布南沙群岛为"无

---

① 《佛國ノ南支那海礁島領有問題ニ関スル在佛長岡大使宛訓電案》（1933 年 8 月 14 日），東京：日本外務省外交史料館藏，《各国領土発見及帰属関係雑件／南支那海諸礁島帰属関係》第二卷，JACAR（アジア歴史資料センター）Ref. B02031160000。

主地"的建议，"可能会造成最严重的不利影响，并可能引发真正的冲突"。当戈斯默试探性地问及"冲突"一词的含义时，泽田廉三干净利索地回答："如果真是这样，那可能会导致一场战争，或者至少是一次军事行动。"会谈结束时，泽田廉三更是"以最严厉和最庄严的方式"，催促法国政府尽快对日方的建议予以回应。① 几经交涉，法国最终做出了实质性让步，在1934年3月28日宣布不将所占南沙岛屿用于军事目的，暂缓对所占岛礁实施管辖，并表示尊重日本公司在南沙群岛的经济利益。日本则不再强求法国接受其关于宣布南沙群岛为"无主地"的提议。法、日遂达成临时协议，搁置对南沙群岛之争夺。② 除此之外，如前文所述，日本对西沙群岛的野心也被唤醒，朝野时有效仿法国抢占南沙岛礁之伎俩而夺占西沙群岛的声音。客观来说，日本比中国反应更为强烈，以致中国时论不禁疾呼"日本之抗议，反远烈于我国，大有喧宾夺主之势"。③

　　日本对"九小岛事件"的反应及其显露出来的野心引起了英国的警觉。8月11日，英国驻日代办加斯科因（A. Gascoigne）致函西蒙称，对于法国占领南沙数岛的行径，日本舆论大为不满，日本政府非常希望能够确保日本企业在南沙群岛的权利不受侵害，"外务省正在从法律层面仔细研究法国的所有权要求"。加斯科因判断，这些事实表明日本政府想要占领法

---

① "Note pour Monsieur le Secrétaire Général", le 9 Décembre 1933, Paris, Centre des Archives Diplomatiques de La Courneuve, 32CPCOM/749.

② Ulises Granados, "Japanese Expansion into the South China Sea: Colonization and Conflict, 1902—1939", *Journal of Asian History*, Vol.42, No.2（2008）, p.133.

③ 君宦:《法占九小岛》,《循环》1933 年第 3 卷第 34 期, 第 527 页。

国所占岛屿及南沙群岛中剩下的岛屿。同时，他还提供了一个情报，即"日本海军省对这些岛屿不感兴趣，因为它们不具备战略价值，既不能为海军基地提供资源，又在任何情况下都无法用岸防武器或地雷加以防御"。① 应该说，加斯科因关于日本想吞并南沙群岛的判断正确的，具有预见性。日本政府最终在1939年公开宣布兼并南沙群岛。但是，他关于日本海军省对南沙群岛不感兴趣的情报则与事实稍有偏差，事实上，这只是当时"日本海军对南沙海域的诉求尚未拓展至军事战略规划"罢了。② 总之，日本的介入使南沙问题复杂化了，但没有出现如中国所期待的局面——法国因此倒向英美阵营，欧美列强联合对抗日本。

平心而论，对英国来说，中国作何反应并不重要，因为中国当时不具备捍卫南海诸岛主权和角逐南海制海权的实力。日本则不同，它既是英国当时的头号潜在敌国，又是海军强国，其海军在西太平洋是数一数二的。华盛顿体系中的《五国海军条约》与《四国条约》主要是美国、英国为日本量身定制的，目的是抑制日本，勿使其在太平洋的权势及其海军力量过于膨胀。如今，日本不仅在南沙问题上对法交涉甚至恐吓法国，亦流露抢夺西沙群岛的企图，这不得不令英国惴惴不安。何况当时日本虽然集中力量在中国大陆进行侵略，但在西太平洋上确实蠢蠢欲动。在"九小岛事件"发生之前不久，日本还为了太

---

① "A. Gascoigne to John Simon", August 11, 1933, London, The National Archives, FO 676/85.

② 冯军南、华涛：《20世纪30年代日本对我国南沙群岛政策的演变》，《中国边疆史地研究》2020年第1期，第205页。

平洋地区的委任统治地而与德国发生纠纷。因为这些委任统治地，诸如马里亚纳群岛、加罗林群岛等，在第一次世界大战前曾是德国的殖民地。当时日本的舆论十分强硬，放言"这些岛屿是日本的海上生命线，就如同满洲是日本的陆上生命线一样。因此，日本不可能支持任何关于剥夺它的委任统治权的提议"。德日两国的这个纠纷，引起过英国的关注。[①] 从地理上看，南海诸岛与日本的委任统治地均位于西太平洋，只是被菲律宾群岛分隔开。因此，英国把对日本在前德属太平洋岛屿的野心之警惕迁移到南海诸岛是顺理成章的。

在英法交涉中，法国力求掩盖占领行动背后的军事诉求，并试图利用英国对日本的戒备心理，将英国在南沙问题上的注意力引向日本，从而减少甚至消除英国对其侵吞南沙群岛的反对。英国驻华公使馆外交人员非正式地向法国驻华公使馆询问有关"九小岛事件"的具体情况，法国驻华公使馆随后向英国驻华公使馆提供了一张"已经见诸报端"的地图。[②] 法国显然是想敷衍了事。数日后，8月30日，韦礼德非正式地告诉蓝普森，"中国对最近法国吞并巴拉望海峡附近的珊瑚岛感到焦虑不安"。而且，"日本政府已经在就此事向法国政府进行交涉"。韦礼德强调这些岛屿"实际上没有价值，其中大部分在涨潮季节里都被淹没"，并表示"很可能是法国舰长希望通过在这些岛屿

---

① "British Embassy（Tokyo）to Foreign Office", March 30, 1933, London, The National Archives, FO 262/1854.

② "A. P. Blunt to Lampson", August 23, 1933, London, The National Archives, FO 676/85.

上竖起法国旗帜，以迅速建功立业"。[①] 韦礼德特意提到法日交涉，言外之意是，法国抢占这些岛礁有利于遏制日本南进的势头。不过，这套占领行动属个人行为、法国所占岛礁的军事价值微乎其微的说辞，对英国而言犹似此地无银三百两，只会适得其反。

如果说，法国抢占南威岛激发了英国对该岛乃至整个南沙群岛的军事价值之想象，那么法国制造"九小岛事件"及日本对此之反应，尤其是后者，则强化了这种想象，并彻底使英国的关注对象从南威岛完全扩展到整个南沙群岛。空军部向海军部、外交部、财政部、自治领部和殖民地部表态，"鉴于这一地区或通往香港的通道上存在可供飞机补给燃料的地点"，它支持海军部关于寻求确立英国对南威岛和安波沙洲的所有权，同时阻止任何强国兼并南沙群岛的主张，尽管它"无法在法律方面就该问题提供任何有用的意见"。空军部称，"由于似乎不可能实际占领自身感兴趣的珊瑚礁，在它看来，英国政府拒绝承认域外强国对争议区内任何岛礁的所有权要求，便有可能达到上述目标；因此，似乎没有必要提出针锋相对的所有权要求。"[②] 从中流露出空军部因英国无法自证南威岛、安波沙洲为英国殖民属地而深感无奈，又因不知如何才能在不能以武力为后盾的情形下实现目标而焦虑。

---

① "Lampson to Foreign Office", August 31, 1933, London, The National Archives, FO 676/85.

② "J.S. Ross to the Secretary of the Admiralty", August 3, 1933, London, The National Archives, CO 273/589/4.

鉴于缺乏能自证"南威岛、安波沙洲为英国殖民属地"的合法、有效之依据，而且这一策略无法适用于南沙群岛，英国唯有另辟蹊径。在得到空军部的支持之后，态度始终坚定的海军部向外交部强调，"出于重要的战略原因，我们和空军部已经悄悄在区域（即危险地带，引者注）内及周边地区进行了大量的测量工作……我们极重视不容许法国或其他国家制造一个好的所有权要求，否则，这会对我们在必要情况下为自身目的而使用该地区造成阻碍"。海军部指出，由于"除了南威岛和安波沙洲，我们成功制造关于这些岛屿的所有权要求的机率极小"，那么"让该地区维持迄今为止的作为无主地的现状并保持我们对它的了解甚于任何人，最符合我们的利益"。海军部自圆其说，称"按照国际法，在其余岛礁和浅滩中，绝大多数不具备可占领的属性，因为它们大多是以露出水面的孤立岩石之形态而存在"。最后，海军部提议，若上述解决方案可行，"最好正式把这个事说清楚，为的是把它作为官方的基础。"①

外交部接受了海军部的设想。1933 年 10 月 23 日，外交部致函海军部，称南沙群岛"当前是无主地"，"既然依据国际法它们是不可被占领的，我们当然可以以此为由，始终坚持认为任何强国的任何占领它们的主张都是无效的。"同时，鉴于法国未在南沙群岛采取任何后续行动，"我们似乎最好完全对法国人闭口不谈此事（即九小岛事件，引者注）"。外交部担心，倘

---

① "S.H. Philips to A.W.A. Leeper", August 29, 1933, London, The National Archives, DO 35/171/4.

若英方寻求用放弃对南威岛和安波沙洲的所有权要求换取法国承诺不再占领更多南沙鸟屿，反而"会引起它对其他岛屿的兴趣"①。由此观之，空军部、海军部和外交部试图通过否定任何国家具备兼并南沙群岛的合法性而使该区域保持权力真空的方式，在无需耗费自身力量的情况下确保其途经南海的通道之安全和维持南海权势格局的现状。几经权衡，英国最终决定，既不承认法国对南沙群岛的"主权要求"，又不承认法国所占岛屿以外的其他"无主"南沙岛礁"具备可被兼并的资格"，而维持这一政策则"取决于不存在任何其他国家表现出要占领这些岛礁的迹象"②。与此同时，英国始终坚称从未放弃曾经提出的对南威岛和安波沙洲的所有权要求。至此，英国在南沙问题上的"不承认不放弃"政策最终定型。一目了然，所谓"任何其他国家"即是日本。当然，当时该政策的直接针对对象仍是法国。在 1934 年初，殖民地部专门向海峡殖民地等环南海地区的英国属地殖民当局电示关于不承认法国对南沙群岛的"所有权要求"之立场，并附上法国的 1933 年 7 月 24 日致英国政府照会和 1933 年 7 月 26 日南沙七岛兼并通告。③

　　进而言之，英国是在大国博弈视野下审视南沙问题，并由此区别对待日本与法国对南沙群岛的野心。英国不能接受它们

---

① "A.W.A. Leeper to S.H. Philips", October 23, 1933, London, The National Archives, DO 35/171/4.

② "Register No.M.03753/37, Minute Sheet No.1", July 29, 1937, London, The National Archives, ADM 116/3936.

③ "Colonial Office to Straits Settlements", January 11, 1934, London, The National Archives, CO 1030/396.

落入其头号潜在敌国日本之手，但可以容忍这些岛屿在事实上而非法理上被友邦法国占据。就这一点而言，英国的南沙政策和西沙政策如出一辙。对南威岛和安波沙洲的"殖民情结"之存在，是英国长期不愿意承认、正视中国对南沙群岛的主权之深层原因。这是英国南沙政策比照其西沙政策所表现出来的重要特点。

由于日法两国搁置对南沙的争夺，中国又取镇静态度，南沙局势在1934年4月趋于平息。这在客观上符合英国的诉求——"我们迫切想要尽量避免出现任何可能导致对该地区的进一步关注的事情"。[①] 于是，当时英国为了不弄巧成拙、节外生枝，遂未明确、完整宣示该政策。而且，在"不承认不放弃"政策的指导下，具体到"九小岛事件"，英国决定暂取容忍态度，不急于对法国的侵占行动表态，也打消了将南沙问题提请国际法庭仲裁的想法。此后，随着远东地缘格局和国际形势演变，英国在应对南沙问题时因时因势调整着具体的政策，但"不承认不放弃"政策的决策思路在其中发挥着重要影响。

综上可知，英国早在20世纪之前就曾在南威岛、安波沙洲进行过断断续续的殖民活动，后来以此为基础对这两个岛礁产生了"殖民情结"。尽管如此，英国真正意义上的南沙政策实际上起源于应对法国、日本对南沙群岛的野心与侵夺的过程之中，

---

① "S.H. Philips to A.W.A. Leeper", August 29, 1933, London, The National Archives, DO 35/171/4.

在 1930—1933 年间逐步成型。① 与此相伴的是，英国的关注对象从南威岛，或者再加上安波沙洲，扩大到整个南沙群岛。揆诸全文，促使"不承认不放弃"政策最终定型的原因有五：一是英国想象中的南沙群岛对帝国防务安全所具有的重要性，这是决定性的。法国在南沙群岛的逐步扩张和日本在"九小岛事件"发生后所展现出的对南沙群岛之野心，一再强化英国对南

---

① 以往的研究主要梳理了英国对法交涉之过程，兼及英国对南威岛、安波沙洲归属的考量，而未系统探究英国南沙政策的起源。再者，学者们往往把英国在特定时段、场合中的外交行动等同于政策，存在"以偏概全"之憾。其实，具体的表现形式并不能涵盖政策的全部内核，英国对南威岛、安波沙洲的主张亦不能等同于其南沙政策。管窥所及，杰弗里·C. 古恩叙述了 1930—1933 年英法围绕南威岛归属问题上的互动（Geoffrey C. Gunn, "Anglo-French Rivalry Over the Spratlys（1930—1937）: An Aspect of World Historical Incorporation", in R.D. Hill, Norman G. Owen, E. V. Roberts eds., *Fishing in Troubled Waters: Proceedings of an Academic Conference on Territorial Claims in The South China Sea*, Centre of Asian Studies, University of Hong Kong, 1991, pp.270—275）；斯坦因·托尼森简要提及英国对法国侵占南沙部分岛礁的反应。他指出英国外交部和海军部之间存在分歧，并认为"外交部在 1932 年放弃英国的所有权要求，转而支持法国"。这一论断与事实不符（Stein Tønnesson, "The South China Sea in the Age of European Decline", *Modern Asian Studies*, Vol.40, No.1, Feb., 2006, pp.6—10）；陈鸿瑜梳理了英国对法交涉的过程，虽述及英国内部的讨论，但停留于描述相关部门对南威岛、安波沙洲归属之主张（陈鸿瑜：《英国对于南沙群岛之主张及其影响（1930—1951）》，《"国史馆"馆刊》2016 年总第 47 期，第 67—80 页）；郭渊认为英国在"九小岛事件"中持"持不介入立场"。这一观点有所偏颇，揆诸前文，英国不仅和法国互动，还设置了触发采取进一步措施的条件。（郭渊：《英国对南海九小岛事件的关注及外交应对》，《历史教学问题》2019 年第 1 期，第 89—93 页；郭渊：《20 世纪 30 年代初中日法英对南沙战略作用的认知比较》，《海南热带海洋学院学报》2017 年第 6 期，第 1 页）；黎蜗藤简略提到英国自法国于 1930 年占领南威岛起便同法方展开交涉，却一直"在公开场合保持缄默"（黎蜗藤：《从地图开疆到人工造岛：南海百年纷争史》，台北：五南图书出版有限公司，2017 年，第 76—81 页）。

沙群岛的军事价值之想象。以后见之明来说，当时英国军方高估了南沙群岛的军事价值；[①] 二是英国自证南威岛、安波沙洲为英国殖民属地的失败，这致使英国退而求其次，另谋策略；三是帝国防务战略决定了英国必须把防止头号潜在敌国日本侵占南沙作为南沙政策的"底线"；四是日本尚未将野心付诸行动，南沙局势总体可控，这是英国得以采取温和政策的客观条件；最后是英国对南威岛和安波沙洲的"殖民情结"，这是英国反对法国抢占南威岛的最初动机。不过，这一"历史"因素的影响确实有限，英国的决策立足点很快便转为南沙群岛之于帝国防务安全的价值。要言之，英国南沙政策从起源到形成是多重因素叠加的结果，其过程具有连续性。

当然，在制造"九小岛事件"之后，为了在侵吞南沙群岛的过程中尽量减少来自其他强国的阻力，法国不止向英国表现出轻视南沙群岛的态度。它也以同样的态度应付美国。韦礼德在和美国驻华使馆参事裴克（W. P. Peck）谈及"九小岛事件"时，不仅表现出一副"认为这些岛屿没有什么用处"的态度，还声言法国占领南沙岛礁是"一件小事"，又辩称"在中国与法国之间，中国人的主张比法国人的更糟糕……一些中国渔民被发现生活在这里，他们（为了换取补偿，原注）被要求接受法

---

① 郭渊认为英国由于低估南沙群岛的战略价值，对"九小岛事件"持"持不介入立场"。这一观点值得商榷（参见郭渊：《英国对南海九小岛事件的关注及外交应对》，《历史教学问题》2019 年第 1 期，第 89—93 页；郭渊：《20 世纪 30 年代初中日法英对南沙战略作用的认知比较》，《海南热带海洋学院学报》2017 年第 6 期，第 1 页）。

国国旗继续竖立，但是一段时间后，当法国考察队再次到这些岛屿考察时，这些渔民已经不见了"。[1] 一目了然的是，韦礼德纵使意图尽量淡化南沙海域是中国的传统渔场的历史事实，却难以完全回避中国人利用南沙群岛作为据点从事渔业活动的客观现状。从美国对"九小岛事件"的反应来看，法国应该是多虑了。对于该事件，"无论是美菲当局还是美国政府基本上只是重申了菲律宾群岛的条约界限，并不关心南沙群岛"。[2] 所以，法国的"言不由衷"并没有在美国方面产生"欲盖弥彰"的反效果。值得指出的是，其实英国和美国也意识到中国人是南沙群岛及其海域的传统经营者和开发者。[3]

本章小结

自 1920 年至 1934 年，作为世界性强权和远东—太平洋区域

---

[1] "A. P. Blunt to Lampson", August 23, 1933, London, The National Archives, FO 676/85.

[2] 谭卫元：《美国对南沙群岛的认知与政策演变（1898—1946）》，《中国边疆史地研究》2022 年第 3 期，第 199 页。

[3] 英国学者安东尼·卡蒂及其研究助手梅丽莎·洛哈（Melissa Loja）的研究表明："1817 年以降的海道测量报告证明，只有中国公民尤其是海南岛居民频繁出入斯普拉特利群岛（即南沙群岛，引者注）。美国和英国已注意到中国人在群岛上的经济活动，早期记录展示这些活动的三个重要细节：第一，参与者全是中国人；第二，这些活动不仅是捕鱼，还包括在舢板上交易大米、生活必需品和汇票等，到岛上采集海龟蛋和其他海产品；第三，这些活动是长时期以来每隔一段时间一再发生的。然而，后来记录虽说没有完全省略这些关键细节，却也明显地予以淡化。"（安东尼·卡蒂：《南海的历史与主权》，王祥、武巍、拾壹译，北京：新星出版社，2023 年，第 10 页。）

现行秩序的主要既得利益者，英国在大国博弈视野下，以帝国防务安全为决策立足点，同时在以"十年规则"为核心原则及由此形成的以"不战"和"守成"为主调的帝国防务战略的框架下，先后主动但有限度地介入西沙问题和南沙问题。英国关于自身与有关国家之间关系的性质与走向、所处国际关系演变趋势、南海诸岛分别之于敌我的军事价值这三者的认知之变化，共同推动其南海诸岛政策的形成。具体而言，英国在西沙问题上形成了"策略性支持中国"政策，在南沙问题上形成了"不承认不放弃"政策，它们共同构成了这一时期的英国南海诸岛政策。

所谓"策略性支持中国"政策，即英国谋求使中国保有西沙群岛，以期在华盛顿体系下实现遏止任一强国尤其是潜在或公开敌对的海军强国侵占西沙群岛这一决策目标，从而既避免敌对强国利用西沙群岛威胁大英帝国东部，又替自身保留在必要时凭借中英友好和英强中弱的现状从中国"借用"西沙群岛的可能性。英国的具体做法是，力促中国加强对西沙群岛的主权宣示和管辖，并主动向对西沙群岛怀有野心的列强或直接或间接地传达其承认西沙群岛属于中国这一立场和对西沙问题之关切。质言之，英国承认中国对西沙群岛的主权及其相应的行动，乃基于私利而非公理、道义，充斥着以其战略利益为主、为其战略规划服务的策略性。英国把承认中国对西沙群岛的主权作为其在西沙问题上对日本、法国博弈的策略，意味着一旦国际局势、远东地缘形势、中英关系发生重大变迁，英国不再承认乃至反对中国对西沙群岛的主权亦在情理之中。

所谓"不承认不放弃"政策，即英国绝不承认法国及后来的日本对任何南沙岛礁的"主权要求"及侵吞行动的合法性，也不放弃曾经提出的对南威岛和安波沙洲的所有权要求。其具体做法是：其一，谋求在法理上赋予南沙群岛不可兼并的"无主地"地位；其二，咬定英国基于在历史上曾对南威岛和安波沙洲进行过殖民管辖和开发，拥有相应的"先占权"，从而有权对它们提出所有权要求；其三，以不存在任何其他国家图谋占领这些岛礁的可能性，以及法国不继续扩大侵占范围，作为维持该政策而不采取进一步措施的前提。无论是"策略性支持中国"政策还是"不承认不放弃"政策，均体现了英国在南海诸岛问题上"有限介入"的实质，故这一时期英国的南海诸岛政策可以称为"有限介入"政策。英国的最高决策目标是防止任何强国掌控南海诸岛，最低决策目标则是防止日本军事控制和利用南海诸岛，从而避免自身在南海地缘政治博弈中居于劣势。从长时段来看，英国确立"有限介入"政策过程中的决策思路和决策目标，对之后英国应对南海诸岛问题和南海地缘政治博弈具有深刻影响。

纵观英国西沙政策、南沙政策的起源与定型，在某种意义上说，英国介入南海诸岛问题是被日法两强对西沙群岛和南沙群岛之野心所推动。但是，对于日本、法国对南海诸岛的野心，英国是区别对待的——法国控制南海诸岛虽然应该加以抵制，但毕竟是友邦，尚可容忍；日本是头号潜在敌国，故必须遏止其染指南海诸岛。虽然英国推行"有限介入"政策或间接或直接令日本、法国知晓其在南海诸岛问题上的立场和态度，但其举措其实也让日本、法国意识到英国不愿诉诸强硬手段。因此在中国弱于日本、法国的情况下，这一政策对日本、法国的威慑力有限。有鉴于此，不妨假设：英国若在西沙问题上向中国提供强有力的支持，甚至公开强硬回应日本、法国在南海诸岛问题上的试探，能否险中求胜，消除日本、法国关于通过投机实现战略目标的收益预期？当然，英国在这一时期从未将军事手段纳入决策的考量范畴。值得注意的是，虽然迟至20世纪30年代初，英国对西沙群岛和南沙群岛的军事价值的了解仍非常模糊不清，但大约在1930年，英国对这两个群岛都产生了它们或可在军事上为己所用的认知。这一认知主要建基于臆断，而非勘测。这成了日后英国萌生将南海诸岛纳入帝国东部防务体系构想的认知基础。客观地说，英国有此臆想也是正常的，毕竟如美国海军战略理论家马汉（Alfred Thayer Mahan）所言："通常，无论是在陆上还是在海上，有用的战略据点总是位于公路经过之处，尤其是位于公路交叉或汇聚之处。"①

　　值得强调的是，通过认真检视英国档案文献，系统回顾中英互动、英法交涉的历程，可以透过英国这一"非当事者"的视角清楚看到：其一，在法国就西沙归属向中国提出交涉之前，包括法国在内的任何国家对西沙群岛属于中国的历史事实和西沙群岛受中国管辖之现状皆无异议。其二，中国是西沙群岛、南沙群岛的传统开发者、经营者。其三，英国对南威岛和安波沙洲的所谓"主权"从法理上根本不能自圆其说。

---

① 艾·塞·马汉：《海军战略》，蔡鸿斡、田常吉译，北京：商务印书馆，1994年，第134页。

第二章 帝国防务重心转移时期英国南海诸岛政策的"承上"和"启下"

1933 年，英国所勉力撑持的凡尔赛—华盛顿体系开始同时遭到日本、德国冲击。日本正在鲸吞、蚕食中国，并伺机向南方海洋拓展国势，华盛顿体系摇摇欲坠。大英帝国东部面临着一个欲壑难填、权势不断膨胀的日本。与此同时，希特勒上台，领导德国恢复和发展经济，并逐步建立"总体战争经济体制"，同时秣马厉兵、跃跃欲试，凡尔赛体系岌岌可危。大英帝国腹心之地——欧洲——再次出现一个野心勃勃、蓄势待发的军事强国。所处的战略环境的逐渐恶化，迫使英国转移其帝国防务重心，这个过程在 1937 年前后基本完成。在此期间，英国开始思考将南海诸岛纳入帝国东部防务体系，同有关国家的互动更为频繁，其南海诸岛政策中的"防日"因素的影响更为凸显。

第一节 帝国防务重心转移及其对英国南海诸岛政策的影响

自"九一八事变"以来，日本对中国肆无忌惮的侵略和对华盛顿体系的一再践踏让英国感到如芒在背。英国意识到，它与日本在远东—太平洋地区存在结构性矛盾，利益难以调和。与此同时，英国又心存幻想，认为存在维持英日关系的可能性，并借此保住其在该地区的利益和大英帝国东部的战略安全。1934 年 1 月 18 日，英国外交部官员韦尔斯利（Victor Wellesley）拟定了《关于远东局势的备忘录》，这份备忘录将英国在因应远东局势和对日博弈时的矛盾、纠结且侥幸的心态展现得淋漓尽致。该文件指出，日本"最大的抱负是成为黄色人种的领袖"。它"最近对满洲的准兼并是朝着实现这一目标而迈出的非常重要的一步……日本向蒙古和东西伯利亚扩张似乎是不可避免的，这必然导致它迟早会与俄国发生冲突"。一旦日本的扩张政策获得成功，"英国（在远东）的影响力虽然不一定完全消除，却会大大降低"。不过，"尽管毫无疑问日本希望看到我们离开香港和新加坡，但从对英国直接军事攻击的角度来看，危险似乎很遥远，因为涉及的风险太大。它还可能对南洋群岛（即密克罗尼西亚群岛，引者注）和澳大利亚有领土野心"。只有在两种情况下，日本可能会对英国发动军事进攻：一是英国与其他国家进行战争，"并且明显将被打败"，则"日本会占领香港和新加坡"；二是日本的经济扩张被严格限制，致使其可能铤而走险。但"就目前而言，无论如何，不必担心这两种突发事件中的任何一种"。该文件称，英国在远东"没有帝国主义野心或领土野心，但我们有大量的贸易和巨大的既得利益"，因此保护英国在远东的地位"必须始终是英国政策的主要目标"。英国把"远东政策同日本或美国捆绑起来是不可取的，因为前者怀有我们不能支持的根本目标，而后者则是一个完全不确定的因素。然而，从消极的方面而言，英国的主要利益是不要与日本对立"。这意味着英国"要不断尝试设身处地地理解日本的真正需求，直到它们不会威胁到我们的利益为止"。[①]简言之，英国外交部的战略判断是，首先，日本对香港、新加坡、南洋群岛、澳洲等地的领土野心是它图谋南进的动力所在。其次，日本在"北进"与"南进"两大战略进取方向的抉择中倾向于前者，对俄开战是必然的，对英开战则是在满足特定条件时才会发生的。再次，存在着避免日本南进的可能性，英国此后一段时间的对日外交应以此作为主要目标。

面对在欧洲和远东—太平洋地区同时存在对现存国际秩序不满、对大英帝国虎视眈眈的强国，英国在1933年决定整顿军备，并将远东的防务需求置于首位。防务需求委员会基于大国博弈视野通盘思考帝国防务，于1934年2月28日向英国内阁提交了一份报告，以期在整顿军备问题上对症下药。防务需求委员会坦言，"在实际的财政能力范围内，像我们这样一个世界性帝国不可能在每一个地方都获得一模一样的安全，也不可能抵御每一个可以想到的敌人。因此，在检验我们的防务准备时，总是有必要对诸如哪些国家应该被视为潜在的敌人或盟友抑或中立国、在一定时限内的不同危险可能发生的演化作出某些假设"。防务需求委员会认为，英国应该利用任何机会来改善与日本的关系，但不能过分强调希望同日本建立某种同盟关系，事

---

① "Summary by Sir V. Wellesley of Memoranda on the Situation in the Far East", January 18, 1934, *Documents on British Policy Overseas*, Ser.2, Vol.20, No.77, F 295/295/61. （除了关岛为美国占有，当时该群岛大部分均属于日本的委任统治地。）

实上"日本更有可能尊重和听从一个能够捍卫自身利益的强国，而不是一个毫无防御能力的国家"。防务需求委员会强调，在英日关系改善之前，英国"不能忽视因完全无力捍卫自身在远东的利益所造成的危险"——英国"当前在远东几乎毫无防御能力"！防务需求委员会指出，为了防御日本可能发动的对英战争，"在远东，首先要满足新加坡基地的供应与防御，但除非香港——英国的海军基地和最重要的在华事业中心——得到保护，否则舰队将无法保护我们在中国海域的巨大利益"。英国还应该确保舰队在抵达远东后依旧能够维持战斗力和机动性。防务需求委员会提醒称，虽然"不认为存在任何即刻会发生的危险"，"但是仍有可能出现一些意想不到的紧急情况，就像1931年秋天那样（即'九一八事变'，引者注），或者日本有可能屈服于突如其来的诱惑——由于其他地方的复杂情况而引起的有利机会"，"其他地方意味着欧洲，而我们欧洲面临的危险将只会来自德国"。防务需求委员会认定，虽然德国是英国"'长远'防御政策必须针对的终极潜在敌人"，但目前还不是英国的严重威胁——"尽管在未来几年它毫无疑问将成为严重威胁"。这是因为"德国尚未完全武装"，又"处在各个武装且对其疑虑的邻国的包围之下"。总之，英国"有时间进行防御准备，虽然时间不多"。①

可以看出，关于德日两国何者对英国及其治下的大英帝国威胁更大的问题，英国军方的结论是，德国是英国长远的终极

① "Report by the Defence Requirements Sub-Committee", February 28, 1934, London, The National Archives, CAB 24/247.

的敌人，但当前日本依然是头号威胁。这也说明，一旦德国完成重整军备及由此造成欧洲列强的力量此消彼长，英国迟早要在帝国防务重心问题上，在德国与日本、欧洲与远东之间再行抉择。关于英日关系问题，英国军方注重对日本形成威慑。关于帝国东部防务问题，英国军方又一次确认了新加坡的核心地位，并强调了香港作为抵御日本、捍卫英国之远东利益和帝国东部之安全的前哨地位，决定不到万不得已必须竭力保住香港。关于备战时间问题，英国军方颇为乐观，认为由于德国一时尚难为患，英国拥有机遇期，可以趁此间隙整军备战，并在外交上努力作为，譬如缓和乃至改善英日邦交。最后，值得注意的是，如何扩大新加坡的预警和防御纵深、保障英国舰队在东方海域作战及有效驰援香港的能力，已是英国亟待解决之问题。这意味着，英国很可能在军事层面日渐重视其赋予南海诸岛的"为己所用"的可能性。不管如何，英国在 1934 年便着手重整军备了，尽管这在最初的数年里"是以一种勉强、零敲碎打、由财政部主导的方式进行"。[1]

实际上，当英国政府决意整顿军备的时候，改善英日关系就被作为缓解军方首脑们面临的增加英国军备的强大压力之重要选项，这一选项尤为财政部所推崇。[2]1934 年 3 月 14 日，英国内阁在讨论如何"解决帝国防卫中的最严重之缺陷"时，涉

---

[1] 安德鲁·罗伯茨：《丘吉尔传：与命运同行》(上)，李晓霞译，北京：中信出版集团，2021 年，第 404 页。

[2] "Extract from Cabinet Conclusions No.57（33）of October 26, 1933", October 26, 1933, *Documents on British Policy Overseas*, Ser.2, Vol.20, No.35, CAB 23/77.

及英国是否应该努力恢复及如何恢复"与日本之间的至少是传统的热诚和相互尊重"。其中，大法官桑基（John Sankey）"强烈支持对日亲密友好政策"，认为"一个怀有敌意的日本意味着我们的远东属地面临着危险，意味着印度和澳大利亚受到威胁"。最后，英国内阁形成决议：外交大臣应在和海军大臣等协商之后，"在有关官员的协助下准备一份关于改善对日关系的明确意见书，供内阁审议"。① 其实，在外交上缓和英日矛盾乃至改善英日邦交，与在军事上以日本为头号潜在敌国并对其保持威慑，一直是自华盛顿体系建立以来英国对日政策的一体两面。

此时，日本亦有意修复英日关系。日本政府在多个场合释放这一信号。同样是在 1934 年 3 月 14 日，英国驻日大使林德利（F. Lindley）向西蒙报告，日本外相广田弘毅曾在帝国国会上声称："虽然目前日本与英国已不是盟友，但两国仍尊重英日同盟的精神，在相互理解的基础上保持友好和平关系。这一事实使日本没有必要对新加坡基地产生任何怀疑……无意就新加坡海军基地问题向英国政府提出交涉。"② 7 月 3 日，广田弘毅主动向新任驻日大使克里夫（R. Clive）表示，"日本没有侵略意图，并且准备与英国、美国签订互不侵犯条约"。③ 8 月，广田弘

---

① "Meeting of the Cabinet to be held at No.10, Downing Street, S.W.1., on Wednesday, 14th March, 1934, at 10.30 a.m.", March 14, 1934, London, The National Archives, CAB 23/78.

② "Sir F. Lindley to Sir John Simon", March 14, 1934, Kenneth Bourne and D. Cameron Watt, eds., *British Documents on Foreign Affairs*, Part 2, Series E, Vol.13, New York, University Publications of America, 1992, p.111.

③ "Sir R. Clive to Sir John Simon", July 3, 1934, 同上书，p.222。

毅告诉克里夫："日本越来越倾向于赞成同英国保持最友好的关系"。在谈话过程中，双方均表示两国倾向于恢复战前的友谊。广田弘毅"两次提到日本政府希望日方代表与英方代表进行初步会晤，并表示希望即使会谈没有达成协议，日方也能保持同我方的接触"。① 所谓的"协议"，即"互不侵犯条约"。日本抛来了橄榄枝，这对于谋求改善对日邦交的英国政府来说可谓正中下怀。9 月 25 日，英国政府决定尝试和日本政府就缔结英日互不侵犯条约展开接触。② 但很快，到 1934 年底，英日之间关于缔结互不侵犯条约的接触便无果而终。③ 英日邦交恶化的趋势也就未能得到遏止。

从 1935 年到 1936 年，在英国的帝国防务战略设定中，德国逐渐与日本并驾齐驱，并有取而代之之势。英国把德国和日本共同视为头号潜在敌国，意味着远东—太平洋地区与欧洲均是英国帝国防务重心之所在。当然，这种"双重心"状态是英国的帝国防务重心回归欧洲过程中的一种特殊且暂时的状态。英国保有海权和维持大英帝国莫不依仗其首屈一指的海军

---

① "Sir R. Clive to Sir John Simon", August 30, 1934, Kenneth Bourne and D. Cameron Watt, eds., *British Documents on Foreign Affairs*, Part 2, Series E, Vol.13, New York: University Publications of America, 1992, p.241.

② "Extract from Cabinet Conclusions No.32（34）of September 25, 1934", September 25, 1934, *Documents on British Policy Overseas*, Ser.2, Vol.20, No.164, CAB 23/79.

③ 关于英、日围绕着缔结互不侵犯条约的互动，可参见 Chihiro Hosoya, "The 1934 Anglo-Japanese Nonaggression Pact", *International Studies Quarterly*, Vol.25, No.3（September, 1981）, pp.491—516；徐蓝：《英国与中日战争（1931—1941）》，北京：北京师范学院出版社，1991 年，第 69—71 页。

力量，因此它特别重视保持对任何潜在敌国的海军优势。如前所述，自第一次世界大战结束之后，在"十年规则"的限制下，英国更多的是通过双边或多边谈判，以条约、协定的形式将其对他国的海军优势固定下来。面对东山再起的德国，英国同样与之展开海军军备谈判，就如同对付日本那般。1935年6月，英国同德国达成了《英德海军协定》。该协定规定，除潜艇外，"德国舰队的总吨位应永不超过英联邦各成员国海军总吨位百分之三十五"。德国"有权保持潜水艇的吨位相等于英联邦各成员国潜水艇吨位的总额"，但在一般情况下，"德国潜水艇吨位将不超过英联邦成员国所持有的吨位总额的百分之四十五"，只是假如将来形势有变，德国政府必要时有权通知英国政府并进行协商，从而提高潜水艇总吨位。[①]虽然德国海军力量的扩充得到一定的抑制，但德国舰队对标的并不是英国舰队，而是英国及其各自治领的舰队之总和。何况德国海军是聚而众，相反英国海军须布防世界各地，是分而寡。由此观之，德国海军对英国本土仍具备较为强大的威慑力。

德国的威胁在增长，日本的威胁却未消退。英国原本通过华盛顿会议和1930年伦敦海军会议，对日本海军力量扩张做了约束性规定，从而保障了英国海军对日本海军的整体优势。日本对此一直心存怨念，念念不忘挣脱束缚。广田弘毅曾告诉克

---

① 《德国和联合王国政府关于限制海军军备的换文》(1935年6月18日)，《国际条约集(1934—1944)》，北京：世界知识出版社，1961年，第41—43页。

里夫，"日本需要的是一支它自己认为符合国防目标的海军"。①
在 20 世纪 30 年代上半期，争执不下的海军军备问题是英日之间
的战略性矛盾。本来，"根据华盛顿条约和伦敦裁军条约，1935
年，在伦敦再次召开裁军会议"。但在召集国英国的提议下，英
美日三国于 1934 年 10 月先行召开了海军预备会议。② 其中所提
到的"华盛顿条约"即是《美英法意日五国关于限制海军军备
条约》。在会议期间，12 月 29 日，日本政府竟单方面宣布废除
《美英法意日五国关于限制海军军备条约》。③ 诚如时任副外相
的重光葵所言，这"意味着日本要同英、美第一流海军国展开
军备竞赛"。④1935 年 3 月 4 日，日本驻"伪满"大使南次郎向
英国驻奉天总领事表示："确保永久和平的最可靠的方法是英国
集中注意力于新加坡以西的区域，美国集中注意力于美洲大陆，
让远东各国不受干预地自行解决问题。"⑤ 南次郎的狂妄反映出的
是日本的国家意志和野心。

　　鉴于当前大英帝国之处境，参谋长委员会依据远东形势对

①　"Sir R. Clive to Sir John Simon", July 3, 1934, Kenneth Bourne and D. Cameron
　　Watt, eds., *British Documents on Foreign Affairs*, Part 2, Series E, Vol.13, New York:
　　University Publications of America, 1992, p.222.
②　重光葵口述，古谷纲正记录：《重光葵外交回忆录》，天津市政协编译委员会
　　译，北京：知识出版社，1982 年，第 133—134 页。
③　《華府海軍軍備制限條約廢止通告文及外務當局談》(1934 年 12 月 29 日)，日本外
　　務省編：《日本外交年表竝主要文書》(下)，東京：原書房，1965 年，第 287 页。
④　重光葵口述，古谷纲正记录：《重光葵外交回忆录》，天津市政协编译委员会
　　译，北京：知识出版社，1982 年，第 135 页。
⑤　"Sir R. Clive to Sir John Simon", March 4, 1935, Kenneth Bourne and D. Cameron
　　Watt, eds., *British Documents on Foreign Affairs*, Part 2, Series E, Vol.14, New York:
　　University Publications of America, 1992, p.90.

帝国防务战略进行检讨，并于 1935 年 10 月 10 日向帝国防务委员会提交了《远东战略形势备忘录》。参谋长委员会强调，"我们在远东的战略计划是以和日益强大的日本发生冲突的可能性为依据的。我们政策的基石是英国的主力舰队必须能够在东方海域作战。正因如此，新加坡海军基地的安全至关重要，其守军至少必须能够在来自地中海和本土水域的舰队抵达之前抵挡得住攻击"。而日本可能趁英国主力舰队尚未抵达远东，进攻澳大利亚、新西兰、印度、马来亚、香港、婆罗洲和新几内亚岛。参谋长委员会忧心忡忡地指出，"当欧洲的复杂情况使我们必须保留一部分乃至全部舰队时，在远东地区面临战争的前景将是最严重的可能性中的一个"。参谋长委员会假定，一旦英国主力舰队抵达新加坡，新加坡海军基地将为其提供支持，英国主力舰队将"保护英国在南太平洋和印度洋的领土和商业"，"使我们处于良好的防御态势"，"在南中国海的南部，我们应该能够有效地控制海上交通。在更远的北方，日本海军和空军仍将控制局势，并将使日本能够保持与华北及台湾的重要联系"。香港固然是重要的贸易和航运港口，也是重要的海军基地，但"远没有和新加坡一样的战略重要性"。[①] 英国军方再次确认了新加坡在帝国东部防务体系和对日作战体系中的核心地位，同时明确了在万不得已时可以战略性放弃南海以北但必须确保南海南部的制海权这一战略底线。这一备忘录也反映出英国的帝国防

---

① "Memorandum by the Chiefs of Staff Sub-Committee of the C. I. D. on the Strategical Situation in the Far East, with Particular Reference to Hong Kong", October 10, 1935, *Documents on British Policy Overseas*, Ser.2, Vol.20, No.359, F6416/717/61.

务重心将再次回归欧洲的趋势，因为英国军方已经考虑到可能出现英国要迫不得已地将主力舰队乃至整个海军部署在本土水域的情况。

屋漏偏逢连夜雨，由于意大利在 1935 年入侵埃塞俄比亚，英、法主导下的国联被迫对意大利实施制裁，意大利开始抛弃对英亲善的传统，逐渐转投德国。由于意大利在地理上控扼地中海、红海之要冲——本土如同一只靴子踏进地中海中部，其殖民地利比亚位于地中海对岸，意属索马里又位于红海和印度洋连接处，英国途经地中海—红海的帝国海上"生命线"长期以来所享有的"传统的安全"正在不断流失。这意味着其面临的两线作战战略困境很可能进一步恶化为三线作战战略困境。1935 年 11 月 21 日，防务需求委员会向英国内阁提交了第三份《国防装备方案》，全面分析了帝国面临的挑战，提出英国整顿军备之策。防务需求委员会直言，"日本意欲统治远东，就如同德国意图主宰欧洲"。英国"在相隔如此之远的两个战区与极富效率的敌人们进行海战，其困难怎么强调也不过分"。"如果我们没有足够的力量来提供威慑，这种双重危急的情况就更有可能发生。如果有来自日本的危险，从可能性和程度的角度来看，当我们集中精力于欧洲时，这种危险将达到顶峰。除非我们能够为这一紧急情况提供足够的防御，否则澳大利亚、新西兰、印度、缅甸、苏伊士以东富裕的殖民地和庞大的贸易将受他们（即日本，引者注）的支配，大英帝国的东半部很可能被摧毁"。与此同时，"意大利也变得敌对起来"。"如果我们与德国发生冲突，我们绝不能低估意大利从中作梗的能力和加入德国一方的可能性。"防务需求委员会强调了在外交和军事层面双管齐下应对大英帝国不断恶化的战略环境的重要性和必要性。一方面，防务需求委员会表示英国"必须运用一切外交手段来避免同任何国家的决裂，改善同所有国家的关系"。这是因为"我们的国家和帝国安全受到一个全副武装且充斥着军国主义的德国的无法估量之威胁，我们有充分的理由避免进一步疏远日本或任何横亘在我们通往东方的主要通道上的地中海强国，我们尤为担心与日本、地中海强国（即意大利，引者注）同时产生隔阂"。然而，防务需求委员会对于能否同德日意三国缓和或改善邦交并不乐观，认为"对日本采取友好政策存在可取性，但实施起来困难"；"和德国建立友好关系在战略上同样是可取的，但实施起来要更困难"，而"意大利完全是个机会主义者"，尚不能确定它最终是会回归到英法阵营还是倒向德国。鉴于此，另一方面，防务需求委员会主张英国应该确保能够同时"在本土海域保持一支能在任何情况下满足对德作战要求的舰队"和"在远东地区部署一支完全有能力采取防御行动并足以对我们在该地区的利益所面临的任何威胁起到强大的威慑作用的舰队"。防务需求委员会清醒意识到："我们生活在一个比以往任何时候都更危险的世界，我们只能依靠自己，我们除了强大别无选择。"[①]

　　1935 年 12 月 5 日，新的伦敦海军会议召开。这是英国希望通过列强一致削减军备而维持均势的又一次努力。然而由于和

---

① "Programmes of the Defence Services: Third Report by Defence Requirement Sub-Committee", November 21, 1935, London, The National Archives, CAB 24/259.

英美两国在限制海军军备问题上矛盾重重，日本帝国全权代表永野修身于 1936 年 1 月 15 日声明退出会议，广田弘毅在第二天就此正式发表谈话。[①] 从此，日本"开始不受限制地与英、美展开造舰竞争"。[②] 亚太地区脆弱均势之根基大体上不复存在了，大英帝国东部面临着更大的防务压力。在此形势下，要确保新加坡无虞、牢牢把控南海南部的制海权，英国自然会对在军事层面可能"为己所用"的南海诸岛抱有更高的期待。于是，系统勘察南海诸岛以切实掌握和完善相应资料信息，是当前英国在南海诸岛问题上亟待完成的重要任务。

进入 1936 年，德国、日本、意大利基于各自的战略目标和利益诉求继续撼动凡尔赛—华盛顿体系，并逐渐聚拢。作为凡尔赛—华盛顿体系的主要主导者和既得利益者的英国成了德国、日本和意大利共同的主要斗争对象，德意日三国在"反英"问题上相互利用。日本海军方面在 1936 年 4 月制定的《国策要纲》中便清清楚楚地表示："我方可利用欧洲微妙的政局与英属殖民地的政情，乘英国在东亚的权势转移之间隙，极力谋取我方势力之扩张，并强化日本与英国属地的经济和文化联系，尽最大努力牵制其对日政策。"[③] 日本准确地判断出德国的强势崛起

---

① 《倫敦軍縮會議脱出通告竝廣田外相談》(1936 年 1 月 15 日、1936 年 1 月 16 日)，日本外務省编：《日本外交年表竝主要文書》(下)，東京：原書房，1965 年，第 323—324 页。

② 重光葵口述，古谷纲正记录：《重光葵外交回忆录》，天津市政协编译委员会译，北京：知识出版社，1982 年，第 141—142 页。

③ 《国策要綱》(1936 年 4 月)，島田俊彦、稲葉正夫编：《现代史资料》第 8 卷《日中戦争》(一)，東京：みすず書房，1964 年，第 355 页。

势必导致英国因更加聚焦欧洲事务而对远东防务力不从心，并视之为反制英国和侵蚀英国远东利益的天赐良机。1936 年 10 月 20 日，意大利外交大臣齐亚诺（Galeazzo Ciano）访问德国，其间他和希特勒达成共识：利用反共作为烟幕，"借此把别国团结在这两国的周围，从而使英国陷于瘫痪"，德意两国则乘机继续实行彼此的军备计划。①

1936 年 7 月，西班牙内战爆发，德国和意大利联合进行军事干预，支持弗朗哥集团。这又进一步促使德意两国相互靠拢。②10 月 23 日，德国和意大利在柏林缔结《德意协定书》（即"柏林—罗马轴心协定"），初步结成政治同盟。③ 祸不单行的是，同年 11 月 25 日，德国和日本签订《德日反共产国际协定》，这标志着对英国威胁最大的两个强国在政治上结盟，并存在发展成军事同盟的可能性。尽管此时德国和日本首要的合作目标诚然是"反共防苏"，而且确实尚未将联合"反英"纳入合作规划

① 格哈特·温伯格：《希特勒德国的对外政策》（上编），何江、张炳杰译，北京：商务印书馆，1992 年，第 475 页。

② 威廉·夏伊勒认为，德意两国联合干预西班牙内战"使英法和意大利不再可能修好，从而驱使墨索里尼落入希特勒的怀抱"。这一论断略显极端，因为英法两国没有放弃争取意大利的努力，而意大利虽日益倒向德国，但仍保持着投机性。当然，西班牙内战客观上加剧英法两国同意大利邦交的恶化，促使德国和意大利进一步合作，则是事实。参见威廉·夏伊勒：《第三帝国的兴亡》（2），董乐山等译，南京：译林出版社，2020 年，第 383 页。

③ 墨索里尼（Benito Mussolini）在 11 月 1 日特意发表演说，对"轴心"一词下了定义。他宣称柏林—罗马垂直线"是一个轴心，可以在这个轴心周围团结所有愿意进行合作和维护和平的欧洲国家"。参见让-巴蒂斯特·迪罗塞尔：《外交史（1919—1978 年）》，李仓人等译，上海：上海译文出版社，1982 年，第 211 页。

之中，但英国却不可能对德日两国的政治结盟无动于衷。在签署《德日反共产国际协定》的当天下午，德方正式将这件事通报英方。[①] 英国驻德大使菲普斯（E. Phipps）当即向德国政府就该协定的性质提出质询，德国外交部部长牛赖特（Konstantin Von Neurath）表示，"德日之间不存在某种军事的或其他性质的同盟"。菲普斯反问道，"除意大利以外，是否还有其他国家同德国达成了这种性质的协议"。牛赖特含糊其辞道："德国与奥地利、匈牙利、丹麦等其他国家也有警察协议"。[②] 很明显，菲普斯将《德意协定书》和《德日反共产国际协定》等同视之，而牛赖特却偷换概念。自此，以德国为中坚的侵略集团开始形成。[③] 英国外交部官员贾德干（A. Cadogan）认为，《德日反共产国际协定》的缔结是"把世界分裂成两个截然不同的阵营的又一步骤"。[④] 综上可见，英国愈发相信，在这个分裂的世界中，它和它的帝国至少将在欧洲和远东同时对抗当时的两个一流强国——德国和日本。

虽然从长远看，除非彻底击败日本，否则英国及其帝国在远东—太平洋地区所面临的威胁实难消除，但客观来说，英日

---

① "E. Phipps to Foreign Office", November 25, 1936, London, The National Archives, FO 371/20285/F7228.

② "E. Phipps to Foreign Office", November 25, 1936, London, The National Archives, FO 371/20285/F7230.

③ 服部卓四郎认为，《德日反共产国际协定》"成了后来结成德意日轴心的开端"。但是，这个观点并不全面。（服部卓四郎：《大东亚战争全史》上卷，张玉祥等译，北京：世界知识出版社，2016年，第9页。）

④ "Mr. Eden to Sir H. Knatchbull-Hugessen", November 26, 1936, London, The National Archives, FO 371/20285/F7283.

关系比英德关系恶化得缓慢一些。从日本方面而言，它虽然在退出第二次伦敦海军会议之后不久，就暗自升级了对英国的敌意①，却也同时把改善英日邦交作为撬动远东—太平洋地区大国关系和地缘政治形势、进而实现战略目标的重要策略和手段，故英日关系并未急剧恶化，相反，还存在转圜的余地。1936年5月7日，克里夫致电外交大臣艾登（Robert Anthony Eden）称，"日本以最大的兴趣关注着目前欧洲的紧张局势，这一点是清楚的。毫无疑问的是，如果能捞到好处，它将第一个浑水摸鱼"。不过，"在确定英国将卷入一场欧洲战争之前，日本不仅不想与我们争吵，而且肯定会出于自身原因渴望改善现有关系"。②应该说，克里夫的判断大体上切合当下日本的对英外交策略。1936年8月7日，广田内阁召开了由首相、外相、陆相、海相和藏相参与的五相会议，制定了《基本国策纲要》，从而确立"在确保帝国在东亚大陆的地位之同时向南方海洋挺进发展"的方针。其中，陆军在远东应以苏联为假想敌，确保在开战初

---

① 1936年2月13日，日本陆军参谋本部和海军军令部围绕国防方针和用兵纲领举行第一轮协商，一致认定"英国当下俨然成为帝国东亚政策的最大妨害者"[《第1次会合（2）》（1936年2月13日），東京：日本外務省外交史料館藏，《帝国国防方針 / 帝国军の用兵綱領関係綴》，JACAR（アジア歴史資料センター）Ref.C14121168200]。1936年6月3日呈昭和天皇裁断的《帝国军队用兵纲领》把英、苏、美、中一起正式列为假想敌，并针对性地提出作战方略[《帝国军の用兵綱領》（1936年6月3日），東京：日本外務省外交史料館藏，《帝国军の用兵綱領 / 御親裁》，JACAR（アジア歴史資料センター）Ref.C14121166700]。

② "Sir R. Clive to Sir Eden", May 7, 1936, Kenneth Bourne and D. Cameron Watt, eds., *British Documents on Foreign Affairs*, Part 2, Series E, Vol.15, New York: University Publications of America, 1992, pp.94—95.

期能够予以对方致命一击；海军则应以美国为对手，确保能够夺取西太平洋的海权。^①随后，由首相、外相、陆相和海相参与的四相会议通过了《帝国外交方针》，明确提出了"积极主动增进和英国的亲善关系，借此使之在帝国同苏联的关系上对我方采取善意，以牵制苏联对我之态度；同时，这对于减少或消除我国海外发展的障碍也是特别必要的。在中国问题上，调整日英两国关系会是极有效果的"。^②日本将海军的终极假想敌确立为美国而非英国，预示着西太平洋的权势转移之走向——美国和日本将通过某种方式角逐正在从英国手中流失的西太平洋之海权。

英国对于日本充满投机性的外交战略和对英策略了然于胸。在《德日反共产国际协定》出现前夕，远东司司长奥德向外交部常务副大臣范希塔特（Robert Vansittart）分析道：日本如果断定"为了促成在中国和其他地方的目标，与俄国（即苏联，下同，引者注）达成谅解将是值得的"，便会如此行事。一旦日苏两国"达成真正的谅解，对英国在远东的利益可能会产生深远的影响"。日本"若发现在其他地方使用武力更为有利可图，冒险南进的诱惑将会大大增加。它对南洋（South Seas）怀有十分强烈的兴趣"。对日本而言，北进击败俄国"将带来更大的战略安全"，南进则"将带来巨大的经济优势"，"毫无

---

① 《國策の基準》（1936年8月7日），日本外務省编：《日本外交年表竝主要文書》（下），東京：原書房，1965年，第344—345页。

② 《帝國外交方針》（1936年8月7日），日本外務省编：《日本外交年表竝主要文書》（下），東京：原書房，1965年，第346页。

疑问，我们必须考虑到这种可能性，与进攻俄国相比，向南侵略至少是具有强大竞争力的"。因此，"若英俄两国同时与德国开战，日本的选择将令人难以捉摸。若只有一国参与战争，日本毫无疑问会攻击该国"。有鉴于此，奥德重申了那个被反复强调的结论："对我们来说，唯一的保障将来自新加坡基地的建成及在此基础上拥有一支真正强大的舰队"。[①] 要言之，日本发动对英战争的前提是英国被卷入欧洲战争，而击败苏联不再是日本实施南进的必要条件。也就是说，日本优先选择"南进"或"北进"均有可能，"北进"不再优先于"南进"。

在此情势下，到了1936年和1937年之交，英国在德国与日本、欧洲与远东之间作出了抉择，进而对帝国防务战略做出了关键调整：重新确立德国为头号潜在敌国，对调远东和欧洲的战略优先次序，将帝国防务重心转移回欧洲。1936年12月31日，范希塔特提交了《世界局势与英国重整军备备忘录》。他明确指出，"曾几何时，日本被认为是我们的首要威胁"。"目前普遍认为日本可能在等待欧洲爆发战争。德国现在是公认的地球之风暴中心。"当前"日本的态度仍然非常危险和投机，这使

---

① "Minute by Mr. Orde for Sir R. Vansittart on Japanese Foreign Policy", November 19, 1936, *Documents on British Policy Overseas*, Ser. 2, Vol.21, No.8, F 7146/553/23. 依据日本辞典《広辞苑》的解释，日本所认知"南洋"的地理范围涵盖赤道南北两边的太平洋海域及其中的岛屿（参见新村出编：《広辞苑》，東京：岩波书店，1998年，第2015页）；依据中国辞典《东南亚历史词典》的解释，"南洋"即是"东南亚"（参见姚楠主编：《东南亚历史词典》，上海：上海辞书出版社，1995年，第300页）。本文采用的是日本辞典《広辞苑》的解释。

得迅速加强我们在远东的海军地位势在必行"。英国对于远东局势"只能保持密切的关注","唯一的安全保障将是迅速建成新加坡基地和组建一支强大的舰队"。至于地中海方面,英国在致力于通过外交努力"确保一个友好的意大利"。① 英国外交部重新完全把德国视为头号潜在敌国,力主将帝国防务重心彻底转移回欧洲,同时在远东保持相当的战略威慑和防卫能力以防备日本南侵。但它尚未将地中海视为潜在的第三条战线,而是认为英国还有机会通过争取意大利,保住在地中海的传统的安全。意大利在倾向德国的同时,并不拒绝英国的"善意"。尤其是在英国极为关心的维持西地中海"现状"的问题上,意大利满足了英国的诉求,迅速与之达成"君子协定"。② 这自然增强了英国对意大利的"幻想"。

1937 年 2 月,参谋长委员会基于大英帝国在全球范围内正在遭到来自不同方向的各种挑战、威胁之现实,对帝国防务战略进行检讨。关于整体的战略态势,参谋长委员会指出,目前"日本和德国正各自在东方和欧洲竭力追求霸权","帝国的两端分别受到来自德国和日本这两个军事强国的威胁,与此同时在中心地带,由于意大利的侵略精神随着它的军事力量之增长而

---

① "Memorandum of the World Situation and British Rearmament by Robert Vansittart", December 31, 1936, London, The National Archives, FO 371/20278/F7781.

② 《联合王国和意大利关于地中海西部维持原状的宣言》(1937 年 1 月 2 日)、《英国驻罗马大使德鲁门致意大利外交部长齐亚诺的照会》(1936 年 12 月 31 日)、《意大利外交大臣齐亚诺复英国驻罗马大使的照会》(1936 年 12 月 31 日),这三个文件统称"英意君子协定"(具体内容参见《国际条约集(1934—1944)》,北京:世界知识出版社,1961 年,第 120—122 页)。

增强，我们失去了在地中海的传统的安全"。"东地中海是帝国的交通枢纽。我们的途经地中海的海上交通线的重要性是众所周知的"。关于日本战略动向和英日关系走向，参谋长委员会分析称，"中日之间持续紧张的关系必然对帝国在该地区的利益构成威胁。更重要的是，德国和日本在1936年达成的协议可能会增加我们同时在欧洲和远东卷入战争的风险。另一方面，苏联在远东地区实力的增强可能会对日本的活动起到遏制作用，尽管这也可能使日本转而进一步南下，而在后一种情况下，日本将与我们发生更直接的利益冲突"。即便"没有证据表明日本目前可能直接挑战我们"，但"毋庸置疑，日本将抓住我们卷入欧洲战争所提供的机会，进一步推动其在远东的扩张计划。纵然大英帝国没有立即卷入这场冲突，日本也不会低估这场冲突对英国远东力量的影响，日本可能会利用任何能给她提供行动自由的事件"，毕竟日本海军期望向华南地区、泰国、婆罗洲扩展影响力，"进而获得对西太平洋的全面控制"。至于英国与日本在外交上实现某种妥协，其可能性很小。关于英日战争，参谋长委员会判断，日本"似乎不太可能对新加坡发动重大攻势"，但绝不能明确排除这种可能性。日本"可能会突袭新加坡，目的是破坏基地设施"。日本还可能占领中国所有可用作海军基地的地方，"袭击我们在南中国海、太平洋和印度洋的贸易，从而令我们在某些贸易路线上产生焦虑和混乱，迫使我们分散军事力量"。参谋长委员会的结论是，在军事层面，英国本土和新加坡是大英帝国赖以存在的在西方和东方的两块"基石"。其中，"澳大利亚、新西兰和印度的安全取决于能否保有新加坡作为英国舰队的基地"。虽然"新加坡的防御工事已接近完工，可单靠这些工事并不能保障我们在东方的战略地位。帝国东半部的安全仍取决于向远东派遣舰队这一行动"，因为"在对日战争中，我们的战略地位将取决于英国舰队在远东海域的存在"。但囿于必须"在任何情况下在本国水域保持一支能够满足对德作战要求的部队"，"英国只能向远东派遣一支与日本舰队实力相当的舰队"，英国"在最初阶段的对日战略可能主要是防御性的"。因此，在战争爆发之前，英国务必完善新加坡基地的设施和防御工事，为的是使日本即便对新加坡发动大攻势，也难以在此立足。在战争爆发之后，英国应"立即向远东派遣舰队"，并攻击对日本的跨太平洋贸易路线。英国在主力舰队抵达新加坡后应该能够维持远东的现状，阻止日本的进一步侵略。①

由此可见，在确立了德国作为头号潜在敌国、欧洲为帝国防务重心之后，英国"先欧后亚""先德后日"的帝国防务战略已初见端倪。在对日防御和作战的构想中，一旦战争爆发即向远东派遣主力舰队、以新加坡作为帝国东部防务体系核心、确保对南海南部的战略通道和制海权的掌控，这三者相辅相成。由此亦可知，英国虽然意识到同时对德国和日本作战将面临巨大困难，仍采取"双线对抗"的态势，在优先对付德国的同时积极防御和威慑日本。从当时的技术条件和地理位置来看，无论是英国要保卫新加坡、控制南海南部的制海权及途经此地的

---

① "Review of Imperial Defence by the Chiefs of Staff Sub-Committee of the Committee of Imperial Defence", February 22, 1937, *Documents on British Policy Overseas*, Ser.2, Vol.18, W 2852/1384/50.

通道，还是日本要获得以资"南进"的军事支点，南海诸岛很可能成为它们共同关注和考虑的对象。英日邦交恶化和彼此战略利益冲突的加剧，以及由此造成南海地缘战略价值的凸显，客观上也会增强英国对系统、深入勘察南海诸岛的紧迫感。

英国虽然极力避免同德、日爆发战争，却已然深知这两场战争并非遥不可及，故未雨绸缪，积极制定相应的军事预案。1937年6月，时值日本发动全面侵华战争前夕，参谋长委员会在拟定的《关于1937年远东形势的评估》中延续着此前的战略预设，认为当日本进攻大英帝国的东方领地时，英国已经陷入对德战争。基于这一战略预设，一方面，参谋长委员会强调在对日战争初期采取"守势"的既定方针，指出"一旦对日战争爆发，我们的政策必须以这样一种考虑为指导：在对德问题得到解决之前，我们不能指望在远东能够采取任何超越防御政策的行动。在经济上施压仍将是这一政策的基本特征"。另一方面，参谋长委员会要求英国利用从对德战争爆发到对日战争爆发这一间隙，在不受日本干涉的情况下抓紧在远东进行战争准备。具体而言，其一，对于新加坡，"不仅要实施现有的加固计划，而且要最大限度地增加物资储备"；其二，对于香港，应该将其"视为重要但不是至关重要的前哨，应尽可能长时间地防守"，故应把常备驻军的兵力提升到战时标准；其三，关于东渡的主力舰队，"首要任务是为舰队寻求一个燃料补给基地"，该基地应该位于自新加坡至香港的通道上。参谋长委员会坦承，舰队抵达远东的时间可能会延迟，且"不能肯定派往远东的舰队是否强大到足以在任何远离新加坡的地方展开行动"。另外，

"部署在远东的陆军和空军也将被限制到最低限度"。[1]外交部赞成这一总体战略规划，但主张应该在现阶段着手强化新加坡、香港等地方的防务，而不是在从对德战争爆发之后到对日战争爆发之前的间隙。[2]

综上可见，英国即便最终将帝国防务重心从远东转移回欧洲，对于自身所处战略环境和远东局势也做出了更加负面的评估，但依旧没有放弃"先德后日"进行两线战争、在远东依托新加坡实施"先防御后反攻"的整体战略构想。这体现了英国对自身国力及对其帝国的实力之自信，尽管这种自信正在流失。为了在英日战争初期能够抵挡住日本的猛攻，至少保住作为帝国东部防务体系核心的新加坡，英国决策层决定不但要大力增强新加坡的工事构筑和战略物资储备，还要尽可能扩大其战略纵深。就后者而言，把香港作为前哨，在南海诸岛中择其适合者以建造军事支点无疑是可供考虑的选择。英国可以利用南海诸岛上的军事支点，既能够为北上增援香港或执行其他任务的舰队提供补给基地，增强其续航能力和扩大作战范围，又能够以此为支点，充实新加坡外围的侦察、预警、补给和防御网络，从而争取尽可能多的时间，以实现先集中力量击败德国而后派主力舰队东渡的战略构想。可以想象，日本若同样为之，既可将其作为进攻香港时的楔子，用以阻截由南向北的英国援军，

---

[1] "Appreciation of the Situation in the Far East, 1937, By the Chiefs of Staff Sub-Committee", June 14, 1937, London, The National Archives, FO 371/20952/F4772.

[2] "Situation in the Far East", June 14, 1937, London, The National Archives, FO 371/20952/F4772.

又可作为袭击新加坡时的跳板。

总之，在帝国防务重心转移时期，无论是"首防日本"还是"先德后日"，在军事上加紧完善帝国东部防务体系是英国愈发急迫的任务。于是，英国在军事上利用南海诸岛的主观意愿也在增强。在此情况下，系统勘察南海诸岛以尽早为相关备战工作提供必要的翔实信息并积极思考将它们纳入帝国东部防务体系，是这一时期英国在南海诸岛问题上的决策与活动之主题。

第二节　纳西沙入帝国东部防务体系
之设想的萌发与放弃

伴随着所处战略环境的恶化以及相应的帝国防务战略的变动，英国把增强整体性作为完善帝国东部防务体系的手段。其内容包括了升级旧基地、营建新基地、加强各基地之间的联系网络。诚如马汉所说的，"一个想要对任何重要海域确保其控制的国家，不在该海域谋求若干战略据点便无从立足"，位于这些据点的基地对于掌控所在区域是非常关键的。[①] 据路透社 1934年 11 月 14 日的报道，英国内阁负责战争事务的国务大臣黑尔什姆勋爵（Lord Hailsham）公开宣布："英国政府打算拨款 8 万英镑用于发展新加坡空军基地，拨款 5 万英镑用于香港发展空军基地。""这两个基地将通过在它们之间建立航空服务而联系起

---

① 　艾·塞·马汉：《海军战略》，蔡鸿幹、田常吉译，北京：商务印书馆，1994年，第 188 页。

来，一支水上飞机中队已在对新加坡—香港的航线进行勘察。"
翌日，香港多家报纸纷纷转载这一内容。法国驻香港领事苏朗
热-泰西耶（Soulange-Teissier）于 15 日当天便赶紧提醒法国外
交部部长，西沙群岛有可能被英国相中，从而营建为连结新加
坡和香港的空中航线的支点。因为法国外交部所存的关于西沙
群岛的档案显示，"西沙群岛位于新加坡至香港的航线上。经过
改造后，该群岛既可用作飞机的着陆地，也可作为水上飞机的
降落点"。苏朗热-泰西耶建言称，法国应该迅速对这些岛屿采
取行动，哪怕是派驻一艘军舰。[1] 除了空军，英国海军也积极考
虑在新加坡和香港之间营建新的基地。1935 年 3 月，英国海军
部向远东舰队旗舰"肯特号"（Kent）舰长提出一个问题："在远
东战争的备战时期或战争初期"，东京湾（即北部湾）内有哪些
地方可作为军舰的燃料补给基地或潜艇基地？"肯特号"舰舰长
未能提供详细且确切的答案，但他同时也表示"有迹象表明在
战争爆发之前或之后，海南岛南岸、西沙群岛和位于印度支那
海岸的大海湾也许将处在日本潜艇的监视之下"。[2] 这说明，海
军部高层已然在南海地区物色新基地的选址。不过，"肯特号"
舰舰长的回复也表明部分一线指挥官并不看好西沙群岛的军事
价值，认为该群岛不易防守，却易受攻击。

　　英国决策层则不然。如苏朗热-泰西耶所预测的，英国决策

---

[1]　"Lettre de M. R. Soulange-Teissier à Monsieur le Ministre des Affaires Etrangères",
le 15 novembre 1934, Paris, Centre des Archives Diplomatiques de La Courneuve,
32CPCOM/744, N°58.

[2]　"War Anchorages in the Tongking Gulf", March 28, 1935, London, The National
Archives, ADM 116/3605.

层循着"策略性支持中国"政策的决策思路，并且愈发重视关于西沙群岛能为己所用这一预设前提，于1935年把西沙群岛作为新基地选址的备选项之一，进而萌生将西沙群岛纳入帝国东部防务体系的设想。为了切实弄清楚西沙群岛究竟在英国对日作战过程中能发挥何种作用，自1935年4月起，英国对西沙群岛展开系统勘察。4月29日，英国皇家海军军舰"冒险号"（Adventure）发回了关于西沙群岛中的永乐群岛的考察报告，系统分析了永乐群岛的军事价值。从地理概况来说，"永乐群岛的主要岛屿金银岛、甘泉岛和珊瑚岛位于西部，琛航岛和晋卿岛则位于东部，至少在10英里的范围内是可以看到它们的"。而且"茂密的绿色植被使这些岛屿生机盎然，与沙洲和珊瑚礁相比有着非常独特的外观"。再者，通往这些岛屿的航线周围的礁石具有辨识度。另外，"在初夏时节可能会出现海雾。虽然不能统计，但可以认为，它不可能像安南海岸或东京湾的雾那样持久"。在军事层面上，"由永乐群岛的岛礁所围成的区域大约涵盖20平方英里"，适合各类舰船停泊，且"没有明显的危险"。在不同的季风季节，舰船均能将永乐群岛用作锚地。就能见度方面，在白天"以良好的能见度近距离接近永乐群岛是毫无困难的"。具体而言，在西南季风季节里，"永乐群岛的西南部会有相当的区域可以作为锚地，在那里可以毫无困难地进行加油"。而"在东北季风期间，那里将是很好的避风港"。该报告的结论是：永乐群岛"是一个非常适合用作舰队补充燃料的地方"。假设在此营建燃料补给基地，在防御方面尤应重视反潜，在战前可以通过先行派遣舰队巡航或派兵驻守该地，在战争中应"防止敌方潜艇进入，并在一开始就确保没有一艘潜艇已经潜伏在岛屿附近的海底"，尽量确保基地和途经此地的航线的安全。该报告还对自新加坡北上和自香港南下的途经西沙群岛的航线提出了具体的建议。值得一提的是，这份报告提到了中国人在西沙群岛的生活和生产活动。该报告写道：在永乐群岛及其附近地区可以看到中国船只。"在晋卿岛，有四个破旧的棚子，它们为来自海南的中国渔民所有。在琛航岛，有一座年代相当久远的神庙和一口咸水井。离开永乐群岛之前，'冒险号'舰缓慢驶过珊瑚岛和甘泉岛。珊瑚岛上的棚子较多，每个岛上大约各有八个渔民，海滩上有他们的渔帆。晋卿岛上的中国渔民脸上洋溢着笑容。""没有一个岛上有任何迹象可以表明除了海南渔民以外还有其他国家的人在此活动或将其占领"，这些渔民乘坐中国帆船往返这些岛屿。[1] 这鲜活地体现出中国人是西沙群岛的拥有者和开发者。之后，英国又继续勘察西沙群岛。

7月20日，英国驻华舰队总司令向海军大臣提交总结报告，主要内容如下：西沙群岛的永乐群岛"在和平时期可以被用作所有级别的舰船的锚地"。在西南季风时节，永乐群岛虽然在其"西部也有一个相当大的区域可供无障碍地进行油料补给"，但总体而言"并不是一个很好的庇护所"。在永乐群岛水域，舰船"在白天航行毫无障碍，在晚上航行则稍有困难但可以克服"。在防御上，永乐群岛水域很难防备来自潜艇的袭击，故"必须

---

[1] "Report on Crescent Group (Paracel Islands) by 'Adventure' on April 29th 1935", April 29, 1935, London, The National Archives, ADM 116/3605.

牢记，当我们的舰船到达永乐群岛的锚地时，敌方潜艇有可能正潜伏在该区域内"。而且"在国际关系紧张时期，永乐群岛可能被那些想把某些舰船藏匿在这一区域的人用来对这些舰船进行燃料补给"。该报告还特别强调了"日本的战舰不时地探访西沙群岛"。① 要言之，一旦英国对日作战，西沙群岛是可以发挥一定作用的，故值得将其纳入大英帝国东部防务体系。报告中所谓的"敌方潜艇"和"想把某些舰船隐藏在这一区域的人"显然是指日本潜艇和日本人。

在这一时期，中国的两广地方实力派及与之互为依靠、合作的政要为争取英国的支持与援助，把隶属粤省的西沙群岛用作打动英国人的"工具"，在与英方人员的互动中刻意强调西沙群岛的军事价值，渲染日本对西沙群岛、海南岛等的领土野心以及一旦日本控制这些岛屿可能对英国造成的危害。1935 年 4 月 4 日，"半割据"广东的陈济棠向英国驻华舰队总司令和驻广州总领事透露：根据他所获得的情报，日本正在研究"削弱英国在华南地区的巨大影响力的方法和途径"。他提请英方注意，"日本觊觎海南南部的一个港口"，还对位于海南岛南面的西沙群岛怀有企图，而"在这些低洼的岛屿中有一个很适合用作机场的沙地"。广东省政府主席林云陔和陈济棠都强调"南京政府很可能会屈服于日本的要求"，"或多或少暗示英国和美国为了自身利益应该向中国提供外交援助，以防止这样的事件发生"。

---

① "The Commander-In-Chief, China Station, to the Secretary of the Admiralty", July 20, 1935, London, The National Archives, ADM 116/3605.

英国驻广州总领事对此评价道："主席（即林云陔，引者注）和总司令（即陈济棠，引者注）显然是想从英国那里得到一些直接的支持"。[1] 同一天，身为国民政府委员兼西南政务委员会常务委员的萧佛成同样提醒英国驻广州总领事、英国驻华舰队总司令等人："日本也对海南岛附近的某些岛屿感兴趣。万一在太平洋陷入困境，这些岛屿将成为对日本舰队有用的基地"。而且"萧佛成半开玩笑地提到，在过去几年里，日本出版了十多部以即将到来的太平洋战争为主题的小说。小说的内容千篇一律，即亚洲东部沿海地区将成为日本属地，战争将在美日之间爆发，日本军队将迅速攻占菲律宾，而且由于英国将卷入战争，（日本）将在六个小时内完成对香港的占领"。邹鲁——另一位国民政府委员兼西南政务委员会常务委员——表示："他和他的同事所声称代表的广大中国人民不希望"英国调解中日问题，"因为他们永远不可能同意日本强加的任何条件。他和他同事想要的是（英国）对他们的抵抗的支持，而非调解"。[2] 根据地理位置和当时的情况推断，萧佛成所提到的"海南岛附近的某些岛屿"应该是指西沙群岛。英国驻华外交官员和驻华舰队总司令分别向英国外交部、海军部报告了上述谈话内容及他们对此的看法。实际上，两广方面只要有机会就会向英方反复陈说此类说辞。

　　平心而论，陈济棠等人是民族主义者，其抗日图存之立场

---

[1]　"Notes of an Interview after Lunch at the Municipal Reception Building, Canton", April 4, 1935, London, The National Archives, FO 371/19287/F4307.

[2]　"Notes of an Interview at the Naval Club, Canton", April 4, 1935, London, The National Archives, FO 371/19287/F4307.

无须怀疑。但他们同时又是割据一方的军阀、政客，目下他们所面对的最现实也是最严重的威胁并非正在鲸吞东北、蚕食关内的日本，而是正在极力追求真正统一中国的蒋介石及其领导下的南京中央政府。寻求一切可资利用的外力以图增强自身实力，从而维持割据自雄的现状，这是两广方面的首要目标，关乎切实利益。在他们看来，无论是"抗日"还是"反蒋"，英国都是值得联络的强有力的外援，而且鉴于当时英国同日本在中国乃至整个远东—太平洋地区矛盾重重的现实，"抗日"比"反蒋"更能够打动英国。英国当然对此一清二楚。

可以说，英国同中国的互动推动其强化"策略性支持中国"政策的决策逻辑。1935 年 5 月 2 日，海军部情报司致函外交部远东司，提到了驻华舰队总司令的相关报告。海军方面表示，西沙群岛"位于从新加坡到香港的直航航线上，其位置很重要"，"早在 1920 年，我们收到的情报显示日本人急于吞并这些岛屿"。如若日本控制了西沙群岛、海南岛、东沙群岛并在此建造基地，它将"获得明显的优势"，而"我们在香港和中国海的劣势将会更明显"，甚至"香港将处于被包围的尴尬境地"。再者，海南岛和西沙群岛的永乐群岛都是英国舰队"潜在的可用于补给燃料的临时锚地"，"如果我们被拒绝使用它们，这将严重妨碍我们舰队的行动。或许可以设想，这一层面并未逃过日本的注意"。①6 月，英国外交部在一份备忘录中又提到了从广东

---

① "International Division, Admiralty to C.W. Oder", May 2, 1935, London, The National Archives, FO 371/19318/F2891.

省政府获悉日本对海南岛和西沙群岛怀有战略企图，不仅想获得海南岛的港口，还一直想吞并和开发西沙群岛。该备忘录同时强调，英国有必要密切关注日本未来在华南地区的活动，因为这些活动或许并不是纯粹的商业性质，其背后可能有更严重的政治或战略意图。[1] 总之，日本在受到法国侵占南沙岛礁的刺激之后加强了在西沙海域的军事活动，再加上中方相应的渲染和提醒，既让英国更加重视西沙群岛对帝国东部防务体系的价值，又使之强化了关于日本对西沙群岛素有领土野心及其背后暗藏军事意图之认知——假设这一因素曾因中法西沙交涉而有所淡化的话——更为忧惧日本可能抢占西沙群岛，以致杯弓蛇影。例如，对于"日本渔船被发现在西沙群岛和更远的地方作业"，英国怀疑这是日本瞒天过海之举，"可能是为了在必要时将它们用作针对自新加坡至香港的交通线的潜艇基地"。[2]

英国作为世界性同时也是远东—太平洋区域性强权，其在南海的一举一动自然备受区域内国家的关注并容易引发各种猜想。1936 年 10 月，"英中谈判联合建设西沙基地"传闻突然甚嚣尘上，各方报道大同小异。路透社称，中英两国政府正围绕在西沙群岛建设燃料补给基地举行谈判，该消息"迄今尚未得到证实"。该报道声称，一旦该基地建成，自新加坡至香港的飞

[1] "Memorandum Respecting Japanese Activities in South China", June 27, 1935, London, The National Archives, FO 371/19318/F4170.

[2] "R. H. Scott to A. Cadogan", December 6, 1935, London, The National Archives, FO 371/20270/F1217.

机航程将能缩短。^①同盟社捕风捉影：蒋介石上个月在广州接见英国皇家远东空军司令史密斯（S. Smith）准将时已批准授权英国空军在西沙群岛建立加油站。^②《南华早报》转载了新加坡《自由西报》的报道：谓"如果两国（即中国和英国，引者注）达成协议，那么往返于新加坡和香港两地的英国水上飞机可以中途在西沙群岛进行加油补给，这样就比原有的航线（需要途经槟城和岘港）缩短了一倍的时间，并且在岛上建立基地对英国有相当大的军事价值"。^③凡此种种，不一而足。英国对西沙群岛的勘察显然被解读为它企图在该群岛建立基地。这种舆论也侧面反映出，英国承认西沙群岛乃中国领土是众所周知的。要不然，为何所传的英国谈判对象是中国，而非挑起早期中法西沙交涉的法国。

消息甫一传出，即刻惊动了觊觎西沙群岛的法日两国。例如，法国外交部在 1936 年 10 月 17 日即急电驻英大使科尔宾（André Charles Corbin）和驻华大使那齐雅（Paul Emile Naggiar），告以"香港方面提供给我国远东海军司令的消息称，蒋介石在广州期间曾授权英国皇家空军在西沙群岛上建造一座水上飞机的补给站"，并指示他们"紧急核实这些信息的准确

① "Britain Negotiating with China for Use of Paracels Islands", *The China Press*, October 18, 1936, pg.1.

② "Rumoured Fuel Station On Paracles", *The North-China Daily News*, October 15, 1936, pg.18.

③ "Hongkong Air Line: Important Developments Expected in Near Future", *South China Morning Post*, October 16, 1936, p.15.

性"。① 毕竟就如法国空军部所言,"西沙群岛位于新加坡和香港之间的直航航线上",该基地一旦建成,"将为英国皇家空军在新加坡和香港之间建立起战略联系"。② 日本、法国唯恐英国抢占先机,纷纷迅速对英交涉,求证相关报道的真实性。而英方通通予以否认,谓此皆非事实、毫无根据。实际上,由于日本、法国均或明或暗地表示帝国航空公司介入其中,英国外交部还特地询问帝国航空公司,并确认它对西沙群岛不感兴趣。③

纵观英国空军部、外交部、驻华大使等的反应,传得沸沸扬扬的英国已经着手同中国谈判以求在西沙群岛建造空军基地之传闻显然是无中生有的。事实上,检视中方档案亦可发现,

---

① "Télégramme du Ministre des Affaires Etrangères à Ambassade France à Londres Nankin", le 17 Octobre 1936, Paris, Centre des Archives Diplomatiques de La Courneuve, 32CPCOM/744, N°2225; "Télégramme du Ministre des Affaires Etrangères à Ambassade France àNankin", le 17 Octobre 1936, Paris, Centre des Archives Diplomatiques de La Courneuve, 32CPCOM/744, N°27.

② "British Consulate General, Saigon to Principal Secretary of State for Foreign Affairs", November 3, 1936, London, The National Archives, FO 676/233.

③ 关于日本、法国彼此与英国之交涉,参见 "Knatchbull Hugessen to Anthony Eden", November 10, 1936, London, The National Archives, ADM 116/3605; "Télégramme de M. Corbin à Ministre des Affaires Etrangères", le 19 Octobre 1936, Paris, Centre des Archives Diplomatiques de La Courneuve, 32CPCOM/744, N°2009; Télégramme de M. Corbin à Ministre des Affaires Etrangères, le 29 Octobre 1936, Paris, Centre des Archives Diplomatiques de La Courneuve, 32CPCOM/744, N°2098; "The Conversation Between Air Ministry and M. Cambon, French Embassy", October 29, 1936, London, The National Archives, FO 371/20278/F6636; "C.W. Orde to Knatchbull-Hugessen", November 12, 1936, London, The National Archives, FO 676/85/F6636; "Knatchbull Hugessen to Anthony Eden", November 10, 1936, London, The National Archives, ADM 116/3605。

此传闻确系谣言。① 然而，旅美学者黎蜗藤却认为确有其事，称
"中英双方本来谈判联合在西沙建立一个军事基地，以抵抗日
本的势力，但是最终没有实现"。② 只是黎蜗藤在著作中对此事
仅一笔带过，也没有提供任何文献依据佐证其结论。或许，黎
蜗藤未加辨析便采信这一传闻。诚然，英国军方尤其是海军方
面怀有在西沙群岛建设军事基地的想法，也正在开展勘察工作，
不过此种想法尚处于论证阶段，而未付诸实施。日本、法国也
许意想不到，它们对这一子虚乌有的传闻的"过度"反应又促
使英国更加相信值得尝试把西沙群岛纳入帝国东部防务体系。
驻华舰队总司令事后就提醒海军大臣，"西沙群岛的永乐群岛将
可能被证明有能力提供一个适合于舰队的锚地"，无论是法国还
是除中国外的其他国家，对它们而言，该群岛在海军方面具有
相当的重要性。而且"在远东，随着空军的发展，这些岛屿的
重要性正在增加"。③ 其弦外之音是，西沙群岛应该保留在军事
力量羸弱的中国手中，而不能听任其他强国控制它，否则很可
能对大英帝国东部构成军事上的威胁。

　　面对英国的否认，日本没有进一步和英国纠缠，而是加强
了在西沙海域的军事活动。后来，海南渔民向海南守军报告这

---

① 《照录致交通部咨》（1936 年 11 月 2 日），台北："国史馆"藏，"外交部档案"，
　　020-049904-0002；《照抄交通部咨》（1936 年 11 月 5 日），台北："国史馆"藏，
　　"外交部档案"，020-049904-0002。

② 黎蜗藤：《从地图开疆到人工造岛：南海百年纷争史》，台北：五南图书出版股
　　份有限公司，2017 年，第 114 页。

③ "The Commander in Chief, China Station to Secretary of the Admiralty", December 6,
　　1936, London, The National Archives, ADM 116/3605.

一情形，称日本"似有在该岛（即西沙群岛，引者注）开辟飞机场模样"，甚至"恐我渔船走漏消息曾将海面渔船悉行扣留"。① 法国不但同样加强在西沙海域的活动，组织实施对西沙群岛的非法考察，② 甚至企图利用这一传闻所创造的契机，诱使英国承认其对西沙群岛的"主权要求"。1936 年 11 月 27 日，法国海军部提醒外交部、殖民地部，据《泰晤士报》报道，英国军舰"先驱号"已于本月 25 日抵达西沙群岛执行考察任务。若英国不向法方通报此事，"意味着英国认为西沙群岛不属于法属印度支那"。③ 法国外交部指示驻英大使科尔宾"利用这一情况，尝试让英国政府明确承认法国拥有西沙主权"。④12 月 23 日，法国驻英大使馆致函英国外交部，对英国政府没有事先向法国政府或法属印度支那当局通报西沙考察行动表达不满，并称此事"可能被新闻界解释成英国政府希望在那里建立航空站的传言之证明"。法方强调，西沙群岛被认为是法属殖民地安南的一部分，而中国曾声明西沙群岛不在其管辖范围之内。⑤ 据法方照

① 《军事委员会致外交部电》(1937 年 5 月 1 日)，台北："国史馆"藏，"外交部档案"，020-990700-0137。

② "Lettre privée du 3 mars relative aux Paracels, le 3 mars 1937", Paris, Centre des Archives Diplomatiques de La Courneuve, 32CPCOM/745.

③ "Télégramme du Ministre de la Marine au Ministre des Affaires Etrangères et Ministre des Colonies", le 27, Novembre, 1936, Paris, Centre des Archives Diplomatiques de La Courneuve, 32CPCOM/744.

④ "Lettre du Ministre des Affaires Etrangères à M. Corbin, Ambassadeur de France à Londres", le 2 Décembre, 1936, Paris, Centre des Archives Diplomatiques de La Courneuve, 32CPCOM/744, N°2259.

⑤ "French Embassy to Foreign Office", December 23, 1936, London, The National Archives, FO 371/20278/F8054.

会，所谓中国曾表态西沙群岛非其管辖之地，是指 1898 年中国渔民售卖西沙海域的两艘英国沉船的破铜，中国政府面对英方的抗议及惩治嫌犯之要求时答称西沙群岛不受中国管辖。[1] 法国抛出这一捏造的例证，[2] 明显是企图对英国的"策略性支持中国"政策釜底抽薪。

在英国看来，法国实属强词夺理。英国驻西贡总领事馆在 1936 年 11 月 3 日致英国外交大臣的电文中颇有深意地评论道：法国对西沙群岛"到目前为止似乎没有采取任何明确行动"，"与此同时，中国的船只在临近水域捕鱼"。相较于它在 1930 年抢占南威岛和在 1933 年制造"九小岛事件"，法国在西沙问题上的行为"是件有趣的事"。[3] 其言外之意是，法国对西沙群岛的"主权要求"不足恃，它本身亦心中有数。相反，中国对西沙群岛的主权要求更有说服力。英国驻华舰队总司令在致海军大臣的函电中亦强调，法国"到目前为止，似乎没有采取行动确立其声称的主权"。[4]

如前所述，英国在 1936 年和 1937 年之交重新确立德国为头号潜在敌国，把帝国防务重心从远东—太平洋地区移回欧洲，

---

[1] 《驻法使馆转呈关于七洲岛问题法外部来文并请示我国意见》（1932 年 1 月 7 日），台北："国史馆"藏，"外交部档案"，020-049904-0001。

[2] 参见顾跃挺、曹树基、许盘清：《对 19 世纪末中英铜货索赔案的再研究——法国史料"两广总督称西沙既不属于中国也不属于安南"的来龙去脉》，《清华大学学报》（哲学社会科学版）2023 年第 4 期，第 117—133 页。

[3] "British Consulate General, Saigon to Principal Secretary of State for Foreign Affairs", November 3, 1936, London, The National Archives, FO 676/233.

[4] "The Commander in Chief, China Station to Secretary of the Admiralty", December 6, 1936, London, The National Archives, ADM 116/3605.

并确立了"先德后日"进行两线战争、在远东依托新加坡实施"先防御后反攻"的整体战略构想。由于帝国防务战略的调整令英国难以确保派驻在远东的舰队强于日本舰队,英国更为迫切地希望在日本南侵的必经之地南海新建海空军基地以完善帝国东部防务体系,从而弥补海军力量不敷使用的缺陷。于是,英国维持着"策略性支持中国"政策,并继续勘察西沙群岛。1937 年 1 月 16 日,外交部致函海军部,转达了艾登的看法和主张。艾登认为,法国提出的"先驱号"舰的考察活动"是有意引起误解的说法看起来是不合理的"。这是因为,首先,"这是法国人首次认为应该在考察之前事先通知他们",在此之前法国对于英国的同类考察活动并无异议。再者,"先驱号"舰等英国舰船对西沙群岛的考察"并没有什么不正常之处"。因此,艾登"打算通知法国大使馆,他知道中国也声称对这些岛屿拥有主权,在通过谈判或交予某些国际仲裁庭而解决该争端之前,英国政府不愿就哪个国家拥有西沙主权发表任何意见"。而如果海军高层很想得到西沙群岛的使用权,"他准备不理会法国的来函,不予以答复"。[①] 海军部判断,法国此举"并不是故意想要抗议此次没有事先通知的考察,也不是对我们在远东可能会引起误解的行动进行警告,而是为了温和的宣传,让我们习惯法国对西沙群岛拥有主权这个观念"。最终,海军部决定坚持"除了中国,其他任何国家都不应该获得西沙群岛的主权"的立场、

---

① "N.B. Ronald to the Secretary of the Admiralty", January 16, 1937, London, The National Archives, FO 676/271/F8054.

西沙群岛对英国有重要性的评估及"中国保有西沙群岛仍然符合我们的利益"的结论。①1937 年 2 月 17 日,海军部将其主张函告外交部,指出勘察西沙群岛"主要是为了获取可能用于战争中或关系紧张时期的水文信息",因为"西沙群岛在某些情况下可能是有价值的"。"假如法国能够确立其真正的所有权",英国在对西沙群岛进行任何勘察之前都必须向法方通报,还可能受到各种限制。因此,英国"应该采取任何被认为是最有效的方法来继续抵制法国的所有权要求",但完全不理睬法国的来函"可能会被认为是默认法国拥有这些岛屿主权"。②

为了证明法国抛出的中国曾声明西沙群岛不在其管辖范围之内的说辞不能成立,英国积极展开搜证工作。外交部在查阅本部档案之后,指出"没有任何资料支持这一说法",英国档案显示"中国政府拒绝接受任何赔偿要求"的主要理由是保险公司没有采取足够的措施来保护法方提及的在西沙群岛海域沉没的英国船只的财产,而"西沙群岛离海岸如此之远,指望中国政府采取特别措施防止抢劫,不管怎样是不合理的"。③1937年 3 月 10 日,英国外交部正式答复法国驻英大使馆:中国也声明拥有西沙群岛的主权,而且英方仔细搜索了相关档案,并未发现任何如法方所言的中国政府放弃对西沙群岛的主权之内容。

①　"Register No.M.01155/37", January 25, 1937, London, The National Archives, ADM 116/3605.
②　"S. H. Phillips to the Under Secretary of State, Foreign Office", February 17, 1937, London, The National Archives, FO 676/271/F980.
③　"N. B. Ronald to the Secretary of the Admiralty", January 16, 1937, London, The National Archives, FO 676/271/F8054.

"在通过谈判或者某些国际仲裁庭做出裁决而获得解决之前，英国政府不愿就哪个国家拥有西沙群岛的主权发表任何意见。"[1] 综上，英国承认西沙群岛属于中国的立场之策略性显露无遗。之后，英国继续进行相关搜证。5 月 24 日，英国驻华大使馆告诉外交部，以前在"1895—1897 年的中文函电档案中没有查到任何结果"，"现在已经搜索到公使馆和总理衙门在 1899 年的相关通信，但找不到任何关于中国政府放弃对西沙群岛管辖权的内容"。[2] 英国正本清源，以反击法国的釜底抽薪之计策。

然而，在日本全面侵华战争爆发前后，英国的眼光渐从西沙群岛抽离。1937 年 6 月，参谋长委员会在《关于 1937 年远东形势的评估》中明确提出"应该在对德战争爆发之后和对日战争爆发之前的这段时间里，趁此机会立即在不受日本干涉的情况下在远东进行战争准备"，包括为将来东渡的主力舰队在位于自新加坡至香港的通道上"寻求一个燃料补给基地"。西沙群岛则是选址时值得考虑的对象之一。[3] 外交部赞成参谋长委员会的总体战略规划，但直言西沙群岛是中国的领土，"没有中国同意，任何此类计划不可能实施"。[4] 当然，英国即使获得中国授权，也只有在中国不受侵略或者足以挫败侵略的情况下方能实现

---

[1] "Foreign Office to French Embassy", March 10, 1937, London, The National Archives, FO 676/271/F980.

[2] "The British Ambassy in China to the Far Eastern Department, Foreign Office", May 24, 1937, London, The National Archives, FO 371/21000/F3977.

[3] "Appreciation of the Situation in the Far East, 1937, by the Chiefs of Staff Sub-Committee", June 14, 1937, London, The National Archives, FO 371/20952/F4772.

[4] "Situation in the Far East", June 14, 1937, London, The National Archives, FO 371/20952/F4772.

将西沙群岛纳入帝国东部防务体系的设想。然而，英国还没就是否有必要和如何才能够利用西沙群岛讨论出结果，日本便发动了全面侵华战争。大国博弈形势和远东—太平洋地区地缘格局随之急剧变化，英国被迫应变。因循决策思维的惯性，在日本全面侵华战争爆发之初，英国仍把在西沙群岛建造基地作为防备日本南侵的方案之一，海军部还专门对此做了研究。① 只不过，相关讨论很快就戛然而止。英国几经权衡，在军事层面对南海诸岛的关注逐渐从西沙群岛移向南沙群岛。至此，英国基本上把关于将西沙群岛纳入帝国东部防务体系的设想束之高阁了。

第三节 "防日"因素凸显与英国"南沙基地建设"构想的初步形成

自 1934 年夏法日两国在南沙问题上达成妥协之后，南沙问题迎来了为期不到一年的表面上的缓和时期。在这段时间里，日本得以通过渔业活动等形式出没于南沙群岛海域，掠夺资源。② 至于中国和法国，前者因内外交困、力有不逮而长期保持"镇静态度"，后者对所占南沙岛屿的"管治"或"经营"基本上停留于口头和书面规划。英国在南沙问题上则维持着"不承认不放弃"政策，并将日本的进一步动向作为决定这一政策的

---

① "Register No.M.04474/37, Minute Sheet No.1", July 19, 1937, London, The National Archives, ADM 116/3605.

② 陈欣之：《三十年代法国对南沙群岛主权宣示的回顾》,《问题与研究》(台北) 1997 年第 11 期，第 81 页。

存续、修正或废弃的关键因素。

从 1935 年开始，日本逐步增强经济层面和军事层面向南沙群岛渗透的力度。就经济活动而言，其后暗藏海军省和"台湾总督府"的魅影。一份拟定于 1935 年的名为《新南群岛处理纲要》的文件显示，日本海军方面曾密谋由其提供支持，并在陆军方面的协助下，由"台湾总督府"扶植平田末治等人组建"新拉萨渔业合名会社"，推动在南沙群岛的"渔民殖民"。① 有学者指出，该计划"表面对外宣称是建设'远洋渔业根据地'，实则是为建设军事根据地做准备，将海军一直以来对南沙群岛的关注具体化"。②1936 年 5 月，伊藤、平田末治等人乘船前往南沙群岛考察，日本海军省专门给他们调配了数十名士兵，辅助作业。③ 总之，自 1936 年，日本人"重新开始在本群岛从事开发"。④ 根据英国海军部的会议记录来看，截止到 1937 年 7 月，日本"已经在太平岛上建立起渔业公司"。⑤

---

① 《新南群島處理の綱案》（1935 年，具体时间不详），東京：日本外務省外交史料館，《各国領土発見及帰属関係雑件 / 南支那海諸礁島帰属関係》第一卷，JACAR（アジア歴史資料センター）Ref.B02031161500。
② 冯军南、华涛：《20 世纪 30 年代日本对我国南沙群岛政策的演变》，《中国边疆史地研究》2020 年第 1 期，第 207 页。
③ 《臺灣總督官房外事課長坂本龍起致外務省歐亞課第二課長吉田丹一郎》（1936 年 5 月 18 日），東京：日本外務省外交史料館藏，《各国領土発見及帰属関係雑件 / 南支那海諸礁島帰属関係》第一卷，JACAR（アジア歴史資料センター）Ref.B02031161600。
④ 《新南群島ノ所属ニ関スル件右謹テ裁可ヲ仰ク》（1938 年 12 月 23 日），東京：国立公文書館，《公文類聚・第六十二編・昭和十三年・第二巻・政綱二・法例～雑載》，JACAR（アジア歴史資料センター）Ref.A02030022900。
⑤ "Register No.M.03753/37, Minute Sheet No.1", July 29, 1937, London, The National Archives, ADM 116/3936.

除了实施瞒天过海式的经济开发，日本频频进行试探性军事活动。因为在日本看来，可以被营建成航空中继站的南沙群岛在作战上的价值逐渐凸显，特别是，此类南进根据地的建设是其南进政策的基石，意义重大。[①] 英国侦测到，"1935 年 4 月，日本轻型巡洋舰'龙田号'（Tatsuta）在一艘拖网渔船的陪同下"成功通过了南沙群岛海域。[②] 英国从 1936 年到 1937 年上半年一直在追踪日本海军在南沙海域的活动，结果发现日本海军舰艇一直在该海域进行勘测。[③] 诸如此类，层出不穷。更为关键的是，到了 1936 年底，日本外务省和海军省在向南沙群岛扩张及使之军事化的问题上消弭分歧，前者默认、支持后者的主张和行为，两者基本合流。[④] 应该说，这是 1936 年 8 月 7 日日本广田内阁出台的《基本国策纲要》提出的"向南方海洋挺进发展"的应有之义。《基本国策纲要》同时规定采取渐进式的和平手段在南方海洋扩张国势，既要促进日本国民经济的发展，又应避免刺激他国，[⑤] 故而 1939 年以前日本在南沙问题和西沙问题上都相对克制。

无论如何，日本加强在南沙群岛及其海域的经济和军事存

① 《新南群島處理二関スル意見》（1935 年 4 月 17 日），東京：日本外務省外交史料館，《各国領土発見及帰属関係雑件／南支那海諸礁島帰属関係》第一卷，JACAR（アジア歴史資料センター）Ref.B02031161500。

② "The Commander-In-Chief, China Station to the Secretary of the Admiralty", June 6, 1937, London, The National Archives, ADM 116/3936.

③ 同上。

④ 冯军南、华涛：《20 世纪 30 年代日本对我国南沙群岛政策的演变》，《中国边疆史地研究》2020 年第 1 期，第 209 页。

⑤ 《國策の基準》（1936 年 8 月 7 日），日本外務省編：《日本外交年表竝主要文書》（下），東京：原書房，1965 年，第 344—345 页。

在促使英国进一步把在南沙问题上的注意力从法国移到日本。英国海军部从报刊资料获悉日本为了购买法国占领的法属印度支那附近的岛屿，正在与法国进行谈判，而且"一名日本高级官员已就此事途经莫斯科前往巴黎"。情报显示，"法国已经准备把这些岛屿建成潜艇基地，而日本也打算秘密地这么做，以阻挡通往新加坡的航线"。这些岛屿即是法国所占的太平岛、南威岛等南沙岛礁。1935 年 3 月 19 日，英国海军部致电驻法海军武官，要求其核实这一情报。法国海军部给英方的答复是："没有收到关于这件事的消息，这个新闻是无稽之谈。"[①] 事实上，无论关于日本在南沙群岛的行动的传闻之真实性如何，只要日本方面有一丝风吹草动，都会牵动英国敏感的神经，令其紧张不安。一言以蔽之，这是由英国将日本定位为头号假想敌所致。虽然上述事件只是一个插曲，但英国的反应也表明日本逐渐成为英国南沙政策的直接针对对象，"防范日本"正在从隐性因素转变成显性因素。据参谋长委员会在 1935 年 10 月制定的《远东战略形势备忘录》可知，英国"在远东的战略计划是以和日益强大的日本发生冲突的可能性为依据的"，其"基石是英国的主力舰队必须能够在东方海域作战"，其战略底线是依托新加坡，凭借主力舰队控制南海南部的战略通道和制海权，"保护英国在南太平洋和印度洋的领土和商业"。[②] 散布在南海中部和南

---

① "Annexation of Islands Lying off Indo-China by France", March 23, 1935, London, The National Archives, ADM 116/3605.

② "Memorandum by the Chiefs of Staff Sub-Committee of the C. I. D. on the Strategical Situation in the Far East, with Particular Reference to Hong Kong", October 10, 1935, *Documents on British Policy Overseas*, Ser.2, Vol.20, No.359, F6416/717/61.

部的南沙群岛自然而然将因日本威胁的迫近而愈发吸引英国的目光。从本质上说，英国的这类反应与日本在 1936 年底对"英中谈判联合建设西沙基地"这一子虚乌有的传闻感到担忧并急于查清状况如出一辙。归根结底，在南海拥有战略利益的强国均不乐见其他强权尤其是敌手凭借掌控南海诸岛而在地缘政治博弈中获得优势甚至脱颖而出。

自 1936 年下半年起，德意日三国日趋靠拢。而且，自德日两国缔结《德日反共产国际协定》之后，日本南进的可能性正在引起包括英国在内的在南海拥有利益的诸国之疑虑。① 随着大国博弈形势的恶化，英国对日本疾足先得将南海诸岛打造成南侵之跳板的恐惧感有加无已。② 于是，英国加紧谋求将南海诸岛纳入帝国东部防务体系，从 1937 年上半年起把系统勘察活动由西沙群岛扩展到南沙群岛。③ 英国空军部看中了南沙群岛中的中业岛和太平岛，负责远东空军防务的官员请驻华舰队总司令查明它们可否建成飞机着陆场。驻华舰队总司令计划派遣军舰"先驱号""对这些岛屿进行一次不引人注目的简短考察"，于

① "British Consulate General to Principal Secretary of State for Foreign Affairs", April 8, 1937, London, The National Archives, CO 273/627/1.

② Stein Tønnesson, "The South China Sea in the Age of European Decline", *Modern Asian Studies*, Vol.40, No.1（Feb.), 2006, p.9.

③ 大卫·汉考克斯和维克多·普雷斯科特论述了 20 世纪 30 年代英日等国基于战略、领土层面的目的对南海尤其是南沙海域进行的广泛水文勘测，但未据此系统剖析英国的"南沙基地建设"构想。参见 David Hancox, Victor Prescott, *Secret Hydrographic Surveys in the Spratly Islands*, London: Asean Academic Press Ltd., 1999, pp.56—122。

4月7日提请海军部核准，^①并于4月12日得到批准。^②事实上，"先驱号"舰在原计划基础上还勘察了南威岛。

1937年4月20日，驻华舰队总司令向海军部报告，"先驱号"舰发现一艘日本采矿船"在详细勘察郑和群礁，有一队人在太平岛上宿营"。^③"先驱号"舰指挥官在之后提交的勘察报告中对此做了详细汇报：一艘日本采矿船在郑和群礁的"所有礁石和岛屿上都竖起了大型的测量标志，同时也使用了较小的浮动信标"，并且在通往太平岛的"最容易和最短的航道"上的众多珊瑚礁挂上旗子进行标记。看得出，这艘采矿船"经常在这条航道上航行"，而且"从这些标记的数目来看，很明显，对整个郑和群礁的详细调查正在进行中"。^④驻华舰队总司令意识到，法国"并没有采取有效的占领行动兼并"太平岛和中业岛。日本人则"在太平岛上经营渔业，并暂时占据该岛，如果不是永久的话"。驻华舰队总司令提醒海军部，必须假定，日本对南沙群岛及周边海域的了解"即使不比我们更好，也和我们一样好，并且充分认识到该区域的战略价值"。驻华舰队总司令提出建议，英国应"时不时派一艘舰船通过该地区，为的是同日方的活动保

---

① "Commander-in-Chief, China, to Admiralty", April 7, 1937, London, The National Archives, ADM 116/3936.

② "Admiralty to Commander-in-Chief, China", April 12, 1937, London, The National Archives, ADM 116/3936.

③ "Commander-in-Chief, China, to Admiralty", April 20, 1937, London, The National Archives, ADM 116/3936.

④ "The Commanding Officer, H. M. S 'Herald', at Singapore to Commander-in-Chief, China Station", May 3, 1937, London, The National Archives, ADM 116/3936.

持接触"。^①郑和群礁为南沙群岛六大群礁中之最大者，其中的太平岛不仅是南沙群岛之最大岛屿，而且地处南海海上交通之要冲。日本以捕鱼、采矿、勘测等方式向南沙群岛及其海域渗透，并窃据太平岛，纵然不能对大英帝国东部造成直接威胁，却得以收集、积累可用于对英作战的相关资料。故驻华舰队总司令希望通过在南沙海域向日本展示英方之存在与关切，令其适可而止。

　　关于南沙群岛在军事上能否为己所用的问题，初步勘察的结果其实并不符合英国军方的预期。"先驱号"舰指挥官在勘察报告中指出，中业岛和太平岛都存在"海滩的坡度过大""沙滩上有破碎的珊瑚"且沙质柔软、"除低潮时外海滩宽度不足"等天然缺陷，所以"皆不适合作为飞机的着陆场"。南威岛的地表虽然"几乎不需要清理或平整"，却"必须经过硬化才能为飞机提供足够坚硬的跑道"。此外，虽然这三个岛屿都能找出锚地，但是同样存在各自的缺陷。^②可尽管如此，由于深感在南海诸岛建设基地以完善帝国东部防务体系时不我待，加上对西沙归属与南沙归属持不同认知，英国的目光渐从西沙群岛等抽离并汇聚到南沙群岛，而对"先驱号"舰的报告不以为意。参谋长委员会在 1937 年 6 月制定的《1937 年远东形势评估》中明确提出"应在对德战争爆发之后和对日战争爆发之前的这段时间里，趁此机会立即在不受日本干涉的情况下在远东进行战争准备"。就

---

① "The Commander-In-Chief, China Station to the Secretary of the Admiralty", June 6, 1937, London, The National Archives, ADM 116/3936.

② "The Commanding Officer, H. M. S 'Herald', at Singapore to Commander-in-Chief, China Station", May 3, 1937, London, The National Archives, ADM 116/3936.

将来东渡的主力舰队而言，战争准备阶段的"首要任务是为舰队寻求一个燃料补给基地"。该基地应位于自新加坡至香港的通道上，西沙群岛是选址时可以考虑的对象。①外交部赞成这一总体战略规划，并认为现阶段就应着手强化新加坡、香港等地方的防务，同时指出海南岛和西沙是中国领土，"没有中国同意，任何此类计划是不可能实施的"。②对英国来说，将南沙群岛纳入帝国东部防务体系则不存在类似顾虑或障碍，一旦证实确实能够在南沙群岛上建设军事基地，便可以把南沙群岛作为西沙群岛的替代品而任意行事。这是因为，英国既无视中国对南沙群岛的主权，又不承认觊觎南沙群岛的法国和日本所提出的"主权要求"，而且坚称南威岛和安波沙洲乃其殖民属地——尽管自知法理依据薄弱。

于是，英国关于在南海诸岛建设军事基地的想法逐渐凝成"南沙基地建设"构想。7月初，英国空军部率先系统阐述在南沙群岛建设基地之主张。它坚称英国在南威岛、太平岛等岛屿"建设着陆场的可能性是存在的"，又强调由于近来科技的发展将使英国在远东的空军基地处于从这些岛屿起降的新式侦察机的航程之内，加上任何从本土出发、以占领或摧毁新加坡为目标的日本远征军都必须经过南沙群岛的北边，日本"若能够利用该群岛，将给新加坡的防御施加巨大压力"，其远征部队

---

① "Appreciation of the Situation in the Far East, 1937, By the Chiefs of Staff Sub-Committee", June 14, 1937, London, The National Archives, FO 371/20952/F4772.

② "Situation in the Far East", June 14, 1937, London, The National Archives, FO 371/20952/F4772.

在侦察方面所面临的难题还能够变得更加简化。鉴于此，空军部提议，首先，英国若是拥有能够支撑其对中业岛和南威岛提出并维持"主权要求"的依据，则应考虑采取相应行动声索主权。其次，"如果法国政府的所有权要求是合法的"，则英国可"尝试通过租借的方式在一定时期内获得这些岛屿"。最后，"如果法国政府的所有权要求是合法的，但因荒废而存在终止的危险"，则英国应采取措施"至少确保其他强国对这些岛屿的主权仍然比日本的更有效"，因为目前看来，"日本人也可能提出某些主权要求"。[1] 简而言之，空军部认为英国应想方设法在南沙群岛建设军事基地，将其纳入帝国东部防务体系，而底线依旧是避免日本军事控制和利用南沙群岛。

1937 年 7 月 7 日，日本制造"卢沟桥事变"，悍然发动全面侵华战争，大国博弈形势和远东—太平洋地区地缘格局为之骤变。受此冲击，英国军方把英日争夺南沙群岛视为"先下手为强、后下手遭殃"的斗争。7 月 13 日，英国海军部得出结论："应在适当的时候支持空军部的建议"。[2] 海军部和空军部强调，"随着现代飞机的发展"，南沙群岛的"战略重要性与新加坡的防御之间的关联度正在提高，这些岛屿不应被一个不友好的强国控制"。[3] 海军部声称日本对南沙海域的了解"可能至少已跟

---

[1] "Air Ministry to the Under-Secretary of State, Foreign Office", July 2, 1937, London, The National Archives, ADM 116/3936.

[2] "Register No.M.03753/37, Minute Sheet No.1", July 13, 1937, London, The National Archives, ADM 116/3936.

[3] "C.W. Orde to H. Lloyd Thomas", August 31, 1937, London, The National Archives, CO 273/627/1.

我们一样好",尤有必要尽可能掌握日本在该地区活动的信息。[①]
空军部"把这些岛屿视为潜在的先进空军基地",声言借此"可以低成本且有效地保持对从日本到新加坡的主要海上航线之监视",并呼吁必须警惕日本一旦有效控制南沙群岛,有可能将其打造成"用于突袭新加坡和我们在该地区的海上贸易的先进基地"。[②] 在军方大力推动下,在英国高层内部,"要不要"在南沙群岛建立基地成为首要问题,至于在当时条件下在南沙群岛建设基地"是否可行"的问题,诸如投入与收效、可操作性等,反倒渐渐沦为次要问题。这犹如"病笃乱投医"。无论如何,英国"南沙基地建设"构想初步形成了。其内容是,英国应该趁对德战争、对日战争均尚未爆发这一窗口期,抓紧在南沙群岛建设军事基地,作为大英帝国在南海的支点,用于预警和补给,从而完善帝国东部防务体系,使自身既能够在多线作战的情况下尽量争取时间以实现先击败德国而后派主力舰队东渡对抗日本的战略规划,又得以在和平时期消除日本进占南沙群岛、以之为向南扩张之跳板的潜在危险。与之相应的是,在英国的南沙政策中,日本完全取代法国成了直接针对对象。总而言之,"南沙基地建设"构想的形成标志着英国决定在南沙问题上站到遏制日本的第一线。

---

① "Register No.M.04265/37, Minute Sheet No.1", August 12, 1937, London, The National Archives, ADM 116/3936.

② "Foreign Office to the Chancery, British Embassy(Paris)", August 31, 1937, London, The National Archives, CO 273/627/1.

本章小结

从 1933 年起，大英帝国在欧洲和远东—太平洋地区同时面临严峻挑战，地中海自 1935 年也逐渐变得不安宁。意欲修正乃至重塑国际秩序的德国、意大利、日本纷纷对凡尔赛—华盛顿体系频频发起冲击，凡尔赛—华盛顿体系下的脆弱的大国均势正冰消瓦解，大英帝国的防务压力日甚一日。就安全形势而言，进入 1935 年，英国迈入了多事之秋。更要命的是，对英国来说，这既是第一次世界大战结束后所未有的，也有别于 19 世纪末至 1918 年间大英帝国的敌国集中在欧洲这一情形。随着国际局势的变迁，英国逐步将帝国防务重心从远东—太平洋地区移回欧洲。起初，由于战略惯性，英国仍视日本为最大威胁，但受制于德国的挑战。在 1936 年前后，英国把德国与日本并列为头号潜在敌国。到了 1937 年前后，英国重新把德国定位为最大威胁，把帝国防务重心移回欧洲。不过，纵然因需要在欧洲严加防范德国和在地中海—红海地区严阵以待意大利，致使对抗日本的力量日益受限，英国却不甘将在远东—太平洋地区的属地拱手相让，而是力图在优先对付德国的同时积极防御和威慑日本，毕竟幅员辽阔的帝国是它赖以成为世界性强权的重要支柱。于是，无论是把日本视为头号潜在敌国，还是将其列为仅次于德国的战略威胁，在帝国防务重心转移时期，关于远东—太平洋军事战略即"防御性对日军事战略"，英国始终坚持"先德后日""先防御后反攻"进行两线作战、以新加坡为帝国东部防务体系的核心、在对日战争爆发后向远东派遣主力舰队、以掌握南海南部的战略通道和制海权为底线的战略规划。其中，在对日战争爆发后向远东派遣主力舰队这一战略设定是英国关于在南海诸岛建设军事基地的想法赖以存在的基石。

在 1935 年的时候，英国统筹全局，立足打赢可能发生的英日战争而谋划完善帝国东部的防务，并萌生在南海诸岛建设军事基地的想法。英国循着"有限介入"政策中关于南海诸岛能在军事上为己所用的主观判断，试图在南海诸岛中堪为所用的岛屿上建设军事基地，进而充实自新加坡到香港之间的区域的侦察、预警、补给和防御网络，使帝国东部防务体系进一步完善。毕竟，限于当时的科技水平，依托新加坡基地的英国部署远东的海空军在战时驰援婆罗洲尚需时日，遑论奔赴孤悬南海之北缘的香港。更何况南海茫茫、岛礁石滩星罗棋布，在此间行进的大英帝国的军队易遭到伏击。再者，仅仅从新加坡或者婆罗洲监视途经南海的各交通线，难免顾此失彼，鞭长莫及。在南海诸岛中，英国首先关注的是西沙群岛而非南沙群岛。为了改变对西沙群岛的军事价值认知不清晰的状况，从而更好地筹划将它纳入帝国东部防务体系，英国着手对西沙群岛展开系统勘察。英国对西沙群岛的一系列勘察活动还在 1936 年 10 月酿成"英中谈判联合建设西沙基地"传闻，引发日法两国对英交涉。

由于日本不断加强在南海海域和南海诸岛的经济军事活动，"南进"意图日显，英国在 1937 年把勘察范围从西沙群岛扩展到南沙群岛。在日本全面侵华战争爆发前夕，英国最终正式提出要在对德战争和对日战争均尚未爆发这一完善帝国东部防务体系的窗口期，在南海为将来东渡的舰队寻求新基地。须指出的是，由于在西沙群岛和南沙群岛两者的归属问题上存在认知差异——英国在策略上承认西沙群岛属于中国，却无视中国对南沙群岛的主权，且否定其他国家具有吞并南沙群岛的法理依据——英国在谋划在西沙群岛建设军事基地时认为应取得中国的许可，但在思考在南沙群岛建设军事基地时则无此顾虑。这种差异促使英国在日本全面侵华战争爆发之初，最终选择推进"南沙基地建设"构想，而基本放弃纳西沙群岛入帝国东部防务体系之设想。总之，在南海诸岛问题上，英国在这一时期大体上延续着"有限介入"政策，并且日趋积极作为。其间所形成的利用南海诸岛完善帝国东部防务体系之构想预示英国尝试着在南海地区站在遏制日本的最前沿。以后见之明观之，这一"构想"将对英国在日本全面侵华战争前期在南海诸岛问题上的决策和行动产生深刻影响。

第三章 日本全面侵华战争前期英国在南海诸岛问题上的"积极干预"

正当英国从军事价值层面循序渐进对南海诸岛展开勘察和评估时，1937年7月7日，卢沟桥事变爆发，日本随即发动了全面侵华战争。从宏观上看，这对摇摇欲坠的华盛顿体系造成了致命冲击，进而深刻地影响了诸大国在远东—太平洋地区的权势格局乃至在全球的博弈态势。从区域层面观之，南海局势由此日趋动荡不安。随着全面侵华战争的扩大，日本的兵锋由北向南，次第指向东沙群岛、西沙群岛、南沙群岛，从而开启了南海地区的地缘政治格局的重塑时期。在南海诸岛问题上，置身于大国博弈漩涡中心的英国积极应变。

第一节 英国对日本侵占东沙群岛的考量与应对

早在发动全面侵华战争之前，日本已在渐进地向南海诸岛渗透。1937年4月27日，琼东县县长潘岩向广东绥靖主任余汉谋、广东省政府主席吴铁城、广东民政厅厅长王应榆和广东第九区行政督察专员黄强报告称，日本已占据西沙群岛，"且常有战舰往来停泊其间"，并对驶经西沙海域的我国渔船进行炮击和机枪扫射。[①] 之后，林蔚、罗卓英、余汉谋先后向蒋介石报告此

---

① 《琼东县县长潘岩致广东绥靖主任余汉谋等电》(1937年4月27日)，张中华主编：《日军侵略广东档案史料选编》，北京：中国档案出版社，2005年，第18页。

事。不过，余汉谋在电报中却误把"西沙"写成"东沙"，并称日本在东沙群岛"开辟机场"。① 后经查实，日本所占岛屿乃黄山岛，而且该岛在1936年就已经被占领。② 蒋介石却不知因何缘故，最后采信了余汉谋的报告，进而电令徐永昌饬令林蔚从速规划粤省防御方案，以防日军南侵。③ 蒋介石"歪打正着"地预感到了日本侵华迫在眉睫，这或许是源自蒋介石因中日关系已恶化到无以复加之地步而产生的危机感。时隔不久，日本便藉由卢沟桥事变，发动了全面侵华战争。

面对中国全面而坚决的抵抗，日本试图通过封锁而削弱中国的战斗能力，最终迫使中国屈服。日本海军对阻止中国经由欧洲列强的亚洲殖民地运输战争物资表现出了极大的兴趣。④ 于是，位于香港东南方向的海上、邻近珠江口的东沙群岛显现出了一定的军事价值。日本若能控制东沙群岛，便可获得在华南沿海地区厉行封锁、开展军事行动的支点。1937年9月3日，日军登陆东沙群岛，夺取了岛上的无线电台、灯塔、气象台等，没收了中国守备部队的军事密码本，旋即占领了该群岛。⑤ 接着，

---

① 《林蔚、罗卓英致蒋中正电》（1937年5月7日），台北："国史馆"藏，"蒋中正总统文物"，002-090200-00021-180；《余汉谋致蒋中正电》（1937年5月11日），台北："国史馆"藏，蒋中正总统文物，002-090105-00001-211。

② 《黄强致王宠惠电》（1937年8月17日），台北："国史馆"藏，"外交部档案"，020-049904-0004。

③ 《蒋中正致徐永昌电》（1937年5月12日），台北："国史馆"藏，"蒋中正总统文物"，002-090106-00012-050。

④ Stein Tønnesson, "The South China Sea in the Age of European Decline", *Modern Asian Studies*, Vol.40, No.1（Feb., 2006），p.9.

⑤ 《云超怀呈徐景唐文》（1938年9月13日），张中华主编：《日军侵略广东档案史料选编》，北京：中国档案出版社，2005年，第15—17页。

日本将东沙群岛及其海域划入了马公要港部所负责的作战区域。9 月 4 日，"日本海军省宣布打算把对中国的封锁扩大到全部海岸，即从山海关到北海。"随后，"汕头和厦门遭到轰炸，而日本海军一直在邻近香港的华南水域活动"。① 从英国的视角观之，由于东沙群岛距香港约 315 公里，日本据有它就如同得到了一把指向、对准香港的匕首。

英国基于在 20 世纪 20 年代初为可能发生的日本"南进"问题所划设的"红线"，不可能对日本夺占位于香港以南的东沙群岛视若无睹，必然会做出反应。只是，所处的战略窘境左右着英国在这一事件上的抉择，决定了其所采取的措施的限度。在当时，英国在全球范围内陷入了日益严峻的防务危机。美国驻法大使蒲立德（William C. Bullitt）在 1937 年 7 月 28 日和中国驻法大使顾维钧交流时，曾有一形象比喻：英国"像一只趴在地球上的大青蛙，一只脚踏在西班牙和地中海，另一只脚踩着远东。这两处对它来说都是生死攸关。目前看来它已无能为力，只有不惜一切代价乞求不出乱子。德国在北非与直布罗陀对面的休达设防，意大利在西班牙对着直布罗陀部署大炮，构成对英国地中海上交通命脉的真正威胁。战争一旦爆发，英国通往地中海的交通线将立即被切断而无法再强行进入"。在远东，"如果日本在那个地区对英国的利益和殖民地发动进攻，英国目前在那里的海军也无力捍卫。欧洲形势紧张，也不可能调

---

① "War Office to Foreign Office", September 9, 1937, London, The National Archives, FO 371/20955/F6442.

兵增援远东而削弱自己在欧洲的地位"。①

　　英国出于长期以来对日本南进的忧惧，首先担忧的是日本有可能进一步侵占中国其他更具军事价值的岛屿。英国海军部判断，日本"可能在考虑占领海南岛和（或）西沙群岛"。海军部提醒外交部，相比于保护东沙群岛，维护海南岛现状更重要。② 其次，由于日本在接管东沙气象站之后中止了该站的气象预报，英国担心"该站发出的台风警告信号若被中断，不但会带来不便，而且会危及英国航运"，这"与香港尤为相关"。③ 英联邦议会对日本夺占东沙群岛的关注点也落在气象站停止运作的问题上。因为"没有迹象表明日本打算占领多久"，气象站工作能否恢复、何时恢复也就不可预知。④ 香港总督对于恢复东沙气象台运作的问题更是急切。在日军夺占东沙群岛、接管东沙气象台后不久，香港总督即请"驻日海军武官向海军省说明来自东沙群岛的气象报告之重要性"。⑤ 可以窥知，英国并不重视东沙群岛之于帝国东部防务体系之价值，或者可以解释为东沙群岛之于英国的帝国东部防务体系和军事布局的价值确实有限。

---

① 顾维钧：《顾维钧回忆录》第二分册，中国社会科学院近代史研究所译，北京：中华书局，2013 年，第 392—393 页。

② "Admiralty to the Under Secretary of State, Foreign Office", September 8, 1937, London, The National Archives, FO 371/20991/F6279.

③ "Foreign Office to R. Craigie", September 10, 1937, London, The National Archives, FO 371/20991/F6279.

④ "Extract from commonwealth parliamentary debates dated 14th September", September 14, 1937, London, The National Archives, FO 371/20957/F7560.

⑤ "R. Craigie to Foreign Office", September 11, 1937, London, The National Archives, FO 371/20991/F6404.

这和东沙群岛对于日本封锁中国的作用相比可谓相去甚远。因此，在对日交涉中，英国以恢复东沙气象台运作作为基本目标，以防止日本趁势夺取海南岛和西沙群岛作为更高目标。后者可以被视为英国的"借题发挥"。1937年9月10日，英国外交部训令驻日大使克莱琪（R. Craigie）就日军控制东沙气象台一事向日本政府提出抗议，并警告日方不要试图染指海南岛和西沙群岛。同时，外交部建议克莱琪"推迟几天采取行动"，因为法国政府有可能会接受英方的建议，采取联合行动。[①]可在此之前，英国驻日本海军武官已擅自就日军控制东沙气象台向日方提出交涉。

为了对日本施加更大的压力，英国积极寻求和同样在远东拥有巨大利益的友邦法国进行合作。1937年9月10日，英国外交部致电驻法外交官员托马斯（Lloyd Thomas），让他请"法国政府考虑采取一致行动"。[②]如英国外交部所预期，法国政府接受了英方建议，进而指示其驻日大使同克莱琪"在日本占领东沙群岛的问题上进行合作，联合采取行动"。[③]毕竟，法国始终对日本可能向南扩张尤其是进攻法属印度支那提心吊胆。早在1907年，法国便与日本在巴黎缔结《日本和法国关于亚洲的协

[①] "Foreign Office to R. Craigie", September 10, 1937, London, The National Archives, FO 371/20991/F6279.

[②] "Foreign Office to Lloyd Thomas", September 10, 1937, London, The National Archives, FO 371/20991/F6279.

[③] "Foreign Office to Lloyd Thomas", September 11, 1937, London, The National Archives, FO 371/20991/F6418; "Foreign Office to Lloyd Thomas", September 13, 1937, London, The National Archives, FO 371/20991/F6448.

定》，一致同意"尊重中国的独立与完整"，承诺互相支持以维持与各自殖民地相邻的中国之和平与现状，及彼此尊重在"在亚洲大陆的各自地位和领土权利"。[①] 如今，日本夺取东沙群岛预示着它不再遵守上述协定，而且很可能进一步挥师南侵，所以法国必然不会坐视不管。不得不说，长期以来日法两国一而再再而三肆意地就中国的主权、领土和合法权益私相授受，皆是它们作为殖民列强的本性使然。

对于英国要求恢复东沙气象台运作，日本很快便予以积极回应。1937 年 9 月 9 日，日本海军省通知英国驻日海军武官，日方将尽可能重建气象台。[②] 其实，在全面侵华战争初期，日本不愿树敌过众、节外生枝。在夺占东沙群岛前夕，日本政府制定了"对欧美外交方针"，提出"为了不恶化和列国关系……竭力避免纠纷。一旦发生事端，应速求稳妥解决"。[③] 因此，在东沙气象台运作这类对战略全局无关紧要的事情上，日本非但不愿与英国闹僵，反而乐于在英国不要求其撤军的情况下做顺水人情。到了 1937 年底，东沙气象站基本恢复运作。[④] 当然，并未恢复到原先的服务水平。

---

① 《日本和法国关于亚洲的协定》(1907 年 6 月 10 日)，世界知识出版社编辑《国际条约集（1872—1916）》，北京：世界知识出版社，1986 年，第 310—311 页。

② "R. Craigie to Foreign Office", September 11, 1937, London, The National Archives, FO 371/20991/F6404.

③ 《対欧米外交方針ニ関スル件》(1937 年 9 月 1 日)，臼井勝美、稲葉正夫编：《現代史資料》第 9 卷《日中戦争》(二)，東京：みすず書房，1964 年，第 37—38 页。

④ "R. Craigie to Anthony Eden", January 1, 1938, London, The National Archives, FO 676/296.

克莱琪最初并未切实领悟到英国外交部借题发挥以防患于未然的外交意图。当日方表示将尽可能重建气象台之后，克莱琪即向外交部请示，在与日本海军省详细沟通之前，暂时不按照指示采取相应的行动。①法国驻日大使亨利（Charles-Arsène Henry）在 1937 年 9 月 11 日曾询问日本外相广田弘毅，日本是否已经占领或打算占领海南岛和西沙群岛。广田弘毅表示对此一无所知，并答应在调查清楚后作出答复。于是，亨利随后在 9 月 13 日建议克莱琪在广田弘毅答复之前，最好先暂时不要假借和日方交涉东沙问题，而去警告对方不要试图染指海南岛和西沙群岛。克莱琪认可了这一主张并请外交部批准。而且，克莱琪鉴于日本确实着手安排东沙气象站播送天气预报，还向外交部建议"没有必要就东沙气象站的事件提出抗议"。②显然，克莱琪的建议与外交部的决策意图大相径庭。

1937 年 9 月 16 日，英国外交部明确向克莱琪指出："一段时间以来，英国政府越来越担忧日本可能占领位于台湾和新加坡之间的具有战略重要性的各个岛屿。""日本人最近在东沙群岛的行动给我们提供了一个极好的机会，可藉此进行一些正式的交涉"，并非正式地警告日本"占领其他岛屿将会导致英日关系复杂化，这种情况是日本人声称希望避免出现的"。英国外交部委婉批评克莱琪和驻日海军武官，指出他们"已经采取的行

---

① "R. Craigie to Foreign Office", September 11, 1937, London, The National Archives, FO 371/20991/F6404.

② "R. Craigie to Foreign Office", September 15, 1937, London, The National Archives, FO 371/20991/F6526.

动导致出现了复杂的情况"，并严肃地强调"应该马上去做这件事"，以表达英方的关切所在，而"不应错过这一提出非正式警告的机会"。[①] 其中，所谓"已采取的行动"是指克莱琪等人仅仅是向日本提出恢复东沙气象台运作的要求，而没有抓住时机非正式警告日本切勿趁机夺取海南岛和西沙群岛；"复杂的情况"则是指这种做法不仅让日本得以借坡下驴，还可能令日本误以为英国会放任其肆意夺取海南岛和西沙群岛，从而助长日本进行军事冒险的侥幸心理。这一训令清晰地呈现出英国在东沙问题上的决策逻辑：东沙群岛虽然位于香港以南的附近海域，但距新加坡尚远，且香港是个在不得已时可被战略性放弃的前哨，故可以容忍日本侵占它；与此同时，则必须想方设法遏止日本得陇望蜀，进占更靠近新加坡基地和英属东南亚领地、横亘在自新加坡至香港航线上的海南岛、西沙群岛和南沙群岛。一言以蔽之：英国灵活地遵循着"防御性对日军事战略"。

9月16日，日本轰击海口。9月18日，克莱琪以此为由，向日本外务次官表达了英国对日本占领海南岛、西沙群岛的可能性之严重关切。这次交涉是克莱琪对此前失误的补救。日本外务次官表示，"正如他昨天就东沙问题对美国驻日大使所说的，就整个战役而言，这些行动仅仅是偶然事件，不会影响日本政府做出的总体承诺——他们对中国没有领土野心"。克莱琪抓住机会，声明"即使是为了某种军事目的而临时占领"这些

---

① "Foreign Office to R. Craigie", September 16, 1937, London, The National Archives, FO 371/20991/F6526.

岛屿，"也是非常严重的事件"。对此，日本外务次官保证会咨询海军省，而后再与克莱琪晤谈。[1]英日两国围绕东沙问题的初步交涉到此告一段落。平心而论，英国一开始并没有以迫使日本从东沙群岛撤军作为目标。克莱琪把东沙群岛纳入英国不允许日本占有的岛屿的名单之内，其实已大为超出了英国既定的外交目的。这更像是克莱琪的随机应变、顺势而为。

当然，对英国来说，尽管香港之于帝国东部防务体系是一个迫不得已时可放弃的前哨，但听任日本占领东沙群岛毕竟不利于它在对日战争爆发时尽可能长时间坚守香港。9月17日，英国驻上海空军武官向英国驻华使馆报告：据悉日本夺占东沙群岛，以此作为水上飞机的基地和物资储备地，从而为在这片海域进行巡逻提供保护和支撑。[2]英国陆军部评估后认为，"日本占领东沙群岛，如果这是永久性的，将影响香港的地位"。[3]10月30日，英国驻日大使克莱琪忧心忡忡地告诉美国驻日大使格鲁（Joseph C. Grew）：当下"英日关系几已坏到不能再坏的地步"，"英国的反日情绪正不断高涨"，日本却建了一支新舰队，"他担心此举的主要目的是有效地封锁香港"。格鲁窥破克莱琪"真正害怕的是日本海军可能会蓄意挑起一次英日战争"。英国对日本乘势南侵的忧惧绝非庸人自扰，统治着荷属东印度（即印度尼西亚）的荷

---

① "R. Craigie to Foreign Office", September 18, 1937, London, The National Archives, FO 371/20991/F6653.

② "Naval Attache，Shanghai to British Embassy, Nanking", September 17, 1937, London, The National Archives, FO 371/20991/F6723.

③ "L.E. Dennys to C.W. Orde", October 11, 1937, London, The National Archives, FO 371/20957/F7780.

兰亦有此恐惧。荷兰驻日公使帕布斯特（J. C. Pabst）"同样担忧这支新舰队有配合'南进'政策的计划"。[1] 随着日军依托东沙群岛在香港附近海域开展一系列军事行动，英国愈发感受到日本的军事压力，尽管这或许谈不上是战略上的压力。12 月 5 日，英军驻港部队总司令以饱含恐慌的笔调向陆军部报告，日本的航空母舰在东沙群岛等附近停靠，军舰、军机在香港附近实施侦察，这令驻港英军在许多方面的正常活动，譬如防空训练、军舰在邻近水域的行动等，都受到限制。在此情况下，驻港英军"对在殖民地的海疆内展开行动也有些缺乏信心。除非有导航灯，否则我们的飞机可能无法飞出 3 英里之外"。总而言之，"毫无疑问的是，我们在香港正迅速陷入非常困难的境地"。[2] 这种压迫感、危机感促使英国在等待日本答复的时候，加紧就东沙群岛对保护帝国东部安全的重要性展开深入评估。

1937 年 12 月 31 日，英国海军部命令驻香港的驻华舰队旗舰"添马号"（Tamar）对已被日本占领的华南沿海岛屿展开调查，提供最新名单，并分析哪些岛屿可能被永久占领。"添马号"舰舰长很快提交了名单，他判断日本对"东沙群岛的占领可能是永久性的"。1938 年 1 月 2 日，海军部把该报告的副本转发给外交部。[3] 这份报告引起了首相张伯伦的注意，他要求海军部确

① 约瑟夫 . C. 格鲁：《使日十年》，沙青青译，北京：社会科学文献出版社，2020年，第 262 页。

② "General Officer Commanding, Hong Kong, to War Office", December 5, 1937, London, The National Archives, FO 371/20996/F10630.

③ "Admiralty to Foreign Office", January 2, 1938, London, The National Archives, FO 371/22137/F287.

认日本所占领的岛屿是否具有特殊的战略或政治价值，并阐明就此向日本政府提出交涉所能达到之目标。[①] 海军部认为，日本所占岛屿中的东沙群岛可以被用作进攻香港的海、空军基地。从海军战略的角度来看，坐视日本永久性占有东沙群岛"显然是不可取的"，故必须让日本明白英国的立场。海军部建议，一方面授权克莱琪据此与日本政府交涉；另一方面征询克莱琪的意见，如其觉得有必要，可直接警告日本政府，"永久占据香港附近的岛屿"会严重损害英日邦交。[②] 海军部的建议最终被采纳。于是，英国出于保障香港安全的考量，开始尝试着促使日本从东沙群岛撤军。

在追求促使日军撤出东沙群岛这一新目标的过程中，英国十分注重把握分寸，力避激怒日本。1938年2月7日，外交部指示克莱琪，"或许可以通过尽可能友好的方式提醒日本政府，对香港附近岛屿的任何永久性占领必然会对与英国政府的关系造成不利影响"，希望日本政府"再次保证不会考虑这种占领"，除非遇到日方强烈反对。同时为了避免暴露获取情报的秘密渠道，外交部要求克莱琪"避免陷入关于特定的岛屿的讨论"。[③] 英国秉持"温和"的态度，并且为这一交涉设置了前提，即如果遇到日本的强烈反弹，则应放弃相关交涉。克莱琪遵照

① "O. W. Orde to the Secretary of the Admiralty", January 10, 1938, London, The National Archives, FO 371/22137/F267.

② "Admiralty to Foreign Office", January 25, 1938, London, The National Archives, FO 371/22137/F1054.

③ "Foreign Office to R. Craigie", February 7, 1938, London, The National Archives, FO 371/22137/F1064.

指示，于 2 月 9 日拜访广田弘毅。在会谈中，无论克莱琪的态度如何"友好"和"热情"，广田弘毅"从一开始就表现出相当愤怒的样子"，并"质问为何在目前日本政府处于困境"且已经向英方做出了所有合理的保证的情况下，英国政府还不依不饶地认为有必要要求日本政府进一步做出各种各样的保证。克莱琪解释称，英方所要求的是日本保证"不永久占领"东沙群岛，毕竟"日本占领香港附近的岛屿可被顺理成章地视为对香港的威胁"。广田弘毅表示，"日本不愿做任何有可能严重损害英日关系的事"，但是"如果战争是永久的，那么占领也应该是永久的"。经此交涉，克莱琪分析认为，广田弘毅"不断受到来自海军省的压力，要求他同意对某些岛屿的占领不一定非要严格限于敌对状态期间"。克莱琪还认为，虽然向日本发出警告——"永久占领香港附近岛屿会对英日关系造成不良影响"——是可取的，但进一步要求日本作出具体保证"只会引起愤怒"，而无实际好处。①

　　显而易见，在确立和实践这一新目标的过程中，英国怀有很强的投机性，意志并不坚定。与之形成鲜明对比的是，日本已然决心永久性占领东沙群岛，只是在措辞上留有回旋余地。至于诸如"不愿做任何可能严重损害英日关系的事"的说辞，无非是日本用以安抚英国的漂亮话罢了，毕竟从客观上来看，跟英国公开决裂和摊牌的时机未到。再者，可以设想，日本对东沙群岛都企图永久性占领，那么在侵华战争的规模不断扩大、

---

① "R. Craigie to Foreign Office", February 9, 1938, London, The National Archives, FO 371/22137/F1648.

其南进之野心不断膨胀的情况下，又怎么可能放过军事价值更大的海南岛、西沙群岛等呢？只是，何时攻取这些岛屿，日本也需要伺机而动。

随后，克莱琪提请英国外交部批准他把本次会谈的"实质内容"告知美国和法国的驻日大使。[1] 克莱琪意在把联合对象从法国扩大到实力更强、更具威慑力的美国，以壮声威。推动美国走向对日博弈的前台是这一时期英国惯用的策略，当然，无论是"联法"还是"联美"，英国始终对东沙群岛的所有者中国视而不见。英国外交部很快同意了这一建议，[2] 并亲自向驻法、驻美大使做出相应指示。[3] 然而，英国的期望落空了，法美两国没有予以积极响应。既然英国把遇到日本强烈反弹作为放弃促使日本从东沙群岛撤军的前提，那么当自身在外交上孤立无援且日本表达出强烈不满时，英国放弃新决策目标便是迟早的事。

从 1938 年的 3 月到 5 月，德国在中欧发动扩张，吸引了英国的主要精力。3 月，德国兵不血刃兼并了奥地利，一举"增加了 700 万子民……还控制了维也纳——这个通往东南欧的大门。作为前奥匈帝国的首都，维也纳长期以来一直是中欧和东南欧的交通和贸易中心"。[4] 紧接着，德国把矛头对准捷克斯洛

---

① "R. Craigie to Foreign Office", February 9, 1938, London, The National Archives, FO 371/22137/F1649.

② "Foreign Office to R. Craigie", February 10, 1938, London, The National Archives, FO 371/22137/F1649.

③ "C. W. Orde to Eric Phipps", February 18, 1938, London, The National Archives, FO 371/22137/F1648.

④ 威廉·夏伊勒:《第三帝国的兴亡》(2)，董乐山等译，南京：译林出版社，2020 年，第 454—455 页。

伐克，要求其割让苏台德地区。5月20日，捷克斯洛伐克发现了德军在德捷边界调动，于是实行紧急动员，战事一触即发，史称"五月危机"。这次危机牵动着英法苏等大国的神经，欧洲局势很可能牵一发而动全身。英国外交大臣哈利法克斯子爵（Viscount Halifax）警告德国："欧洲一旦发生战事，英国能否置身事外，殊难逆料。"① 在这种情势下，5月2日，英国同意"日本占领区各海关所征一切关税、附加税及其他捐税，应以税务司名义存入正金银行，在该行未设立分行的地区，应存入双方同意的其他银行"。② 英国在中国问题上都不得不对日本作出如此重大让步，遑论就东沙群岛问题向日本抗议施压了。故在碰到日本强势回应后，英国外交部适时中止了为促使日本从东沙群岛撤军的交涉。

与外交部不同，英国海军部依旧认为有必要就促使日本从东沙群岛撤军再做尝试。1938年5月下旬，当时海军部在接到日本政府有可能公开宣布占有"介于台湾以南和香港附近的某些岛屿"的情报后，立即进行评估并得出了结论，认为日本政府一旦这么做，"将更加难以在战争结束之后放弃控制权"。海军部向外交部建议，尽管如克莱琪所言，要求日本政府明确保证只是暂时占领这些岛屿"只会进一步激怒它"，但仍然应该趁

---

① 威廉·夏伊乐：《第三帝国的兴亡》（2），董乐山等译，南京：译林出版社，2020年，第466—472页。

② 《1938年5月2日日本外务相广田弘毅致克莱琪第59/A1号照会》，《1938年5月2日克莱琪致广田弘毅照会》，中国近代经济史资料丛刊编辑委员会主编：《一九三八年英日关于中国海关的非法协定：帝国主义与中国海关资料丛编之十》，北京：中华书局，1983年，第98—100页。

还没出现日本一旦从这些岛屿撤军"就会失去威信"的情况，采取进一步的抗议措施。[1] 外交部接受了海军部的建议，并于当天询问克莱琪的意见，同时请克莱琪联络法美两国的驻日大使，再次寻求三国联合行动。[2] 可以窥知，外交部此前暂停促使日本从东沙群岛撤军之交涉，部分原因是奢望日本信守"对中国没有领土野心"之承诺，在侵华战争结束后因失去军事需求而主动撤军。英国如今欲趁日军能体面撤出东沙群岛的机会尚存，而再次进行外交尝试，则是其投机心理的又一证明。

克莱琪坚持已见，依然强调"进一步抗议将只会激怒日本政府，不会有任何有用的结果"。而且他还认为，如果日本深陷侵华战争泥潭，那么日本政府一旦公开宣布占领任何在事实上已经占据的中国岛屿，即使不明确称之为"吞并"，也"意味着日本不会将这些岛屿交出来"。法美两国驻日大使亦认同克莱琪的看法。[3] 克莱琪的言外之意是，与其刺激日本宣布占领东沙群岛，毋宁默许日本实质占有它。毕竟只要日本不宣布占领东沙群岛，理论上还存在日本最终主动从该群岛撤军的可能性。英国外交部领会了克莱琪的意思，也倾向于放弃促使日本从东沙群岛撤军的新目标。外交部判断，"日本人最终可能希望在不引起与外国政府的纠纷之情况下，通过傀儡政府而有效控制这些

---

① "J. A. G. Troup to N. B. Ronald", May 27, 1938, London, The National Archives, FO 371/22137/F5622.

② "Foreign Office to R. Craigie", May 27, 1938, London, The National Archives, FO 371/22137/F5622.

③ "R. Craigie to Foreign Office", June 1, 1938, London, The National Archives, FO 371/22137 F5873.

岛屿"。最后,外交部决定,如果日本公开宣布占领这些岛屿,将向日方表示鉴于其以前在这个问题上的保证,英国政府"将假设这种占领是暂时的"。[①] 外交部试图以这种声明,为英国保留日后要求日本从东沙群岛撤军之话语权。对于外交部的决策,海军部也不再坚持己见,只是希望"外交部在适当的时候能尽早采取行动,提醒日本永久占领台湾以南的岛屿不符合日英友好关系的利益"。[②] 这是一个大而化之的表态。英国关于促使日本从东沙群岛撤军的外交努力可谓浅尝辄止。这从另一侧面亦反映出,英国确实会在不得已时战略性放弃香港。

于是,英国知难而退,在对日交涉中着重于促使日本把东沙气象台向香港提供的天气预报服务"恢复到以前的水平"。在此之后,英国围绕这一诉求同日本展开了断断续续的交涉,可始终未能完全如愿。[③] 日本政府对英方的答复是:在日本占领东沙群岛之前,"东沙观测台就被中国军队完全摧毁了",之后日本"急切地努力恢复这一服务",并实现了"每6小时发出一份报告的一般性安排"。在特别考虑英方提出的要求后,日本"在付出巨大努力的情况下把在台风季节的服务增加了一倍,以保

---

① "R. Q. Howe to J. A. G. Troup", June 8, 1938, London, The National Archives, FO 371/22137/F5873.

② "J. A. G. Troup to N. B. Ronald", June 20, 1938, London, The National Archives, FO 371/22137/F6699.

③ "G. A. S. Northcote to R. Craigie", June 27, 1938, London, The National Archives, FO 371/22137/F8173; "G. A. S. Northcote to Malcolm Macdonald", June 30, 1938, London, The National Archives, FO 371/22137/F8173; "Note to Japanese Minister of Foreign Affairs by R. Craigie", August 2, 1938, London, The National Archives, FO 371/22137/F9412.

障普通航行的安全"。总之,"上述气象服务是现有设备和人员最大限度所能提供的","如果将来有更多的设施可用,帝国海军将准备考虑进一步改进服务。"①毫无疑问,英国完全默认了日本对东沙群岛等邻近香港的华南岛屿的永久性占领。日本的答复实则又一次告诉英国其意欲永久性占有这些岛屿,而且这一答复也表明日本对英方态度心知肚明。这一来一往,颇有"默契"。

纵观英国应对日本夺占东沙群岛的一系列决策及实践,它一直以避免激怒日本作为决策和交涉之前提,始终试图纯以外交方式而从未考虑过采取军事手段来实现决策目的,而且一遇到阻力便退缩。之所以如此,除了东沙群岛对其帝国东部防务无甚紧要,如前所述,须从英国当时所处的大国博弈格局进行考察,才能更好地探究其根源。

进入 1937 年,英国所面临的最显著的战略环境变化是英意博弈和英日角力进一步激化,而且意日两国趋于合流。1937 年11 月 6 日,意大利加入"反共产国际协定",在政治上正式与日本结为盟友,德意日三国的政治同盟形成了。当时欧洲盛传意大利和日本除缔结"反共产国际协定"、达成意大利承认伪满等政治交易之外,"并订有反英秘密协定"。②纵然此时德国、意大利、日本是以"反共反苏"为旗帜,而未公开亮出"反英"的目标,但英国又岂敢等闲视之。丘吉尔(Winston S. Churchill)

① "Japanese Ministry of Foreign Affairs to R. Craigie", August 13, 1938, London, The National Archives, FO 371/22137/F10762.
② 林美莉编辑校订:《王世杰日记》上册,1938 年 1 月 15 日,台北:"中央研究院"近代史研究所,2012 年,第 82 页。

在和苏联驻英大使迈斯基（Ivan Maisky）交流看法时就表示，这一协定"首先针对大英帝国，其次针对苏联"。[1] 英国驻日代办多兹（James Dodds）在其编写的《1937 年日本年度报告》中写道："1936 年，在日本与德国签订反共产国际协定的时候，日本人民并不欢迎该条约，这主要是因为它意味着英日关系的恶化。1937 年，意大利加入了该协定，它的友谊受到欢迎。因为人们意识到，意大利通过在地中海和其他地方活动，能够在一定程度上消解英国对日本在远东扩张的阻碍。事实上，随着时间的流逝，日本似乎越来越倾向于把自己的命运完全放置在'一无所有'的国家之阵营，对抗'拥有一切'的国家之阵营"。[2] 多兹置身于英日外交第一线，身临其境，对英日博弈和英国所处的大国多边关系之变迁有着深刻、直观的体悟。吉田茂在战后回忆称，他在 1936 年担任驻英大使的时候之所以强烈反对缔结《德日反共产国际协定》，就是因为该协定"暗含着与德意结盟对抗英法，进一步对抗美国的图谋"。任由"联德"路线无节制发展，日本肯定会和德国结成军事同盟。长此以往，日本的前景堪忧。[3] 从某种意义上说，丘吉尔的研判、多兹的体悟得到了来自敌方的印证。

[1] 伊万·迈斯基著，加布里埃尔·戈罗德茨基编注：《伦敦日记：苏联驻伦敦大使二战回忆》，1937 年 11 月 16 日，全克林、赵文焕译，桂林：广西师范大学出版社，2021 年，第 148 页。

[2] "R. Craigie to Anthony Eden", January 1, 1938, London, The National Archives, FO 371/22190/F2286.

[3] 吉田茂：《回想十年》（上），徐英东、田葳译，哈尔滨：北方文艺出版社，2019 年，第 18—19 页。

鉴于意大利逐渐成为敌人，及由此造成的地中海将成为欧洲和远东—太平洋之外的第三条战线的趋势恐难扭转，英国把同意大利作战的评估和准备工作提上了议事日程。1937 年 2 月 11 日，帝国防务委员会专门讨论地中海—红海问题，也就是意大利的角色定位问题。帝国防务委员会的结论是："地中海是帝国交通线的至关重要之一环。不能把意大利认为是一个可靠的朋友，但在目前的情况下，也没必要视之为一个可能的敌人。"[①]同月 24 日，英国内阁会议召开，最终决定采纳帝国防务委员会的建议。[②] 然而，仅仅过了不到半年，7 月 5 日，帝国防务委员会召开会议，主要讨论艾登提出的问题：英意两国作战能力对比的情况、如何在必要时调动军队以确保击败意大利、怎样防止意德联合抗英。会议决定，英国应在优先推进针对德国的战争准备的同时，着手进行针对意大利的防御准备，尽管无法向地中海—红海投入大笔防务经费。[③] 至此，英国完成了对意大利在其帝国防务战略中的角色定位的实质性修正。

为了应对日益迫近的"三线战争"的危险，英国未雨绸缪。1937 年 12 月 25 日，国防协调大臣英斯基普（Thomas Inskip）提交了一份临时报告，明确提出：英国"主要的国防力量必须

---

① "Extract from the Minutes of the 288th Meeting, held on February 11, 1937", February 11, 1937, London, The National Archives, CAB 24/268.

② "Cabinet 9（37）: Conclusion of a Meeting of the Cabinet held at 10, Downin Street, S.W.1, on Wednesday, February 24th, 1937, at 10.0 a.m.", February 24, 1937, London, The National Archives, CAB 23/87.

③ N. H. Gibbs, *Grand Strategy*, Vol.1, London, Her Majesty's Stationery Office, 1976, pp.387—388.

直接用于两个随之而来的目标——保护英国本身不受攻击和保护我们赖以进口基本粮食和原料的贸易路线","第三个目标是维持用于保卫英国海外领土的力量","第四个目标是英国在战时与任何盟国合作保卫其领土——只有在实现了其他目标的情况下,才可以适当地提供这种合作"。[①]地中海—红海战略通道是连接英国本土和它在亚洲、大洋洲属地和市场的最便捷之通道,在战略上对英国而言可谓性命攸关,万不容失。所以,英国尽管此时"在战略优先次序上将意大利和地中海战区排在第三位",[②]却也不敢等闲视之。作为旁观者的法国外交部秘书长莱热(Léger)甚至断言:英国已经"无法从地中海舰队中把主要力量转移到远东去"。[③]在此情势下,英国自然不愿将其在远东日益捉襟见肘的力量投放到军事价值有限的东沙群岛。而如若不动用军事力量,要让日本吐出已经吃到嘴里的东沙群岛绝非易事。因此,英国不把促使日本从东沙群岛撤军作为对日交涉的主要目的,而是采取机会主义的态度,是情理之中的。

况且,由于"十年规则"、大萧条的后遗症,英国现时的国力难以同时应付多个一流、二流强国的挑战。1938年初,三军参谋长直言英国虽然"可以毫无忧虑地面对远东或地中海的紧急情况。但是,目前形势的主要特点是,战争从一个地区蔓延

① "Interim Report by the Minister for Co-ordination of Defence", December 15, 1937, London, The National Archives, CAB 24/273.

② N. H. Gibbs, *Grand Strategy*, Vol.1, London, Her Majesty's Stationery Office, 1976, p.391、390.

③ 顾维钧:《顾维钧回忆录》第三分册,中国社会科学院近代史研究所译,北京:中华书局,2013年,第17页。

到另一个地区的可能性越来越大"。军方"根本无法预见英国即使得到法国，也许还有其他盟国的帮助，就足以保护自己同时不受德国、意大利和日本的伤害"。三军参谋长据此主张英国须竭力减少潜在敌人的数量。内维尔·张伯伦接受了三军参谋长的意见，认为同时对付三个主要敌人是"不可能的"。在总结这次讨论时，张伯伦"要求尽力保持同东京和罗马的沟通线路的畅通"。因为"万一发生战争，过分依赖法国或美国的援助"是错误的。毕竟"前者不够强大；后者如果介入，可能已经太迟"。[①]于是，英国致力于"同每一个、或所有的潜在敌人和解"。[②]因此，英国在无关痛痒的东沙群岛问题上采取"温和"而非"强硬"的对策，以求力避刺激日本，是合乎决策逻辑和战略需要的。正因如此，英国始终没有如中国舆论所渲染的那样，因为日本占领东沙群岛而"不得不派多量舰队与潜水艇游弋南洋海面"，更未与日军对峙。[③]这类报道更多的是中国媒体的臆想，或者可以说，它们折射出中国社会所存在的渴望英日两国爆发冲突从而让中国得以借机实现中英联合抗日的心理。

总之，到了1938年底，英国已彻底将东沙群岛抛到战略视野之外。1938年11月16日，英国外交部为即将在巴黎举行的英法部长级会议准备了一份备忘录。其中，关于英、法在南海

---

① N. H. Gibbs, *Grand Strategy*, Vol.1, London, Her Majesty's Stationery Office, 1976, pp.400—401.

② 安东尼·艾登：《艾登回忆录：面对独裁者》下卷，武雄等译，北京：商务印书馆，1977年，第935页。

③ 蔗园：《南海中的东沙群岛》，《战地通信》1937年第1期，第7页。

地区的协调合作，外交部虽然提及日本夺占东沙群岛一事，但只是以此为例证明日本的"南进"意图及对南海诸岛的野心，其主要精力放在了防止日本占领西沙群岛和南沙群岛之上。[①] 当然，西沙群岛和南沙群岛也正经历着逐步淡出英国的视野之过程。只是在南海诸岛中，东沙群岛因在英国的帝国防务战略中军事价值最小，可谓无足轻重，而最早经历并完成这一过程。

　　纵观日本侵占东沙群岛和在此后大约一年的时间里英国的应对，其一，无论是在抗日战争中，还是在近代以来南海乃至远东地区的大国博弈中，这一事件宛如波澜壮阔的历史长河中一朵非常不起眼的小浪花。或许正因如此，日本侵占东沙群岛及有关国家之应对几乎没有引起史学研究者的关注。其二，英国在对日交涉中一再要求日本重申"对中国没有领土野心"之承诺、保证"不永久性占领东沙群岛"，绝非扶危济困，为中国仗义执言，而是为了服务和服从于帝国防务战略。而从已有文献看，英国在对日博弈过程中虽然不时以中国为幌子，却未曾想过通过支援、联合中国，借助中国的力量实现其在东沙问题上的决策目标。驻武汉的英国外交官在1938年初向艾登汇报时曾有此负面评价：国民政府对抗战前景过于盲目乐观，究其根源，是寄望其他国家特别是英国自愿参加或被迫卷入战争，将其从灭顶之灾中挽救出来。[②] 在东沙问题上联合乍看之下已经处于朝不保夕之境地的中

① "Memoranda for Use at Meeting of British and French at Paris on 24th November", November 16, 1938, London, The National Archives, FO 371/22176/F12923.

② "Mr. MacKillop（Hankow）to Mr. Eden", January 31, 1938, *Documents on British Policy Overseas*, Ser. 2 Vol.21 No.503, F 1502/84/10.

国，自然不会是英国愿意考虑的选项。英国作为殖民主义国家和世界性强权，在对待中国时怀有高高在上之心态。相对于英国蔑视、鄙夷中国追求英国施以援手、同抗日本的愿望和努力，国民政府的的确确对英国怀揣极高的期待，并在全面抗战之初将英国作为战时外交之重心。[①]1937 年 8 月 30 日，蒋介石拟定的"战时外交方略"得到了国防最高会议的通过。"战时外交方略"强调"中日战事苟有影响欧洲大局之可能，则操其枢纽者，全在英国"。[②]悲乎，中国之所重者，英国未必如是。

第二节　英国对"策略性支持中国"政策的坚守与变通

　　日本发动全面侵华战争使英国"策略性支持中国"政策面临艰巨的考验，日本随时可能借口作战需要而临时或永久占领西沙群岛。1937 年 9 月 3 日，日军登陆东沙群岛，迅即将其占领。这引起英国对日本可能趁势夺取海南岛和西沙群岛的警觉。[③]于是，英国为防患于未然，在西沙问题上前所未有地直接对日本进行外交干预。外交部指示克莱琪，在向日本政府抗议日军控制东沙气象台的同时，警告其不要染指海南岛和西沙群岛。[④]克莱琪在法国驻日大使亨利的影响下却向外交部建议暂缓

---

① 肖自力、蔡梓：《多边关系框架下国民政府外交重心的转移（1937—1941）》，《历史研究》2019 年第 6 期，第 118—124 页。
② 张世瑛编：《蒋中正总统档案·事略稿本》（40）补编，台北："国史馆"，2016 年，第 401 页。
③ "Admiralty to the Under Secretary of State, Foreign Office", September 8, 1937, London, The National Archives, FO 371/20991/F6279.
④ "Foreign Office to R. Craigie", September 10, 1937, London, The National Archives, FO 371/20991/F6279.

行动。亨利在 9 月 13 日对克莱琪表示，鉴于广田弘毅声称对日本"占领或打算占领海南或西沙群岛之事一无所知"且向他承诺一经查实便会马上答复，在广田弘毅答复之前最好先不要就此事同日方交涉。① 外交部断然否决，并明确向克莱琪指出："一段时间以来，英国政府越来越担忧日本可能占领位于台湾和新加坡之间的具有战略重要性的各个岛屿。"而日本夺占东沙群岛"提供了一个极好的机会"，正好藉此非正式地警告日本"占领其他岛屿将会导致英日关系复杂化"，这与日方一直声称希望避免英日关系复杂化背道而驰。② 9 月 18 日，克莱琪利用日本轰炸海南岛，借题发挥警告日方：即使"为了某种军事目的而临时"占领这些岛屿，"也是非常严重的事件"。③ 同一时期，英国外交部官员罗纳德（N. B. Ronald）召见日本驻英大使馆官员八谷，就东沙气象台、西沙群岛、海南岛等相关问题进行交涉。八谷反问英方"为何对这些岛屿感兴趣"，罗纳德直言不讳："它们非常靠近自新加坡至香港的航线，我们自然而然地对这些地区所发生的事情感兴趣"。④ 显而易见，关于"策略性支持中国"政策，英国在日本全面侵华战争初期尽管已经对从中国"借用"

---

① "R. Craigie to Foreign Office", September 15, 1937, London, The National Archives, FO 371/20991/F6526.

② "Foreign Office to R. Craigie", September 16, 1937, London, The National Archives, FO 371/20991/F6526.

③ "R. Craigie to Foreign Office", September 18, 1937, London, The National Archives, FO 371/20991/F6653.

④ "The Minutes of Possible Japanese Designs on Hainan Island and Paracel Islands by N.B. Ronald", September 18, 1937, London, The National Archives, FO 371/20991/F6526.

西沙群岛而将其纳入帝国东部防务体系意兴阑珊，却依然竭力避免任何强国尤其是敌对强国利用西沙群岛威胁大英帝国东部，这是根本诉求。

当时日本以封锁中国的国际交通线为幌子大肆夺取中国沿海众多具有军事价值的岛屿，而西沙群岛因其地缘位置并不具备这一用途，所以日本占领西沙群岛在某种意义上可视为一种信号——象征着日本行将"南进"。1937年9月11日，克莱琪致电外交部，称对于占领海南岛的行动，日本可以辩解称这是为了控制中国的海运，而对于占领西沙群岛的行动，日本没有类似的借口可自我辩解。对英国而言，这两者究竟哪一种更严重呢？克莱琪换位思考，替外交部作答——"相较于对前者，有必要对后者做出更强烈的抗议"。① 其言外之意是，占领西沙群岛的行动超越了侵华作战的军事需要，一旦日本如此为之，表明日本的扩张意图已经不局限于侵吞中国，而抵制日本占领西沙群岛相当于抵制日本南进。其实，日本占领南沙群岛也具有同样的意涵。

英国十分注重寻求同样在南海地区享有重要利益的法国、美国和荷兰的合作，以增加对日博弈之筹码。其中法国首当其冲，因为当时英国和法国在防务上是合作关系，在防止德国西进和抑制日本南侵上可谓休戚相关。况且英国怀有这样的认知：法国在日本全面侵华战争中的"主要战略利益是防止日本占领

---

① "R. Craigie to Foreign Office", September 11, 1937, London, The National Archives, FO 371/20991/F6403.

海南岛或西沙群岛，因为这些岛屿在地理上靠近安南令人不安。"[1]1937 年 9 月 10 日，英外交部指示驻法外交官员托马斯敦请法国政府考虑采取和英国一致的行动。[2]9 月 15 日，英国驻法外交官员莱特（Michael Wright）奉命探询法方是否有意和英方联合对日本施压，遏止其夺取海南岛和西沙群岛。法国外交部官员贺柏诺（Henri Hoppenot）表示，法国驻日大使"几天前已经以友好的形式提醒日本外务省，由于海南岛靠近东京（即河内，引者注）的海岸，法国对于其有特殊的利益诉求"。另外，尽管法方"尚不清楚日本海军会有什么准备或采取什么行动"，但对法国政府来说，"这个问题更加棘手"。法国政府正在考虑所应采取的措施。贺柏诺向莱特保证，会尽快让英方知晓相关决策。[3]在得到法国的积极响应后，英国外交部训令克莱琪与法国驻日大使保持密切联络，在对日交涉过程中相互协调。不过，外交部同时要求克莱琪无论如何必须与法国驻日大使分别行动，因为英国政府已多次拒绝对中法西沙交涉表达立场。[4]英国力求避免任何国家把英法两国在西沙问题上的外交合作当作它默认法国对西沙群岛的"主权要求"之佐证。这说明英国

① "Annual Report on Japan for 1937", January 1, 1938, London, The National Archives, FO 371/22190/F2286.
② "Foreign Office to Lloyd Thomas", September 10, 1937, London, The National Archives, FO 371/20991/F6279.
③ "Wright to N. B. Ronald", September 15, 1937, London, The National Archives, FO 371/20991/F6596; "Note", le 15 Septembre, 1937, Paris, Centre des Archives Diplomatiques de La Courneuve, 32CPCOM/745.
④ "Foreign Office to R. Craigie", September 16, 1937, London, The National Archives, FO 371/20991/F6526.

是在"策略性支持中国"政策的框架下实施"联法遏日"策略。

英国积极联络美国，是基于两国在维护华盛顿体系上有共同利益的认知，也着眼于美国在大国博弈中的"超然地位"。此时的美国是远东的大国均势中至关重要之军事要素。[1]艾登在1937年11月2日向出席布鲁塞尔会议商讨中日问题的美方代表戴维斯（Norman H. Davis）坦言："在欧洲现状下，没有与美国的充分合作，我们在远东就不能采取行动"。[2]此实乃英国制定远东战略时奉行的重要原则。不过，英国对于美国不愿在远东问题挺身而出也深有体会。毕竟，当时的"远东问题乃英美间之球，英推与美，美推与英"。[3]因此，英国选择以委婉的方式表达态度和期待——望美国助其一臂之力，而没有像对法国那样明确提议协同行动。罗纳德向美国驻英大使馆官员约翰逊（H. Johnson）和盘托出英方在南海诸岛问题、西沙问题上的对日交涉计划，但"没有要求美国政府在这件事上采取任何行动"，只是表示希望美方知道英方的"忧虑和正在做的事情"。[4]其实，英国十分清楚，它连同法国，都"不可能强迫美国政府做任何超

---

① Greg Kennedy, *Anglo-American Strategic Relations and the Far East, 1933—1939: Imperial Crossroads*, London: Francis Cass Publishers, 2002, p.5.

② 安东尼·艾登：《艾登回忆录：面对独裁者》下卷，武雄等译，北京：商务印书馆，1977年，第961页。

③ 《蒋廷黻关于国际问题与苏联外交次长斯多蒙涅哥夫谈话记录》（1937年10月20日），中国第二历史档案馆编：《中华民国史档案资料汇编》第五辑第二编"外交"，南京：江苏古籍出版社，1997年，第202页。

④ "The Minutes of Possible Japanese Designs on Hainan Island and Paracel Islands by N.B. Ronald", September 18, 1937, London, The National Archives, FO 371/20991/F6526.

出他们意愿的事"。^① 对于英国的良苦用心，美国漠然置之。

值得注意的是，英国对于国力远逊美、法且在远东不存在强大军事力量的荷兰尚予以一定的重视，^② 却既未敦促中国加强在西沙群岛的防御工事和守备力量，又没有在对日交涉时把中国挂在嘴边。可想而知，英国的"策略性支持中国"政策即将因时而变。

英国、法国对于日本可能夺取西沙群岛的强烈关切引起了日本政府的注意。^③ 日本政府贼喊捉贼，"用适当的含蓄的语言"宣称法方允许中方假道越南运输物资是其将在必要时占领西沙群岛和海南岛的根由。^④ 用法国外交部部长德尔博斯（Yvon Delbos）的话来说，这是日本"非官方的警告"。^⑤ 对于日本的咄咄逼人，英国不甘示弱。克莱琪警告广田弘毅，日本占领西沙群岛"对英国政府和英国舆论的影响肯定是严重的"。^⑥

对于法国，日本的恐吓还是起到了较好的震慑作用。因为

---

① "R. Clive to Foreign Office", November 13, 1937, London, The National Archives, FO 371/20991/F5918.

② 英国外交部也认为应该谨慎地将英方所采取的行动通知荷兰驻日使馆。"The Minutes of Possible Japanese Designs on Hainan Island and Paracel Islands by N.B. Ronald", September 18, 1937, London, The National Archives, FO 371/20991/F6526.

③ 外务省编纂：《日本外交年表竝主要文書》（下），"年表·昭和12"，東京：原書房，1965年，第107页。

④ "E. Phipps to Foreign Office", October 26, 1937, London, The National Archives, CO 129/560/15.

⑤ "Sir E. Phipps to Mr. Eden", November 20, 1937, *Documents on British Policy Overseas*, Ser. 2 Vol.21 No.379, F 9859/6799/10.

⑥ "R. Craigie to Foreign Office", September 24, 1937, London, The National Archives, FO 371/20991/F6937.

法国此时在远东的防务其实虚弱不堪，出席布鲁塞尔会议的德尔博斯在 1937 年 11 月 12 日曾向英方透露："法国政府一直在考虑加强其远东的海军力量之可能性，但由于欧洲的局势，这在很大程度上是不可能的，而且在明年 1 月之前，不可能采取任何有效的行动。"[①] 囿于此等窘境，不管是法国政府还是法属印度支那当局，皆风声鹤唳。莱热无奈地告诉英方外交人员：法国政府在允许中国假道越南运输问题上不得不极其小心行事，"以免给日本提供占领海南岛和西沙群岛的最愚蠢的借口"。[②] 法属印度支那总督的危机感更为强烈，他提醒法国中央政府，"如果允许过境，日本人不仅会占领海南和西沙群岛，而且最终会轰炸法国铁路，还会在暹罗地区制造麻烦，那里的情况很危险，从而在后方拖住法国人"。其中提到的"法国铁路"指的是滇越铁路在法属印度支那境内的部分。[③] 于是，1937 年 10 月 18 日，法国政府做出决策：只有法国军火可以经越南运入中国，"假道越南转运一节，则在禁止之列"。[④] 其后，法国政府亦以避免日本借机夺取海南岛和西沙群岛作为主要原因向中方辩解。莱热

---

① "R. Clive to Foreign Office", November 13, 1937, London, The National Archives, FO 371/20991/F5918.

② "E. Phipps to Foreign Office", September 29, 1937, London, The National Archives, FO 371/20978/F7614.

③ "E. Phipps to Foreign Office", October 14, 1937, London, The National Archives, CO 129/560/15.

④ 《驻法大使顾维钧自巴黎呈蒋委员长报告法阁议决定禁止军货假道越南转运拟即访法外长交涉电（摘要）》（1937 年 10 月 18 日），秦孝仪主编：《中华民国重要史料初编——对日抗战时期》第三编"战时外交"（二），台北：国国民党中央委员会党史委员会，1981 年，第 733 页。

告诉顾维钧："日本有侵占琼岛与西沙岛之意……如越允借道，则必占据该二岛，以相威胁。"[①] 是月，在国联会议召开前夕，德尔博斯亦向顾维钧表示："如果日本人企图破坏印度支那和中国之间的铁路或者占领印支海岸附近岛屿的话，就会使法国面临对日的严重纠纷……法国不能独自应付这样的危机。"[②] 围绕中国假道越南运输问题，中法日三国展开了激烈博弈。直至1940年9月25日，日军登陆越南海防，彻底截断中越国际交通线，这一博弈才告终。[③]

在这一时期，日本还"坚决主张西沙群岛属于中国"。[④] 日本这是在向英国、尤其宣称"领有"西沙群岛的法国示意，它"有权"在侵华战争的状态下出于军事或其他目的夺取西沙群岛，其他未参战的国家无权过问。在日本看来，将西沙群岛留

---

① 《驻法大使顾维钧自巴黎呈蒋委员长报告与法外次交涉军火假道越南问题之谈话情形电》(1937年10月18日)，秦孝仪主编：《中华民国重要史料初编——对日抗战时期》第三编"战时外交"(二)，台北：中国国民党中央委员会党史委员会，1981年，第735—736页。

② 顾维钧：《顾维钧回忆录》第二分册，中国社会科学院近代史研究所译，北京：中华书局，2013年，第586页。

③ 就中法日三国在中国假道越南运输问题的博弈的直接结果而言，中国未能捍卫中越国际交通线，法国也丧权辱国，其远东殖民地逐渐沦于日本控制之下。日本成为胜利者，既实现切断中越国际交通线这一长久以来的战略目标，又获得进一步实施南进国策的战略跳板。但从长远来看，日本进驻越南也向自我毁灭的太平洋战争迈进一大步，此举引发美国的强烈反弹，美国很快便向中国提供钨砂借款，并对日本实施废铁禁运，美日矛盾更为激化。这在客观上反而使中国更接近其孜孜以求的战略目标，即"中日问题要与世界问题同时解决"。参见蔡梓：《在变局中寻求突围：假道越南运输问题与中国对法博弈（1937—1940）》，《民国档案》2019年第3期，第106—114页。

④ "E. Phipps to Foreign Office", October 26, 1937, London, The National Archives, CO 129/560/15.

在中国手里而不是让其他强国获得最符合其利益，因为如此一来，不仅其他强国无法凭借西沙群岛威胁到自身，而且夺取与否仅在一念之间。从策略的角度而言，这与英国的"策略性支持中国"政策无本质区别，甚至对英国来说可谓"以彼之道还施彼身"。

进入1938年，随着对日本侵占西沙群岛之忧惧不断加深，英国最终决定对"策略性支持中国"政策进行变通，在不承认法国对西沙群岛的"主权要求"的前提下，把"联法遏日"策略升级为"以法遏日"策略。空军部在1月份接到情报：日本"打算在西沙群岛建立一个航空站，但不知道这是军事项目还是民用项目"。[①] 海军部对此相当重视，其评估结论是："按理说，在目前的形势下，日本人可能会夺取任何在战略上显示出有必要占领的中国领土。"[②] 显然，日本的外交反击对英国产生了一定的触动。更值得注意的是，海军部的言论蕴藏此种逻辑：若西沙群岛的所有者或实控者不再是中国，日本便失去利用侵华战争夺取西沙群岛的借口。海军部又紧接着展开分析：日本在西沙群岛"建立任何可能配有某种防御工事的先进基地将会是严峻的威胁"，目前英国却没有任何有效的手段可以阻止日本夺占西沙群岛，而"假如我们承认法国对这些岛屿的主权，我们便作茧自缚，不能在一场法国保持中立的战争中使用它们"。所

---

① "R.A.F. Intelligence Officer, Hong Kong to Director of Operations and Intelligence, Air Ministry", January 22, 1938, London, The National Archives, ADM 1/9951.

② "Japanese Interest in Paracels，Register No.M02657/38，Minute Sheet No.1"，February 17, 1938, London, The National Archives, ADM 1/9951.

幸的是，由于"中国沿海有那么多更适合这一目的之地"，日本"很难为在西沙群岛建立航空站进行辩护"，特别是近来英国驻日大使在日本夺占东沙群岛等香港周边岛屿的问题上采取了坚定立场，"实际上日本似乎不可能会占领西沙群岛。"[1] 可以窥知，英国正在评估将"策略性支持"的对象从中国改为法国可能带来的利弊得失，其中英国最主要的顾虑源自于纳西沙群岛入帝国东部防务体系之设想所残存的念想。

1938 年 4 月 25 日，英国外交部拟定了一份备忘录，提到如果法国要求英国承认其对西沙群岛的"主权要求"，英国最大程度所能给予的答复是，若法国政府愿意与中国政府进行谈判以求和解，英国"不会设置任何障碍"。[2] 英国不再向法国委婉表达其承认西沙群岛属于中国之立场，意在促使法国更积极主动地在西沙问题上冲到遏制日本的第一线。进而言之，英国在决策目标上正式退守防止日本军事控制和利用西沙群岛这一底线。至于如何实现西沙群岛的所有者或实控者的变更，英国尚无具体方案，仍停留在"中法谈判"。在考量变通政策的过程中及之后，英国仍不时浮现从中国"借用"西沙群岛的念头，这是其确立"策略性支持中国"政策所形成的思维定势使然。

英国如此变通，大概是基于如下两个原因：其一，在英国

---

[1] "Japanese Interest in Paracels, Register No.M02657/38, Minute Sheet No.1", February 23, 1938, London, The National Archives, ADM 1/9951.

[2] "Memorandum for the Use of the Secretary of State in Connection with Anglo-French Conversations", April 25, 1938, London, The National Archives, FO 371/22176/F4727.

看来，损兵折将、国都陷落的中国已然危在旦夕，实难在日本的进攻下保住西沙群岛，不再是在西沙问题上所能凭借的对象；其二，英国臆断通过维持英法联合的态势有望抑制日本对西沙群岛的野心。英国驻日大使馆在《关于1937年日本的年度报告》中总结认为，日本至今未夺取西沙群岛"可能是因为英国和法国的联合交涉"。与此同时，这份报告又饶有意味地指出："总的来说，日本人很清楚，至少可以说，法国在目前的情况下以任何武力干预远东局势是极不可能的。此外，法苏条约的存在自然使法国对日本的立场更加软弱"。[1] 英国意识到，单靠法国恐怕不足以成事，毕竟危机四伏的欧洲局势困住了法国的手脚，《法苏条约》亦使法国在欧洲承担了巨大的军事义务，[2] 以致其在对抗日本的问题上有心无力。但英国又认为如果自己立于法国侧背，日本则会更加投鼠忌器。

　　慑于日本的"南进"野心，法国遂决定先下手为强，于1938年6月象征性地抢占了西沙群岛。负责实施计划的是法属印度支那当局，它派遣警察部队分别前往珊瑚岛和永兴岛，占领珊瑚岛任务于6月19日完成，占领永兴岛的任务则于6月30日完成。7月2日，法方向英方通报此事，除老调重弹，辩称安

①　"Annual Report on Japan for 1937", January 1, 1937, London, The National Archives, FO 371/22190/F2286.

②　《法兰西和苏维埃社会主义共和国联盟互助条约》于1935年5月2日签订，于1936年3月27日生效。该条约规定，法苏两国中任一国家遭到其他欧洲国家的威胁或侵略时，应彼此协商并遵照国联盟约相关规定给予对方支援。参见《国际条约集（1934—1944）》，北京：世界知识出版社，1961年，第31—32页。

南对西沙群岛拥有"先占权"外，特意渲染了日本在西沙海域的军事存在——法国军舰于上个月在西沙海域发现两艘日本巡洋舰，"日本人并未给法国的登陆行动制造困难，双方军舰的指挥官们以尽可能的礼貌进行了互访"。同时，法方表示正在对日本施压，力图"使其承认法国拥有这些岛屿的主权"。英方重申拒绝对中法西沙交涉表态，强调"这个问题应由法中两国政府自行解决，要么直接谈判，要么提请仲裁。英国政府尤其不愿向处于自顾不暇之险境的中国政府施压，迫使其在该问题上让步"。① 法国意图利用英国忧惧日本夺取西沙群岛的心理说服英国默许乃至支持其占领行动，可谓对症下药。对英国而言，法国的行动出乎意料却正中下怀，这为英国推行"以法遏日"策略创造了有利的条件。况且自 1938 年 5 月起，英国在欧洲的战略处境又恶化了。德捷危机愈演愈烈，极有可能成为引爆欧洲大战的导火索。若果真如此，英国难免卷入其中。因此，即便日军于同年 6 月直逼武汉，中日两军爆发了武汉会战，远东的"危机气氛加剧了"，但英国鉴于此时"欧洲的战争威胁似乎越来越严重"，仍不得不"进一步试图避免与日本对抗"。②

于是，英国当机立断，决定顺水推舟并积极行动。英国外交部在 7 月 2 日即法方向英方进行通报的当天，便电示克莱琪"跟法国驻日大使保持密切接触，并在不承认法国主权要求的前

---

① "The Conversation Between N. B. Ronald and M. Cambon", July 2, 1938, London, The National Archives, FO 371/22137/F7160.

② N. H. Gibbs, *Grand Strategy*, Vol.1, London, Her Majesty's Stationery Office, 1976, p.401.

提下向他提供力所能及的帮助"，同时将本电文抄送驻法、驻华使领馆，①从而让其他相关的外交官们能够在第一时间了解并落实变通后的西沙政策。英国把不承认法国对西沙群岛的"主权要求"作为向法国提供外交支持和配合的前提，为的是一旦消除了日本的威胁，能够反过来反对法国侵占西沙群岛。质言之，"以法遏日"策略乃权宜之计，这在某种意义上也说明英国依然坚守着"策略性支持中国"政策。同样没有改变的是，英国不肯为防止西沙群岛落入日本手中而付出实质性代价。当然，英国通过蛛丝马迹，很快便意识到法国并不愿在千钧一发之时武力阻止日本夺取西沙群岛——法国政府"只派遣人员，携带必要的设备，去安装灯塔和台风预警站，并派驻一支安南警察部队以维持秩序和防范海盗"，而且"小心翼翼地避免派遣运载远征部队的军舰"前往西沙群岛。②这对英国来说无疑是憾事。

英国密切注视日本和中国的动向，因为它们对法国抢占西沙群岛的反应是影响其"以法遏日"策略能否如愿以偿的重要因素。日本反应克制。1938年7月4日，日本外务省发言人对此发表声明，称"日本不承认法国对西沙群岛的主权，认为该群岛属于中国"，因此计划向法国政府提出抗议。发言人还做出警告：一旦岛上的日本渔民受到法国警卫的侵犯，日本海军将

---

① "Foreign Office to R. Craigie", July 2, 1938, London, The National Archives, FO 371/22137/F7160.
② "Foreign Office to R. Craigie", July 13, 1938, London, The National Archives, FO 371/22137/F7491.

予以干涉。① 发言人强调："虽然目前情况不严重，但日本政府正满怀忧虑地关注这一事件。"②7 月 7 日，外务省次官堀内谦介召见法国驻日大使，向其递交备忘录。堀内谦介针对法方提出的西沙归属问题乃中法之间的纠纷、"完全与日本无关"的说辞，重申"日本不承认法国对该群岛拥有主权""向来都认为该群岛是中国领土"，并要求"法国立即撤走巡警"以免引起误会。他强调，由于西沙群岛对日本封锁华南沿海极为必要，"日方将保留采取各种行动的自由"，"对该岛采取军事行动也是有可能的"。法国驻日大使辩解称，向西沙群岛派驻巡警"只是法国防止海盗破坏的诸般举措之一，别无他意"，而且"法中两国已就本次行动达成谅解"。③ 法国驻日大使将会谈内容告知克莱琪。在克莱琪看来，日方的备忘录"措辞温和"。④ 外务省也指示在西沙群岛附近海域执行任务的巡洋舰舰长向驻该群岛的法属印度支那警察指挥官声明立场：日本政府不承认法国对西沙群岛的"主权要求"、法方派遣警察部队进驻西沙群岛的行动既毫无依据也全无必要、法方无权要求岛上的日本人遵守法属印

---

① "Télégramme du Service Politique", le 4 Juillet 1938, Paris, Centre des Archives Diplomatiques de La Courneuve, 32CPCOM/746.

② "R. I. Campbell to Foreign Office", July 4, 1938, London, The National Archives, FO 371/22137/F7163.

③ 《「バーセル」群島問題ニ関スル堀内次官在京佛國大使會談要旨》(1938 年 7 月 7 日)，東京：日本外務省外交史料館藏，《各国領土発見及帰属関係雑件 / 南支那海諸礁島帰属関係》第三卷，JACAR（アジア歴史資料センター）Ref. B02031160700。

④ "R. Craigie to Foreign Office", July 8, 1938, London, The National Archives, FO 371/22137/F7296.

度支那的法律。① 这种"声明"同样措辞温和。在获悉"日本政府已经就安南宪兵队在该群岛登陆而进行抗议"之后，英国驻法大使馆在 7 月 12 日向法国外交部探寻情况。法国外交官员马西格利（Rene Massigli）表示，"有段时间的氛围曾稍微有点剑拔弩张，现在正令人满意地趋于平静"。② 依据中方的情报，日本之所以选择克制，其着眼点之一是企图以"不侵犯西沙岛为条件"换取法国"禁止军械由越运华"。③ 不管怎样，日本的反应最终停留在外交层面，在西沙海域游弋的日舰并未干涉法方行动。这令英国得以舒一口气。

有必要说明的是，法国驻日大使此前对堀内谦介所言中法两国已就法国占领西沙群岛达成谅解纯属捏造。对于抢占西沙群岛，法国事先未知会中国，事后也没有向中国通报，谈何"中法谅解"。国民政府直到 7 月 5 日才获悉"法兵已在西沙岛登陆，日方异常注意"，外交部部长王宠惠为此电令顾维钧详查汇报。④7 月 6 日，王宠惠进一步指示顾维钧向法国政府提交备忘录，大意谓西沙群岛的主权属于中国，中国政府从来没有承认法国的"主权要求"，故"中国政府不得不提出抗议，并保留

---

① "Télégramme de Arsène Henry à Affaires Etrangères", le 8 Juillet, 1938, Paris, Centre des Archives Diplomatiques de La Courneuve, 32CPCOM/746, N°366.

② "R. I. Campbell to Halifax", July 13, 1938, London, The National Archives, FO 371/22137/F7559.

③ 《余汉谋致蒋中正电》（1938 年 8 月 17 日），台北："国史馆"藏，"蒋中正总统文物"，002-080200-00501-159。

④ 《王宠惠致顾维钧电》（1938 年 7 月 5 日），台北："国史馆"藏，"外交部档"，020-049904-0004。

一切权利"。王宠惠还规定:"如占领已经证实,措词自须照致外交部。"① 毫不知情的国民政府怎么可能与法国政府达成任何谅解。值得一提的是,在日本夺取东沙群岛之后,法国由于担心"日本海军为寻求据点和保障,可能会将其行动范围扩张到西沙群岛……而中国却无力阻止",的确曾考虑同中国达成谅解——两国同意搁置悬而未决的权利争议,然后法国在中国的默许下在西沙群岛竖立国旗,以求"防止日本援引所谓的中国拥有该群岛主权的借口,为其可能的占领行动进行辩护"。为此,法国外交部指示那齐雅将此方案"作为紧急事项提交国民政府审议"。② 结果,那齐雅却认为在拟定具体的行动方案之前,"向南京政府通报此事为时过早",信誓旦旦地宣称在当前局势下,不必担心中国会在舆论上对法国的行动做出强烈反应。③ 最终,法国决策层不再把中国当回事了,未再寻求同中国"达成谅解"。

英国外交部研判国民政府会以"非常温和的抗议来正式且明确地维持中国对西沙群岛的主权要求"。因为"法国政府已通知中国政府,采取这一行动并不会对主权问题预先做出判决,这个问题仍留待更适合的时机加以解决",而且中国当前在西沙问题上对法国的首要诉求是它能"竭尽全力将日本人拒之门

---

① 《王宠惠致顾维钧电》(1938 年 7 月 6 日),台北:"国史馆"藏,"外交部档案",020-049904-0004。

② "Télégramme de Affaires Etrangères à Naggiar", le 10 Septembre, 1937, Paris, Centre des Archives Diplomatiques de La Courneuve, 32CPCOM/745, N°191—192S.

③ "Télégramme de Naggiar à Affaires Etrangères", le 15 Septembre, 1937, Paris, Centre des Archives Diplomatiques de La Courneuve, 32CPCOM/745, N°425S.

外"。① 英国显然以己度人：中国既然无力抵御日本进犯西沙群岛，那么在不承认法国的"主权要求"、保留自身主权声索权利的前提下"以法遏日"不失为一种选择。早在数日前，7 月 10 日，蒋介石在会见英国驻华大使卡尔（A. Clark Kerr）时，试图"以法占西沙群岛之动作对倭，则倭退缩之例为证"，说服英国对华借款。② 且不论蒋介石为何会臆断"倭退缩"，但这一实用主义之举确有可能让英国相信中国会在法国抢占西沙群岛一事上选择隐忍。

事实证明，英国研判大致准确。顾维钧在查实法国抢占西沙群岛确有其事之后，向国民政府外交部请示："按该岛主权之属华我素坚持，现在日人同样主张，甚至向法抗议，意在窥伺。明确我方究应严重抗议，抑谨重申我国立场，正式声明保留一切权利以待日后续行交涉解决。"③ 中国驻河内总领馆向外交部建议："窃以我国多事之秋，对此除空口抗议外实无他法。与其抗议无效，徒伤情感，毋宁密约共同经营，以此间便利运输［为］交换条件为愈。"④ 该建议意在以搁置西沙问题为筹码，换取法国在中国假道越南运输问题上让步。中国为了争取与国以抗日救

---

① "Foreign Office to R. Craigie", July 13, 1938, London, The National Archives, FO 371/22137/F7491; "R. G. Howe to R. I. Campbell", July 14, 1938, London, The National Archives, FO 371/22137/F7491.

② 《蒋介石日记》(手稿)，1938 年 7 月 10 日，美国斯坦福大学胡佛研究所藏。

③ 《顾维钧致外交部电》(1938 年 7 月 7 日)，台北："国史馆"藏，"外交部档案"，020-049904-0004。

④ 《驻河内总领馆致外交部电》(1938 年 7 月 8 日)，台北："国史馆"藏，"外交部档案"，020-049904-0004。

亡，权衡之后决定忍辱负重。国民政府外交部指示顾维钧，"我方自应有相当表示，但只须用节略声明中国政府向认该群岛主权属于中国，现中国政府保留一切权利等语"。[①]7月18日，顾维钧奉命向法国政府提交节略。为了安抚中方，法国外交部亚洲—大洋洲事务处处长口头答称："主权问题请放心，将来自应友谊解决。日兵舰仍常巡行群岛，渔人日渐增多，颇有觊觎之意。法不派警，将为日占。又日方无理之要求，已拟答复该岛仅中法两国有关系，第三者无权过问。日方似已了解此意，不致横行。"[②] 这也说明法方深知其侵占行为并无法理依据，而且洞悉中方的"要害"，做到有的放矢。综上可知，法方所谓"中法谅解"实乃其对日博弈之策略。退一步来说，即便真的存在"中法谅解"，也是直到此时才形成。

日本选择克制和中国决定隐忍本质上均是实用主义之做法，它们与法国抢占西沙群岛的机会主义之行动一道使英国的"以法遏日"策略暂得实现。尽管这一局面实非英国主导形成，英国更是从未公开承认法国对西沙群岛的"主权要求"，但由于英国在法日交涉过程中明确站在法国一边并予以外交协助，加之此前英国一再警告日本切勿夺占西沙群岛，在外交上积极联合法国制约日本，日本朝野怀疑法国抢占西沙群岛乃受英国的指使并得到其策应。日本驻纽约总领事若杉表示："对于本次法国

---

① 《外交部致顾维钧电》(1938年7月13日)，台北："国史馆"藏，"外交部档案"，020-049904-0004。

② 《顾维钧致外交部电》(1938年7月19日)，台北："国史馆"藏，"外交部档案"，020-049904-0004。

的行动，英国采取了全面支持的态度。"法国占领行动的背后有着英国和法国共同对日本发出警告的意味。英法两国政府为维护本国权益存在着共同行动的可能性。"① 日本舆论沸沸扬扬，不少媒体宣称很明显是英国鼓动法国占领西沙群岛。② 无论如何，进入 8 月，围绕西沙群岛而展开的大国博弈暂告一段落。英国得以将视线从西沙群岛移开，暂时安心落意。

第三节　英国"南沙基地建设"构想的筹划与幻灭

日本全面侵华战争骤然爆发致使英国在仓促之间形成"南沙基地建设"构想。由于认定在南沙群岛建设基地刻不容缓，英国在仅完成初步勘察且未充分论证可行性的情况下，急不可待地谋划获取适用的岛屿。空军部主张"重提所有权要求，或者设法从法国租借"。③ "重提所有权要求"和"从法国租借岛屿"本质上是两种截然对立的策略。"重提所有权要求"是在"不承认不放弃"政策框架内做出的策略选择，是建基于英国曾在 20世纪 30 年代初期对法国宣称南威岛和安波沙洲乃其殖民属地这

---

① 《若杉総領事致宇垣外務大臣電》(1938 年 7 月 8 日)，東京：日本外務省外交史料館藏，《各國領土発見及歸屬關係雑件 / 南支那海諸礁島歸屬關係》第三卷，JACAR（アジア歴史資料センター）Ref.B02031160700。

② "R. Craigie to Foreign Office", August 11, 1938, London, The National Archives, FO 371/22188/F9437；《日本舆论界对西沙群岛事件的狂言》，《新政周刊》，1938 年第 1 卷第 28 期，第 15 页。

③ "Foreign Office to the Chancery, British Embassy (Paris)", August 31, 1937, London, The National Archives, CO 273/627/1.

一事实。"从法国租借岛屿"则超越了"不承认不放弃"政策的框架，意味着英国将在实质上承认法国对南沙群岛的非法兼并。当然，这两者皆以损害中国主权和领土完整为代价。

英国海军部认为，"重提所有权要求"不切实际，因为英国"虽然在南威岛问题上曾提出很好的所有权要求，却任由它失效"；"从法国租借岛屿"弊大于利，"在政治上可能不具备可行性"，"因为这将给日本一个提出类似租赁要求的借口"。海军部预判英日开战时"法国似乎将会保持中立或站在我们这边"，"在某些情况下，我们可以指望在任何对抗'侵略者'的战争中"获得法国所占岛屿上的设施的使用权，进而认定"如能确定日本人不被允许拥有任何特殊设施，则法国拥有这些岛屿的主权大概在某种程度上对我们有利"。综上，海军部主张，应"考虑兼并该地区任何可以被吞并但尚未被吞并的岛屿"。至于法国已宣布吞并的岛屿，首要目标应是确保法国不会向日本提供这些岛屿上的设施。[1] 要言之，海军部意欲自行占领有军事价值且法国并未宣布吞并的南沙岛屿，以便在建设基地问题上随心所欲，同时试图通过默认法国对特定的南沙岛屿的非法兼并，使之更坚定地成为英国在南海遏制日本的盟友。"自行占领岛屿"同样侵害中国主权和领土完整。1937 年 8 月 4 日，英国海军部将上述考虑电告外交部，并提出两个建议。其一，外交部应"查明法国政府和日本政府在 1933 年究竟进行了什么交涉"、当

---

[1] "Register No.M.03753/37, Minute Sheet No.1", July 29, 1937, London, The National Archives, ADM 116/3936.

时法国政府"是否已经接受了日本任何的所有权要求";其二,鉴于自 1933 年以来英国在南沙问题上的处境似乎已经发生了相当大的变化,外交部可以考虑举行一个跨部门会议,从整体上商讨南沙问题。[①]

英国外交部接受了上述建议。8 月 31 日,远东司司长奥德指示驻法外交官员托马斯,如法日两国在 1933 年确有过会谈,应设法查明会谈内容和"法国政府是否已接受日本任何的所有权要求或者给予日本人关于这些岛屿的任何权利、特权"。[②]外交部随后又向驻法使馆强调"日本在南海的活动日益频繁,这件事变得越来越重要",须抓紧进行。[③]由此可见,其一,英国决策层确实怀疑可能存在法日两国在南沙问题上私相授受的情况,从而导致英国今后在南海地缘博弈中处于不利境地;其二,在南沙基地建设问题上,外交部倾向于采取温和的方式,而不在归属问题上与法国发生无谓争执。9 月 1 日,外交部答复海军部:同意在收到驻法使馆的回复后召开跨部门会议研究整个问题。[④]托马斯奉命拜会了法国外交部亚洲—大洋洲事务处处长戈思默(Charles Henri Cosme),对方的回答是:当时日方的确询问过法方关于这些岛屿的未来规划,但"法国政府从未给予日

① "S. H. Philips to the Under Secretary of State, Foreign Office", August 4, 1937, London, The National Archives, ADM 116/3936.

② "O.W. Orde to H. Lloyd Thomas", August 31, 1937, London, The National Archives, CO 273/627/1.

③ "Foreign Office to the Chancery, British Embassy (Paris)", August 31, 1937, London, The National Archives, CO 273/627/1.

④ "C.W. Orde to the Secretary of the Admiralty", September 1, 1937, London, The National Archives, ADM 116/3936.

本人关于这些岛屿的任何权利或特权"。戈思默还抓住机会，以复述当时法方对日方的回复之方式，又一次声明法国在南沙问题上的立场，谓"法国完全拥有这些岛屿的主权，不会容许有任何减损"。①

10 月 15 日，英国外交部主持召开会议，海军部、空军部和殖民地部派代表与会。与会者有海军部官员克里西（G. E. Creasy）、西尔（E. A. Seal）和马修斯（K. W. Matthews）；空军部官员达瓦尔（J. Darvall）和佩利（C. B. R. Pelly）；殖民地部官员金特（G. E. J. Gent）；外交部官员罗纳德和赫佩尔（R. P. Heppel）。克里西称，"先驱号"舰近期发现了一艘日本舰只正在勘察太平岛，"似乎很明显，该岛将被用作考察基地，随后也许有其他用途"。他建议"以确保日本人不会被允许在这一重要地区获得任何立足点为目的"向法国交涉。达瓦尔表示，空军部担心日本把太平岛用作飞机的燃料补给基地，而且主张设法向法国政府租借太平岛，因为英国部署在远东的巡洋舰编队不能充分侦察整个南海地区，"如有这样一个燃料补给基地"，在侦察方面，空军肩负的填补海军所遗留的漏洞之任务"将会大大简化"。何况战争有可能以不宣而战的形式突然出现，"在宣战之前的早期阶段，基于侦察目的使用拟议中的基地将是最重要的"。西尔强调，"租借是没有用的"，因为法国为保持中立将

---

① 关于戈思默所供职的具体机构，这份档案中写的是"the Far Eastern Department"，然据查核，当时法国外交部中负责法国在远东的外交事务的机构应为"亚洲—大洋洲事务处"（Sous-direction d'Asie-Océanie）。"H. Lloyd Thomas to Anthony Eden", September 7, 1937, London, The National Archives, CO 273/627/1.

不得不在战争爆发时终止租借。罗纳德坦言："法国人极不情愿在远东采取任何有可能被视为直接针对日本的行动"，若以英国政府的名义提出租赁要求，法国政府"很可能推迟答复"。其间，罗纳德特意提问：在南沙群岛中"是否有法国尚未提出所有权要求的岛屿"？对此，克里西明确指出：只有太平岛、中业岛和南威岛才是最有用处的。为摆脱最有价值的南沙岛屿均被法国抢占而英国"从法国租借岛屿"又不易成功之困境，西尔设想：英国在对法交涉中应重申对南威岛和安波沙洲的"所有权要求"，在此基础上提议"两国政府基于权宜之计，应瓜分这一地区，由英国政府控制太平岛及其附近区域"，即"用南威岛换取太平岛"。换言之，"英国政府对南威岛提出所有权要求更多地应该被作为一种借口"用以达成交易，"而不是作为谈判的基础"。会议决定由外交部按照讨论内容起草发给驻法大使馆的指令，并将草案抄送海军部、空军部和殖民地部。[①] 可以窥知，英法友邦关系和英日、法日潜在敌对关系对英国筹划与实施"南沙基地建设"构想有深刻影响。

10月27日，英国外交部将拟定的草案发往海军部、空军部和殖民地部，向它们征求意见。[②] 其要点如下：其一，"对于英国政府来说，这些岛屿有着巨大的战略重要性"。英国在远东的地位"将会受到法国以外的在这些岛屿上取得立足点的强国

---

① "Strategic Value of Itu Aba and Other Islands in the South China Sea, Record of Metting Held at Foreign Office on 15th October, 1937 at 3 pm", October 15, 1937, London, The National Archives, ADM 116/3936.

② "N. B. Ronald to E. A. Seal", October 27, 1937, London, The National Archives, ADM 116/3936.

之威胁"。日本"如果成功地在该区域建立起潜在的海军或空军基地，将获得相当大的战略优势"。其二，尽管英国政府在目前的情况下在司法层面上详细探讨南威岛和安波沙洲的归属问题"不会有任何用处"，但英国政府从未宣布放弃对南威岛和安波沙洲的所有权要求，而且有能力提供更详细材料来佐证自身对南威岛和安波沙洲的所有权要求。上述情况可能可以作为英法之间的谈判基础，即"如果法国政府同意将包括太平岛在内的一个区域让与英国"，"那么英国政府将准备正式放弃这一所有权要求"。其三，对英国和法国的远东利益而言，最重要的是"尽快结束日本在这一地区的活动"和"立即考虑如何才能最好地积极地开发这一地区"，以利防御。鉴于"单靠一个大国对这一大片地区进行充分的监视显然存在着实际困难，英国政府真诚地希望或许可以通过对两国有利、符合各自军事需要的方式，就共同承担责任达成某种安排"。[①]殖民地部对这一草案无异议，但海军部、空军部尤其是前者，则认为此草案有所欠缺。

英国海军部担心向法国政府过于强调南沙群岛的战略价值会适得其反。西尔一再提醒罗纳德，"过于强调这些岛屿的战略重要性也许是不明智的"，尤其是在法国宣称吞并这些岛屿的情况下。[②]空军部赞成海军部的意见，并且明确表示"不想被委以重任在其中一个岛屿上建设着陆场"，因为"其成本有可能被证

---

① "The Draft of Letter from Foreign Office to E. Phipps", October, 1937, 无具体日期, London, The National Archives, ADM 116/3936.

② "E. A. Seal to N. B. Ronald", November 12, 1937, London, The National Archives, ADM 116/3936; "E. A. Seal to N. B. Ronald", December 14, 1937, London, The National Archives, ADM 116/3936.

明是极其昂贵的"。同时空军部还提议，如果着陆场最后得以建成，将和法国共享其使用权。[①] 作为"南沙基地建设"构想的倡导者和推动者，空军部此时并非想打退堂鼓，而是不愿意独自承担基地建设费用，希望其他军种能够一起分摊。毕竟自第一次世界大战结束后，由于英国长期奉行"十年规则"，英国各军种皆饱受经费紧张的困扰，而且即便在"十年规则"被废除之后，英国的军费增长仍不如人意。至于提议主动和法国分享所建基地的使用权，空军部意在以此换取法国政府同意英方的主张。

英国外交部综合海军部、空军部和殖民地部的意见之后，在12月20日指示新任驻法大使菲普斯（E. Phipps）同法国外交部部长德尔博斯磋商南沙基地建设问题。英方提议：两国基于防卫各自远东殖民地的共同利益而达成谅解。法国把已宣布吞并的适合建设基地的一个岛屿"让与"英国；英国向法国提供借助该基地而获得的任何关于日本在该地区活动的情报；英法两国均可使用该基地。英方强调：除非得到在任何情况下都可以使用该基地的保证，"换句话说，除非该岛的主权属于英国王室"，否则"将不准备为此目的花费相当大的费用"。英国试图既向法方晓之以理，阐明这一提议"符合英法两个彼此友好的国家的双边利益，而不是基于狭隘的法律界限构想出来的讨价还价"，又稍施压力，告诫法方"再也没有比审查任何关于这些岛屿主权的法律纠纷更符合英国政府的目的"，同时以"鉴于日本在上述地区活动的确凿证据，英国政府必然视之为急务"

---

① "J. Darvall to N. B. Ronald", November 19, 1937, London, The National Archives, ADM 116/3936.

为由，要求法方尽早答复。英方还做好预案，假若法国政府以"其在法属印度支那和法属太平洋岛屿之间的轮船航线需要这些岛屿"为借口加以拒绝，则以"计划用作着陆场的特定岛屿并不是直接位于这条路线上的岛屿""它对法国政府几乎没有任何重要性"进行反驳。① 英国优先选择"岛屿让与方案"而非"岛屿租赁方案"和"自行占领岛屿方案"，实是希望在不跟法国发生纠纷的前提下自由使用其认为具备开发潜质的南沙岛屿。该训令表明，在英国的构想中，法国是合作者，对法博弈的主要着力点是法国在远东的防务困境和力求保住"吞并南沙群岛"的既得利益之心理。至于暗示可放弃对南威岛和安波沙洲的声索及不再从法律上质疑法国对南沙群岛的"主权要求"，质言之，是英国为了自身的战略诉求，试图跟法国就中国南沙群岛私相授受。此外，虽然"南沙基地建设"构想和"不承认不放弃"政策都把南沙群岛对帝国防务安全所具有的重要性作为主要的决策考量因素，但无论是"岛屿让与方案"还是"岛屿租赁方案"，在策略上它们均与"不承认不放弃"政策背道而驰。因此，不管选择其中哪一套方案，都说明英国因时而变，决定超越"不承认不放弃"政策。

法国也发现有携带无线电设备的日本渔民在太平岛及其海域活动，而于 1937 年 12 月 9 日向日本抗议。② 实际上在不久之

---

① "C.W. Orde to E. Phipps", December 20, 1937, London, The National Archives, ADM 116/3936.

② 《新南群島問題ニ関シ在京佛國大使ヨリ申出ノ件》(1937 年 12 月 9 日)，東京：日本外務省外交史料館，《各国領土発見及帰属関係雑件 / 南支那海諸礁島帰属関係》第一卷，JACAR（アジア歴史資料センター）Ref.B02031161700。

前，12 月 4 日，日本外务省就已决定"适时否认法方主权，并采取高压政策"。[①] 法国的抗议是日本决定在南沙问题上采取高压政策之后遇到的大挑战。日本外务省在征求军方意见后做出决策："鉴于现下的国际局势，一旦日法之间爆发武力冲突，绝非帝国之幸，应极力避免"，这是原则；"训令驻法大使在巴黎开展对话活动"，以"拖延战术"使南沙问题"成为悬案"，这是策略。[②] 简言之，日本决定着力于"否认法方主权"，而暂不"采取高压政策"。1938 年 1 月 11 日，外相广田弘毅正式对法国的抗议书做出答复，驳斥了法国的指责和主张，并论述了本国在南沙群岛的种种行为的"正当性"。[③] 日本不愿主动挑起同西方列强的战争，而英国取积极防御的方针，法国持消极应对的态度，共同决定了这一时期它们围绕南沙的博弈不致擦枪走火。

---

① 日本外务省经过研究，认为虽然在全面侵华战争的状态下，日本在南沙群岛的任何扩张都会让自身所处的国际环境更加恶化，但只要策略得当，日本还是有可乘之机。对于法国，若能巧妙地利用海南岛问题、中国假道越南运输物资等，对其"进行有效牵制未必很难"；对于英国，尽管"其对日本的情感不断恶化，但只要其不以法国的代理人自居并对日本采取强硬的态度，在某种程度上说也并非大问题"；至于美国，它"对此纷争一直保持着漠视态度，就算法方提出抗议，美方也将置之不理"(《新南群島問題對策》(1937 年 12 月 4 日)，東京：日本外務省外交史料館，《各国領土発見及帰属関係雑件 / 南支那海諸礁島帰属関係》第一卷，JACAR（アジア歴史資料センター）Ref. B02031161700)。

② 《新南群島問題對策》(1937 年 12 月 21 日)，東京：日本外務省外交史料館，《各国領土発見及帰属関係雑件 / 南支那海諸礁島帰属関係》第一卷，JACAR（アジア歴史資料センター）Ref.B02031161800。

③ 《新南群島問題ニ関シ在京佛國大使ヨリノ申入ニ対スル回答案》(1938 年 1 月 11 日)，東京：日本外務省外交史料館，《各国領土発見及帰属関係雑件 / 南支那海諸礁島帰属関係》第二卷，JACAR（アジア歴史資料センター）Ref. B02031162100。

随后日法两国围绕南沙问题断断续续在外交上打"口水战"。

在英国外交部向菲普斯发出训令前夕，还出现一个插曲。1937年12月18日，英国驻西贡总领事向外交部报告称，法属印度支那总督声称日军占领了南威岛。[1]英国海军部官员帕雷（Paley）建议外交部向法方强调不使日本在南沙群岛获得永久立足点的重要性，并询问法方打算如何应对这一情况。他认为，既然法国早就宣布吞并南威岛，那么"查明日本人究竟在干什么，并采取必要措施把日本人赶出去就是法国人该做的事"。[2]毫无疑问，英国对南威岛和安波沙洲的"殖民情结"对决策的影响微不足道。一旦认为有必要，或需付出较大代价，英国会毫不犹豫"放弃"它们。同理，西尔才会提出"用南威岛换取太平岛"。无论如何，这一子虚乌有的传闻令英国更紧张了。

1937年12月22日，菲普斯奉命向德尔博斯递交备忘录，正式向法国政府提出"割让"某一南沙岛屿以建造着陆场的要求[3]，并进行交涉。德尔博斯明确表态："从宪法上讲，没有议会的同意，不可能割让一个岛屿"。但"除了绝对割让，法国政

---

[1] "Acting British Consul-General (Saigon) to Foreign Office", December 18, 1937, London, The National Archives, ADM 116/3936. 原文是"南沙群岛"（Spratley islands），但根据其他相关文件可知，其实是"南威岛"（Spratley island），此处应是笔误。

[2] "Register No. M. 06683/37", December 21, 1937, London, The National Archives, ADM 116/3936.

[3] "Aide-Mémoire", le22 Décembre 1937, Paris, Centre des Archives Diplomatiques de la Courneuve, 32CPCOM/750.

府将给予英国政府一切便利和保证"，并且不反对英国在将来勘察南沙群岛。菲普斯转而询问"可否长期租借"，德尔博斯以"在未征求其法律顾问的意见之前无法回答"搪塞。对于日本进占南威岛的传闻，德尔博斯表示一无所知。[①]由于首轮会谈未能达成核心目标，菲普斯继续展开交涉。法国外交部随后表示"正在制订一项计划"，将通过"向燃料补给公司而不是向英国政府租借部分岛屿"来满足英方的需求。[②]法国既希望联手英国遏止日本南侵，又不愿直接开罪日本，故费尽心机想出折中方式。

英国外交部不满意菲普斯的表现。12月24日，外交部向菲普斯强调："我们在决定跟法国政府接洽之前就仔细考虑并且否决了关于租赁的主意，理由是无论谁是承租人，法国都会在战争爆发时为保持中立而不得不终止租赁。""你在这一阶段不必对法国政府提及这一点，但在可能进行的任何进一步讨论中，你应把它牢记在心"。[③]英国虽优先选择"岛屿让与方案"，却也开始把"岛屿租赁方案"作为备选方案。

由于日本政府在答复法方关于太平岛问题的抗议时"完全拒绝承认法国对南沙的主权"，法国外交部秘书长莱热借机告诉菲普斯，在该问题解决之前把其中一个岛屿"租给英国以用于

---

① "E. Phipps to Foreign Office", December 22, 1937, London, The National Archives, ADM 116/3936.

② "E. Phipps to Foreign Office", December 23, 1937, London, The National Archives, ADM 116/3936.

③ "Foreign Office to E. Phipps", December 24, 1937, London, The National Archives, ADM 116/3936.

航空的目的是不合适的"。①莱热搬出日本，意图使问题复杂化，从而让英国知难而退，不再纠缠不休。英国外交大臣艾登对法国的态度感到"有些不安"，甚至臆测法国人"准备好和日本人讨论后者对这些岛屿的所有权要求的问题，或许更糟糕的是，他们准备好同日本人达成某种协议，即他们保证不加强这些岛屿的防御，也不把它们租借或让与我们，以换取日本人承认其对南沙群岛的所有权要求"。也许，"他们正在找借口拒绝或推迟我们的租赁要求"。②

无奈之下，艾登欲放弃"岛屿让与方案"，转而不顾法方婉拒，推动"岛屿租赁方案"，并向海军部、空军部和殖民地部等征求意见。军方仍旧不肯将就。海军部坚称"我们的要求是'转让'而非'租赁'"。③空军部赞成海军部的意见，认为"我们不是寻求租借，而是事实上的让与"，主张就此对法国施压，警告它"如果不与我们进行最充分的合作"，则无法迫使日本"放弃对该群岛的任何部分的控制权"。④1938年2月14日，外交部和殖民地部提出折中方案，该方案以香港新界为例。殖民地部解释称，尽管中国正处于战争，但根据条约，新界作为英

① "E. Phipps to Foreign Office", January 24, 1938, London, The National Archives, FO 371/22174/F956.
② "Foreign Office to E. Phipps", February 19, 1938, London, The National Archives, FO 371/22174/F1966.
③ "J. Lawson to the Under Secretary of State, Foreign Office", February 1, 1938, London, The National Archives, ADM 116/3936.
④ "Charles Evans to the Under Secretary of State, Foreign Office", February 2, 1938, London, The National Archives, FO 371/22174/F1387.

国的租借地，现在依旧是"中立的领土"。① 该方案意图通过在租约中规定英国在租赁期间完全享有岛屿的使用权而不受法国立场、政策的影响，以"租赁"之名行"让与"之实，故可视之为"岛屿租赁方案修订版"。海军部基本上接受这一方案，在其设想中，根据双方达成的协议，法国"给予英国政府使用某个岛屿的权利，即使我们是交战国。如果日本人坚持要求法国将我们驱逐出该岛……这种权利将有可能使我们得以继续使用该岛，直到日本提出控诉。而且这一权利将为争论和拖延提供良好的依据"。② 对"岛屿让与方案"执念甚深的海军部之所以让步，大概是急于在南沙建设基地，为可能东渡的英国舰队提供军事支点。不久前，海军大臣库珀（A. Duff Cooper）在备忘录中写道："我们和可能会与之发生冲突的最重要的海军强国之关系在不断恶化，我们已被迫考虑派舰队开赴远东，这不再是遥不可及的事。"③

英国外交部综合海军部、空军部和殖民地部的意见，在给菲普斯的训令中梯次排列三套方案，争取最优解，也做好妥协的打算。最优者是"岛屿让与方案"；折中者是"岛屿租赁方案修订版"，即法方"将岛屿暂时转让给英国政府，并规定租借期间该岛完全归英国政府管辖"，"一旦英国单独对日作战，该岛屿会

---

① "N. R. Cowell to the Under Secretary of State, Foreign Office", February 14, 1938, London, The National Archives, FO 371/22174/F1896.

② "J. Lawson to the Under Secretary of State, Foreign Office", February 17, 1938, London, The National Archives, ADM 116/3936.

③ "Memorandum by the First Lord of the Admiralty", February 11, 1938, London, The National Archives, CAB 24/274.

被看作是英国的，英国政府能够在不破坏法国的中立的情况下将其用于战争目的"；"最后的手段"是先前法方提出的方案，即"由一家英国私人公司获得这一租约"。这将使英国"得以在和平时期建立起一个先进的侦察哨，从而能够就任何日本即将发动进攻的迹象发出警告"，并"有助于消除和平时期日本在该群岛内的任何活动"。[①] 英国显然正无奈地从"让与"退往"租赁"。

　　法国依旧寸步不让。在 2 月 28 日与菲普斯的会谈中，莱热坚称鉴于法日争执，法国政府不可能继续推动当初提出的将太平岛"租给"英国公司的计划，也不同意把中业岛"租给"英国。不过，莱热表示法方无意在南沙问题上对日本让步，又称法国海军部正计划在太平岛上建设水上飞机场、航空站，届时乐意尽可能为英国使用太平岛和中业岛的设施提供便利。[②] 法方明显是想以画饼充饥的方式安抚英方。英国外交部对此"极为不满"。[③]

　　法国的"不合作"迫使英国实质性抛弃"岛屿转让方案"。1938 年 3 月 9 日，外交部召集海军部、空军部、殖民地部举行跨部门会议，并形成共识：最好是"为英国政府或某类英国公司获得一份租约"，英国得以借此将日本人驱逐出太平岛，同时让法国承诺把日本人驱逐出其他可居住的南沙岛屿；次之是让法国承诺，英国能够使用其建造的航空站，而日本不得使用；

① "Foreign Office to E. Phipps", February 19, 1938, London, The National Archives, FO 371/22174/F1966.

② "E. Phipps to Halifax", February 28, 1938, London, The National Archives, FO 371/22174/2296.

③ "Foreign Office to E. Phipps", March 4, 1938, London, The National Archives, FO 371/22174/2296.

最低要求是让法国承诺不让日本使用其建造的航空站。① 由此观之，英国其实已有放弃"南沙基地建设"构想但求阻止日本在南沙群岛获得军事支点之倾向。3月14日，法国外交部向英国驻法大使馆递交照会，明确拒绝"岛屿让与方案"，仅"保证所建立的着陆场将尽可能地供英国空军使用，而且这些地点最终将租给有资格的英国私营公司以便建立补给仓库"。法方声称，如此一来，两国"在该地区的共同利益将在该群岛找到共同的保护基础"。② 这意味着英国如欲遂"南沙基地建设"构想，惟有另辟蹊径，获取适用的南沙岛屿。

鉴于法国一直不肯"让与"或"租赁"岛屿，为一劳永逸解决基地用地问题，海军部拟重拾"自行占领岛屿方案"。3月16日，西尔提出"如法国政府保持不合作的态度，我们也许可以采取步骤吞并其中一个岛屿"或兼并"一个没有被法国明确吞并的岛屿"，并把西月岛作为替代品。③3月28日，海军部向"先驱号"舰指挥官发布指令：在一位空军军官陪同下前往考察中业岛、太平岛、西月岛、费信岛、马欢岛和美济礁，探明它们是否适合建设飞机着陆场或作为军舰的锚地，同时留意并报告日本在该地区的活动迹象。④ 海军部紧接着把南威岛列

---

① "Minutes of Meeting about Islands in the South China Seas", March 9, 1938, London, The National Archives, FO 371/22174/F2752.

② "Note from French Ministry of Foreign Affairs to British Embassy (Paris)", March 14, 1938, London, The National Archives, ADM 116/3936.

③ "E. A. Seal to J. T. Henderson", March 16, 1938, London, The National Archives, ADM 116/3936.

④ "Admiralty to the Commanding Officer, H. M. S. Herald", March 28, 1938, London, The National Archives, ADM 116/3936.

入本次考察计划，而驻华舰队总司令稍后向海军部提议暂将南威岛移出计划，待当年8月份再行勘测，^①但遭到否定，海军部明令"先驱号"舰须严格遵照既定计划，赶紧执行。^②4月4日，"先驱号"舰奉命从香港启程。英国将依据勘察结果决定下一步行动：若发现有尚未被法国明确宣布吞并又适合建造军事基地的岛屿，则考虑是否吞并它；如发现某些被法国明确宣布吞并的岛屿确实适合建造军事基地，则考虑是否继续就"岛屿让与方案"或"岛屿租赁方案"对法施压。^③其实，英国如今更倾向自行占领岛屿，因为它已从没完没了的对法交涉中意识到另外两个方案恐难实现，只是不肯轻言放弃罢了。外交部在4月6日向驻日大使克莱琪坦承：英国已和法国多次交涉，以期它能把所占的某个适合建成基地的南沙岛屿让与或租给英国，"谈判仍在进行，但正经历困难"。^④可以说，"自行占领岛屿方案"是英国获取南沙岛屿以遂"南沙基地建设"构想的最后尝试。

在筹备派遣"先驱号"舰勘察南沙群岛的过程中，鉴于法国对英国不肯让步，对日本则颇为暧昧，英国海军部甚至主张

---

① "Commander-in-Chief, China to Admiralty", March 30, 1938, London, The National Archives, FO 371/22175/F3578.

② "Admiralty to Commander-in-Chief, China", April 2, 1938, London, The National Archives, ADM 116/3936.

③ "Foreign Office to British Embassy, Paris", April 26, 1938, London, The National Archives, FO 371/22175/F3819.

④ "Foreign Office to R. Craigie", April 6, 1938, London, The National Archives, FO 371/22175/F3509.

英国直接介入法日交涉，协助法国逼退日本。西尔向罗纳德献策两则：一是直接向日本发出严正警告，谓："英国政府必然对维持南中国海的领土现状极为感兴趣，对任何改变这一现状的企图都不能无动于衷，英国政府一定会把日本人对任何岛屿的侵占都视为改变现状，而且不可能支持这种改变"。英国将会与法国联合要求日方撤走本国渔民。二是敦促法国政府在南沙群岛"安置一些当地人。或者，法国政府可以同意一个协议，由我们替法国这么做……并且如果法国把自己的移民安置在那，届时我们将撤出所有的移民"。① 若照此行事，英国将在围绕南沙群岛的大国博弈中完全走到台前对抗日本。外交部对此感到事关重大，于 3 月 29 日向海军部、空军部、殖民地部提议再次召开跨部门会议进行商讨。② 翌日，经过讨论，与会代表一致认为"必须防止日本在这些岛屿上建立空军或潜艇基地"，并"将日本国民完全排除在这些岛屿之外"。会议决议采取三个措施：一是询问克莱琪，"单凭我们和法国的联合警告是否足以促使日本人从这些岛屿上撤回他们的国民，或者如果采取更有力的措施，日本会作何反应"；二是询问法国政府，其当下在南沙问题上究竟持何种立场；三是咨询帝国防务委员会，为了敦促法国驱逐太平岛上的日本人，英国能为法国提供什么合理的物质支

① "E. A. Seal to N. B. Ronald", March 25, 1938, London, The National Archives, FO 371/22175/F2965.

② "N. B. Ronald to E. A. Seal", March 29, 1938, London, The National Archives, FO 371/22175/F2965; "N. B. Ronald to J. Darvall", March 29, 1938, London, The National Archives, FO 371/22175/F2965; "N. B. Ronald to G. E. J. Gent", March 29, 1938, London, The National Archives, FO 371/22175/F2965.

持作为回报。^① 在决策思路上，英国对如何推动法国在南沙问题上更为积极地对抗日本的琢磨，实与同一时期它对西沙政策的变通是如出一辙的。

根据会议决议，英国外交部在 4 月 6 日向克莱琪征询意见。在电文中，外交部明言目前英国在南沙问题上的首要目标和难题："日本渔民"占据着最适合用于建设基地的太平岛，把日本人逐出太平岛并没收其无线电设备"比我们为自己争取到一个基地更为重要"。然而，"法国政府明显不愿对日本政府采取强硬立场"，将日本人驱逐出去，"除非我们承诺提供外交支持和必要时的军事支援"。外交部希望克莱琪就如下问题提供意见：日本是否会因为英法联合交涉而主动撤出其渔民？日本"是否会默认法国为此目的所采取的措施，并避免进一步挑战法国"？日本会不会受到英法联合交涉的刺激而立即武力占领太平岛，"从而阻止法国最终采取任何具有强制性的措施"？外交部向克莱琪透露了英国决策层的行动依据："如果有任何风险，最好放弃外交行动，这类外交行动只能作为对日本政府的警告。另一方面，如果外交行动可能产生预期的结果，则自然希望使用它。"当然，外交部还不忘对本国干预南沙问题的"正当性"进行解释：英国"作为一个强国，有权利干预与我们切身利益相关的国家。南海的领土现状，尤其是邻近贸易线路和战略通道的地区的领土现状不应发生任何改变"。^② 通过这份电文，一方

---

① "Minutes of Meeting about Islands in the South China Seas", March 30, 1938, London, The National Archives, FO 371/22175/F3509.

② "Foreign Office to R. Craigie", April 6, 1938, London, The National Archives, FO 371/22175/F3509.

面，英国的霸权逻辑、投机心态和色厉内荏形象一览无遗；另一方面，一望而知英国欲退而求其次，其放弃"南沙基地建设"构想但求阻止日本在南沙群岛建立军事支点之倾向更为明显。

4月8日，克莱琪向外交部阐明了自己的看法："英法联合抗议未必能达到预期效果，而且毫无疑问存在风险"，日本"在遭到抗议之后会采取极端行动占领岛屿"。因此，英国不应该参与驱逐在太平岛上的日本人的行动，"除非此事对英国的利益极具重要性"。"如果可以实现，最好的行动方案将是让法国人派军舰前往该岛"，强制要求日本人拆毁岛上的无线电设备。只是从法国驻日大使的表现来看，法国政府似乎尚未准备好在南沙问题上采取任何强有力的行动。① 关于法国的动向，身处外交前沿的克莱琪观察所得之认知佐证了英国决策层的评估结论。但是，将考察视线往后延伸之后可以发现，越往后英国的战略处境越恶劣，能投入远东—太平洋地区的防务资源越少，只得明知法国畏葸不前也要硬着头皮对它或推或诱，以求其担负起在南沙问题上对抗日本的主要责任。这一特征在英国放弃"南沙基地建设"构想之后尤为明显。

综合考虑之后，英国决策层部分采纳了西尔的第二个建议，并与派遣"先驱号"舰勘察南沙群岛的计划同时推进。4月14日，英国外交部指示菲普斯敦促法国政府立即派遣印度支那当地人抢在日本人前头占据南沙群岛，因为最重要的事是勿使日

---

① "R. Craigie to Foreign Office", April 8, 1938, London, The National Archives, FO 371/22175/F3819.

本"在这些岛屿中的任何一个建设据点"。①4月25日，菲普斯向法国外交部递交备忘录，提出让法国往南沙群岛输送印度支那土著进行殖民的建议。②英国尝试着把法国推向在南沙群岛对抗日本的最前线，只可惜，对于外强中干且同样工于损人利己的法国，英国此番努力只能是枉费心机。法国虽然自1938年4月起派员进驻太平岛，在岛上兴建无线电台等，却始终没有驱逐岛上的日本人，亦未驱离后来前来干预的日舰。③

在收到"先驱号"舰的报告之前，英国空军部向海军部和外交部送交了一份备忘录，分析南沙群岛分别对大英帝国、法国和日本的重要性。空军部又一次强调在对日战争爆发之前在南沙群岛建设空军基地的好处：在很大程度上提高侦察效率、英国军机"得以在香港和新加坡之间飞行而无需接触他国领土"，"对该地区众多沙洲和小珊瑚岛保持有效监视"，"对日本至马来亚的航线上的海上远征队构成威胁"。④英国军方对在南沙群岛建设基地的执念之深可见一斑。英国其实清楚地知道，在日本南侵之前完善帝国东部防务体系的窗口期是稍纵即逝的。

---

① "Foreign Office to E. Phipps", April 14, 1938, London, The National Archives, FO 371/22175/F3819.

② "Aide-Memorandum from E. Phipps to the French Ministry of Foreign Affairs", April 25, 1938, London, The National Archives, FO 371/22175/F4430.

③ 郭渊、王静：《1937—1940年日法的南沙群岛之争及交涉》，《军事历史研究》2022年第1期，第29页。

④ "Strategical Importance of Certain Islands: In the South China Sea in the Group Including Itu Aba, Thi Tu, Spratley", April 25, 1938, London, The National Archives, FO 371/22175/F4441. 海军部档案（ADM 116/3936）也收录了该备忘录，时间显示为1938年4月22日。

正如克莱琪跟哈利法克斯子爵所说的:"日本向南扩张的趋势继续存在",只是因中国的全面抗战和苏联的威慑形成战略性掣肘,才没有在目前急剧演变成现实。①

在"先驱号"舰执行勘察任务的过程中,英法两国发生了争执。这是在英国推行"南沙基地建设"构想的后期发生的一个插曲。1938年4月14日,英国外交部指示英国驻西贡总领事将"先驱号"舰将勘察南沙群岛一事通知法属印度支那当局,并告以德尔博斯曾于1937年12月22日保证不反对英国勘察那些法国已宣布"吞并"的岛屿。②然而,由于德尔博斯既未在作出保证之前向法国军方征求意见,事后又没有把这一"保证"告知法国军方和法属印度支那当局,而且法方的会谈记录亦没有专门提到该"保证",法国政府对英国政府派遣"先驱号"舰勘察南沙群岛一事"颇感吃惊",遂向英方交涉。4月19日,法国驻英大使馆官员沙博尼耶(De Charbonnière)拜访罗纳德,表示"先驱号"舰所执行的考察作业"是没有必要的",因为法国政府已经计划派遣巡洋舰进行类似勘察并在之后把所获得的信息通知英方。沙博尼耶请英国政府"让驻新加坡的英国海军机构与驻西贡的法国海军机构联系","命令指挥官们将考察这些岛屿的时间与法国巡洋舰前往勘察的时间保持一致,与法国巡洋舰保持联络,并为交换调查结果作出安排"。罗纳德重申了德尔博斯所给予的

---

① "R. Craigie to Halifax", March 23, 1938, London, The National Archives, FO 371/22190/F4209.

② "Foreign Office to Consul-General (Saigon)", April 14, 1938, London, The National Archives, FO 371/22175/F3819.

保证，并指出"除非法国的巡洋舰也已经在途中，否则不可能满足法国的建议"。罗纳德向沙博尼耶承诺，英国政府"会毫不犹豫地把调查结果通报给法国政府"，因为英国政府"渴望以一切可能的方式与法国政府合作，以保护彼此在南中国海的共同利益"。① 之后，英方又数次主动就此事和法方进行沟通。② 随着勘察工作的结束，这个问题慢慢地就不了了之了。

4月18日，"先驱号"舰发回初步报告：西月岛、马欢岛、费信岛、南威岛均"不适合用作飞机的着陆场"，"中业岛和太平岛只有在付出巨大的原料和劳动力成本的情况下才有可能建造这类着陆场"，"美济礁可以用作水上飞机降落或补充燃料的基地"。另外，在中业岛、马欢岛等岛屿上发现了中国人的生产、生活的遗迹。③4月25日，完成勘察作业的"先驱号"舰发回正式报告。其结论是："没有任何岛屿适合用作着陆场或者建设地面工事"。美济礁的潟湖能容纳一艘船，但需要在那里设置浮动航空站才能让水上飞机降落和补给燃料。④ 由于这一结论与英国军方的设想存在巨大落差，海军部急令"先驱号"舰指挥

① "The Minute about the Conversation Between N. B. Ronald and De Charbonnière", April 19, 1938, London, The National Archives, FO 371/22175/F4305.

② "Foreign Office to E. Phipps", April 23, 1938, London, The National Archives, FO 371/22175/F4305; "Foreign Office to Consul-General (Saigon)", April 23, 1938, London, The National Archives, FO 371/22175/F4305; "Aide-Memorandum from E. Phipps to the French Ministry of Foreign Affairs", April 25, 1938, London, The National Archives, FO 371/22175/F4430.

③ "Report on Suitability of Islands in China Sea for Landing", April 18, 1938, London, The National Archives, FO 371/22175/F7356.

④ "H. M. S. Herald to Commander-in-Chief, China", April 25, 1938, London, The National Archives, FO 371/22175/F4526.

官和驻华舰队总司令"详细报告认为太平岛和中业岛不适合用作着陆场的原因"。① "先驱号"舰指挥官报告称,一同考察的空军军官认为,"太平岛和中业岛勉强在一定程度上适合用于飞机起飞"。但由于"岛屿表面覆盖着松散的细沙、碎珊瑚",铺设地基的工程艰巨,何况这些岛屿本身并没有施工所需的材料或劳动力。纵使铺设了地基,"由于岛屿的多孔构造和因海水侵入而造成的渗漏,也将存在地基下沉的危险"。总之,工程前景不明朗,而且"需要投入的成本和时间过多"。② 无疑,这一结论从根本上使英国对推行"南沙基地建设"构想产生动摇。值得一提的是,这次勘察的结论在以后的英国相关决策中多次被引以为据。基于该报告,参谋长委员会于 4 月 25 日评估后认为:"这些岛屿在对日作战行动中并不具有足够的重要性",日本人占据太平岛是"不受欢迎而非有重大影响的"。③

从"先驱号"舰发回初步报告时起,英国外交部开始思考南沙政策何去何从,并同海军部、空军部进行交流。④ 结合海军部、

① "Admiralty to H. M. S. Herald and Commander-in-Chief, China", April 26, 1938, London, The National Archives, FO 371/22175/F4526.

② "H. M. S. Herald to Admiralty", April 27, 1938, London, The National Archives, FO 371/22175/F4526.

③ "Spratly Islands, Register No. M04116/38, Minute Sheet No.1", July 7, 1938, London, The National Archives, ADM 116/3936.

④ "J. T. Henderson to K. W. Matthews", April 19, 1938, London, The National Archives, FO 371/22175/F3819; "J. T. Henderson to J. Darvall", April 19, 1938, London, The National Archives, FO 371/22175/F3819; "J. Darvall to J. T. Henderson", April 25, 1938, London, The National Archives, FO 371/22175/F4441; "K. W. Matthews to J. T. Henderson", April 27, 1938, London, The National Archives, FO 371/22175/F4442.

空军部的意见，时任外交部常务副大臣的贾德干于 5 月 6 日向内阁大臣兼帝国防务委员会秘书莫里斯·汉基（Maurice Hankey）送交咨询备忘录，请帝国防务委员会或相应的小组委员会尽快就以下两个问题做出决策：鉴于"法国人害怕激怒日本人或卷入同日本人的冲突"，其一，英国应该对南沙群岛"给予何种程度的重视"；其二，"当法国坚持其对这些岛礁的所有权要求时"英国能承诺给予法国何种支持。① 这份文件只字未提南沙基地建设问题。这表明英国基本上放弃了"南沙基地建设"构想。

最后，参谋长委员会承担了这一任务，并于 7 月 5 日提交《南海诸岛：战略重要性与日本的侵占》。它宣告了英国"南沙基地建设"构想彻底幻灭。参谋长委员会的结论是，南沙群岛对英国"没有战略价值"，任由日本掌控南沙群岛则对英国有害。因为"如果这些岛屿完全处在日本控制之下且不受法国的影响"，"日本可能会认为值得竭力发展秘密的航空设施，这将为其带来一些优势，如若日本打算进攻北婆罗洲，这将是最初的行动"。况且"我们已勘察了一条通过该群岛的秘密航线，希望借此为我们舰队获得战时的某种战略优势"，而"日本人一直活跃在这片水域"并携有无线电收发设备，"可能会暂时妨碍我们在战时利用秘密航道"，或许他们同样发现了这条秘密航线。但无论如何，南沙群岛的重要性"没有达到有必要对日本采取敌对行动"的程度。对于法日两国争夺南沙群岛，英国应"在

---

① "Alexander Cadogan to Maurice Hankey", May 6, 1938, London, The National Archives, FO 371/22175/F4823.

道义上强烈支持法国人对这些岛屿的主权要求"。① 此后英国完全不再提及"南沙基地建设"构想，仅仅寻求阻止日本在南沙群岛建立军事据点。

关于"在道义上强烈支持法国人对这些岛屿的主权要求"而不诉诸武力对抗日本的决策，究其实质，这是英国军方意图推动法国走向在南沙群岛及其周边海域对抗日本的最前线，诱导它为己火中取栗。但由于这一做法一旦把握不当便容易被视为公开承认法国对南沙群岛的所谓"主权"，英国在后来联合法国对日交涉的过程中，始终避免表现出会导致他国误以为英国支持法国对南沙群岛的"主权要求"之姿态。另一方面，这也是英国军方在充分评估风险、代价与收益之后做出的理性抉择。《南海诸岛：战略重要性与日本的侵占》的出台及被基本采纳反映出英国已经下定决心放弃在南沙问题上站在遏制日本的第一线的想法和尝试，转而充当法国的辅助者。当然，英国推动法国采取强硬手段遏制日本之企图最终落空了。②

值得一提的是，日本驻法大使杉村阳太郎敏锐地观察到英国放弃了"南沙基地建设"构想。5 月 21 日，杉村阳太郎电告广田弘毅："英国也曾企图占据该岛（即太平岛，引者注），并有过从法国手中购买该岛的意向，交涉历一年有余，终因法方

---

① "Islands in The South China Sea: Strategical Importance and Japanese Encroachment", July 5, 1938, London: The National Archives, FO 371/22175/F7231.

② 法国政府明确告诉英方，它在南沙群岛所采取的措施必须确保"不至于引起日本任何性质的反应而最终酿成两国间的冲突"（"Note from French Ministry of Foreign Affairs of 10th October, 1938", October 10, 1938, London, The National Archives, FO 371/22175/F10733）。

不同意而作罢"。① 只是英国放弃"南沙基地建设"构想并非仅因法方不肯让步，归根结底是因为英国清楚意识到依靠其当下的科技和财政实力，"南沙基地建设"构想犹如"空中楼阁"，华而不实。

从大国博弈视野观之，英国在欧洲—地中海地区的战略处境每况愈下，决定了英国在摸清南沙群岛的军事价值之后不可能冒险实施高投入、低收益的"南沙基地建设"构想。此时，德国已踏上扩张之路，意大利在 1938 年 4 月 16 日同英国签订《英意协定》之后并没有向英国靠拢，仍投机于德国。② 由于大英帝国的本土和"生命线"所面临的德意两国之威胁与日俱增，英国的国防资源投入势必日渐向欧洲—地中海地区倾斜。在此情势下，平心而论，英国即便兼具必要的科技和财政实力，其"南沙基地建设"构想也难逃幻灭的结局。总之，英国为"南沙基地建设"构想徒耗精力和时间，对完善大英帝国东部防务体系的战略意图毫无裨益，亦未能在南沙群岛乃至南海地区造成有利于己的影响，其所展现出来的姿态又震慑不住日本，日本于 1939 年 3 月 31 日正式对外宣布兼并南沙群岛。

① 《杉村大使致廣田外務大臣電》，1937 年 5 月 21 日，東京：日本外務省外交史料館，《各国領土発見及帰属関係雑件／新南群島関係》第二卷，JACAR（アジア歴史資料センター）Ref. B02031162200。

② 齐世荣：《论英国对意大利的外交政策（1936 年 7 月—1938 年 11 月）》，《历史研究》2002 年第 1 期，第 154—158 页。

本章小结

在日本发动全面侵华战争后约一年的时间里，是南海局势从暗流汹涌到风高浪急的过渡时期。日本在 1937 年 9 月 3 日夺占东沙群岛，这加剧了英国对日本进一步夺取西沙群岛和南沙群岛并将它们打造成南进跳板的危机感和完善帝国东部防御体系的紧迫感。崛起并称雄于海洋的英国对掌控海权有着近乎天生的执着。但凡有一丝一毫的可能性，英国绝不可能将海权拱手相让。在 1938 年 7 月 20 日召开的英国内阁会议上，海军大臣库珀郑重其事地提醒与会的英国决策者们："如果我们失去了对海洋的控制，帝国将会像一座纸牌搭成的房子而轰然倒塌。"[①]为了确保作为帝国东部防务体系核心的新加坡之安全和对南海南部的战略通道及制海权的有效控制，这一时期英国主动走向遏止日本侵略南海诸岛的第一线，在外交、军事层面均力图有所作为，相较于此前与此后，其积极程度在英国南海诸岛政策演变历程中是罕有的，实可谓"积极干预"政策。这一政策的另一个新特点是，英国主动寻求将它和法国在欧洲的"制德"合作扩展成在南海地区进行"遏日"合作。1938 年 4 月—7 月，英国逐渐放弃"积极干预"政策，在南海地区不再站在遏制日本的第一线，而是退往二线。与此同时，英国更加努力地试图

[①] "Cabinet 33（38）: Conclusion of a Meeting of the Cabinet Held at 10, Downing Street, S. W. L., on Wednesday, July 20th, 1938, at 11.0 a.m.", July 20, 1938, London, The National Archives, CAB 23/94.

把法国推到南海地区对抗日本的最前线。比照同一时期英国在欧洲应付德国扩张的做法可知，它无时不刻想着利用他国为其火中取栗，而境况类似的法国往往首当其冲。^①

具体而言，在东沙问题上，英国既可以容忍日本侵占距新加坡尚远的东沙群岛，也不失时机地以"温和"而非"强硬"方式促其撤军，同时更是借题发挥以期遏止日本趁势南进侵夺位于香港以南的军事价值更高的中国岛屿。从宏观上看，英国在东沙问题上对日交涉如零敲碎打，这和它在同时期在西沙问题、南沙问题上的表现是截然不同的。追根究底，是因为东沙群岛对于大英帝国东部防务体系无甚重要性，英国在日本全面侵华战争爆发前后，在南海诸岛问题上所关注者乃西沙群岛和南沙群岛，而非东沙群岛。因此，日本夺取东沙群岛而引发英日交涉只是英国对这一突发事件的本能反应，其决策过程并不复杂，从而没有分散英国对西沙群岛和南沙群岛上的注意力。英国在东沙问题上的基本决策目标仅仅是要求日本把东沙气象台向香港提供的天气预测与播报服务恢复到以前的水平。当然，英国基本实现了这一目标。

在西沙问题和南沙问题上，英国倾注的心力要大得多。关于西沙问题，英国为遏止日本乘势进占西沙群岛，在日本夺取

---

① 1938 年 4 月 29 日至 30 日，英法在伦敦举行正式会谈，着重讨论了如何遏止德国在欧洲的扩张问题。然而张伯伦"拒绝答应派遣军队去欧洲大陆，并且表示，即使能派出一支小部队，也不会是完全机械化的"，哈利法克斯子爵表示如果德国发动进攻，"要保全捷克这个国家是不可能的"。言下之意，法国将负担在欧洲大陆抗击德国的主要责任。参见安东尼·艾登，《艾登回忆录：清算》（上），瞿同祖、赵曾玖译，北京：商务印书馆，2017 年，第 18 页。

东沙群岛之后迅即主动警告日本适可而止，同时积极联络法国、美国和荷兰，寻求得到它们的合作。鉴于上述三国在西沙问题上的利益关联度及反馈情况，英国在"策略性支持中国"政策的框架下采取"联法遏日"策略。基于对中国处境的消极认知、对日本在侵华战争情况下以军事需要为由夺取作为中国领土的西沙群岛之忧虑，及对英法合作成效的过度乐观，英国逐渐对西沙政策进行变通，进而在1938年5月前后推出"以法遏日"策略。依据变通后的西沙政策，英国视法国而非中国为合作对象，将在不承认法国对西沙群岛的"主权要求"的前提下向其提供限于外交领域的支持和合作。应该说，英国机缘巧合地暂时实现了该决策目标。

关于南沙问题，英国在日本全面侵华战争爆发之后，在"先下手为强"的心理作用下罔顾初步勘察所得负面评估，仓促形成并推行"南沙基地建设"构想。英国碍于看中的岛屿已遭法国"吞并"，力图在不承认法国的"主权要求"的前提下促其"让与"或"租赁"某个岛屿，但劳而无获。其间，所谓对南威岛的"主权要求"无非是英国用以对法博弈的筹码。这反映出英国决策具有浓厚的实用主义色彩。英国转而谋求自行占领适用的岛屿，却在再次勘察南沙群岛后认清推行该构想很可能得不偿失——南沙群岛总体上对帝国东部防务体系无足轻重、勉强进行基地建设委实投入过高而前景不明，最终在欧洲危局愈演愈烈的大形势下于1938年7月放弃这一构想，退守以前的防止日本军事控制和利用南沙群岛的底线，并决定扮演法国辅助者的角色。可以说，"南沙基地建设"构想是对"不承认不放弃"政策的超越，是英国南海诸岛政策趋向积极的重要表现。

"积极干预"政策从推行到放弃，是英国鉴于所处大国博弈形势之演化而不断调整帝国防务战略的"产物"。英国延续着既往的决策思路和逻辑，在决策过程中，以帝国防务安全为根本立足点，以对所处国际关系演变趋势和南海诸岛分别之于敌我的军事价值的认知变化为关键依据。纵观这一时期英国在南海诸岛问题上的决策和行动，"积极干预"的背后隐藏着英国将主动或被动地从南海撤退的征兆。英国最终放弃"积极干预"政策表明其在德国、意大利、日本"三线"挤压下选择战略收缩。从全球视野观之，放弃"积极干预"政策，和大约同一时期在同美国的太平洋岛屿主权与跨太平洋航空之争中节节败退，[①] 共同印证了战略收缩中的英国正在失去太平洋的海权，"日不落帝国"显露出了日薄西山的颓势。

---

① 参见张愿:《帝国权力更替的开端——20 世纪 30 年代美英太平洋岛屿主权与跨太平洋航空之争》,《太平洋学报》2017 年第 9 期, 第 36—46 页。

第四章 国际局势剧变下英国 在南海地区的退却

从 1938 年 9 月开始至太平洋战争爆发，大国间的博弈逐渐走向白热化，导致国际局势发生了一连串的剧变，凡尔赛—华盛顿体系最终轰然坍塌。中国抗日战争和欧洲战争也因太平洋战争爆发而完全联结起来，东、西方战场融成一体。这一时期以欧战爆发为节点，在前半段，德国在中欧的扩张接连得手，声势日盛；意大利兼并了希腊的邻国阿尔巴尼亚，扩充了在地中海的势力；日本夺取了华南沿海诸多城池、海南岛、西沙群岛和南沙群岛，兵锋抵近南海深处。对英国及其帝国来说，更要命的是德意日三国从政治联盟向军事同盟曲折迈进，以致它在欧洲、地中海地区、远东—太平洋地区同这三个强国进行三线战争不再是遥不可及的假想。于是，英国在"首重欧洲""首防德国"原则的基础上，至 1939 年中期逐渐明确了地中海地区和远东—太平洋地区的战略优先次序。在此情势下，在南海诸岛问题上，日本步步侵逼，英国一退再退。

第一节 "地中海优先于远东"战略原则的逐步定型

日本侵华不仅损害英国的在华利益，而且威胁到大英帝国东部的战略安全。在日本全面侵华战争初期，许阁森事件和"瓢虫号"事件对英国的刺激尤大。前者发生在 1937 年 8 月 26 日，当日时任英国驻华大使许阁森（H. Knatchbull-Hugessen）在从南京前往上海的途中遭到日本军机袭击并因此受伤，是为日本制造的"一系列袭击英国国民和财产的头一起事件"。[①] 然而，英国对该事件的处置软弱无力，致使日本此后依然肆无忌惮，[②] 可谓咎由自取。后者是指 1937 年 12 月 12 日日军炮击、轰炸长江中的英国军舰的事件。除了受损最严重的"瓢虫"号（Ladybird），英舰"蜜蜂"号（Bee）、"蟋蟀"号（Cricket）、"圣甲虫"号（Scarab）及英国怡和公司的轮船亦遭受了不同程度的损伤，日军的攻击还造成英方人员死伤。可是英国对日交涉虎头蛇尾，所谓的"强硬"不过是流于表面。[③] 不论日本是否故意制造这些事端，它们的发生及事后日本对英国的狡辩和敷衍，实无异于公然挑衅甚至羞辱英国。大约同一时期，从 1937 年 8 月中旬到 9 月初，墨索里尼应西班牙叛军领袖弗朗哥（Francisco Franco）关于封锁途经西西里岛以南通往西班牙的海上交通线的请求，派遣潜艇和战机向地中海上驶往西班牙共和军控制的港口的船只发起袭击，多艘英国船只稀里糊涂被击伤

---

① 安东尼·艾登：《艾登回忆录：面对独裁者》（下卷），武雄等译，北京：商务印书馆，1977 年，第 698 页。

② 参见崔巍：《1937 年英日就英国驻华大使被炸事件进行的外交博弈》，《学海》2015 年第 6 期，第 198—204 页。

③ 参见崔巍：《"瓢虫"号事件与英日外交博弈》，《日本侵华南京大屠杀研究》2019 年第 2 期，第 38—45 页。

击沉。[①] 形势如此，英国需要明确在以德国为最大战略威胁和以欧洲为防务重心的前提下，日本和意大利孰先孰后？远东—太平洋地区和地中海地区孰轻孰重？

在慕尼黑会议以前，英国在这个问题上一直摇摆不定。由于在远东—太平洋地区拥有大量的属地和利益，英国必不甘愿将远东向日本拱手相让。地中海—红海战略通道是连接英国本土与英国在苏伊士运河以东的属地和市场的最便捷通道，来自东方的物资、财富经过这一通道源源不断地输往英国本土。因此，英国亦断然不会坐视意大利从它手里夺走地中海的海权。在1937年末，英国国防协调大臣英斯基普明确提出了英国的四大防务目标，由先到后依次是：保护英国本土、保护英国赖以进口基本粮食和原料的贸易路线、保卫英国海外领土、在战时与任何盟国合作保卫其领土，而且第四目标附加了限制性前提条件，即"只有在实现了其他目标的情况下，才可以适当地提供这种合作"。[②] 透过第二和第三目标的排序，可以窥见英国未来在战略优先次序上在地中海和远东之间的倾向性。不过在实际上，当时英国军方认为，"相比另外两个潜在的敌人，更有可能和意大利达成谅解，其所隐含的风险也更容易接受"，而且意大利"也是三个潜在敌人中军事能力最弱、威胁最小的国家"。因此"三军参谋长在战略优先次序上将意大利和地中海战区排

---

① 高翠：《英国与尼翁会议》，《首都师范大学学报》（社会科学报）2002年第5期，第18—19页。

② "Interim Report by the Minister for Co-ordination of Defence", December 15, 1937, London, The National Archives, CAB 24/273.

在第三位"。^① 基于"首重欧洲""远东优先于地中海"的原则，英国继续维持着"先德后日""先防御后反攻"进行两线作战、在对日战争爆发后向远东派遣主力舰队的战略规划。1938 年 2 月 11 日，海军大臣库珀在一份备忘录中预判称："我们和可能会与之发生冲突的最重要的海军强国之关系在不断恶化。我们已被迫考虑派遣舰队开赴远东，这不再是遥不可及的事。"^② 其中的"海军强国"即是日本。是年初，当时中国驻英大使郭泰祺向英方求援，外交大臣艾登向郭泰祺表示："美国如调遣舰队赴远东，英国随时可大部分，甚或全力东渡。"^③ 这可以被解读为英国政府在搪塞、敷衍中方，也可以被视为英国企图把"领头"的责任推卸给美国。但这同样反映出，英国政府依然把派遣主力舰队到远东对抗日本作为选项，只是既不愿意单枪匹马对付日本，也不愿在切身利益未受损害的情况下为中国挺身而出。

从某种意义上说，英国在这一时期的对华借款问题上在"绥靖日本"与"援华制日"之间的徘徊，便是其在远东—太平洋地区／日本和地中海地区／意大利孰轻孰重问题上犹豫不决的体现。诚然，英国意识到，一旦日本征服中国，英国及其帝国

---

① N. H. Gibbs, *Grand Strategy*, Vol.1, London, Her Majesty's Stationery Office, 1976, p.391、390.

② "Memorandum by the First Lord of the Admiralty", February 11, 1938, London, The National Archives, CAB 24/274.

③ 《驻英大使郭泰祺自伦敦致外交部报告与英外长艾登晤谈关于如何援助中国及召集咨询委员会等问题之谈话情形电》(1938 年 1 月 4 日)，秦孝仪主编：《中华民国重要史料初编——对日抗战时期》第三编"战时外交"(二)，台北：中国国民党中央委员会党史委员会，1981 年，第 23 页。

将面临不堪想象的灾难。1938年5月17日，哈利法克斯子爵在给克莱琪的电报中讲得很清楚：日本全面侵华战争"越早结束，日本就越有可能有财政能力在中国本土之外贯彻其计划，把俄国人从其滨海省份赶出去及向南扩张。因此，他们越早在中国取得成功，就越直接地威胁到英国、荷兰和美国在南海周边的属地"。^①7月1日，哈利法克斯子爵拟定了一份备忘录，明确指出当前日本的扩张遇到的"唯一严重阻力是中国人的抵抗"，"他们正在为英国人和俄国人而战"。"维护英国在中国的影响力和利益的最大希望在于延长战争，直到日本精疲力竭"或者愿意"提请第三国调停并接受让其他国家公平分享中国市场的和平条件"。相反，"如果日本打赢了这场战争，毫无疑问，英国的影响力将被排除出中国，英国的金融利益将基本丧失，英国的对华贸易将在短时期内减少到微不足道的比例。"更有甚者，日本若取得战争的胜利，将"与自称'一无所有'的欧洲国家结盟，并且不受约束地在南洋（South Seas）和整个亚洲追求扩张主义的野心"。总之，"如果容许日本人实施其已知的计划并取得成效，英国的在华利益将损失殆尽，保有香港也会变得困难，英国在太平洋地区威望将受到严重打击，从而可能对帝国的统一造成严重后果。"故英国除了承担国联盟约的义务外，还应该向中国提供财政援助，因为"采取措施保护英国在中国和亚洲的利益与威望的必要性和前景对比因此招致的日本怨恨所

---

① "Halifax to R. Craigie", May 17, 1938, London, The National Archives, FO 371/22180/F4462.

带来的风险和后果，总的说来应该是利大于弊的"。① 但同样是在 7 月 1 日，财政大臣西蒙却老调重弹："贷款非但不能确保中国在一年内取胜，反而会招致日本的敌意，增加英国在欧洲与远东同时面临敌对的危险。"② 最终，"绥靖日本"的主张占上风。尽管国民政府竭尽全力争取英国对华借款，但等来的仍是英国政府的拒绝："在现在国际情势下，恐增加纠纷及英方责任。"③ 英国正是在这种摇摇摆摆中慢慢地把远东—太平洋地区从战略优先次序上往后挪。英国投放到南海诸岛的注意力和资源随之减少。

到了 1938 年 9 月，欧洲局势间不容发。德国和捷克斯洛伐克围绕着苏台德问题剑拔弩张，由于英国、法国、苏联、捷克斯洛伐克之间存在各种条约关系，德捷危机难保不会像磨盘一样最终把英法苏三国统统卷入对德战争之中。当时正在德国履行公务的国民政府军事委员会秘书齐焌向蒋介石报告称：欧洲政局"由于捷克问题之演进，极端危险，若不能在短期间设法调整，前途不堪设想，世界第二次大战将因此随时均可暴发"。④ 在慕尼黑会议召开之前，英国为求免战，对德国软硬兼施。张

---

① "Memorandum by Lord Halifax on Assistance to China", *Documents on British Policy Overseas*, July 1, 1938, Ser.2, Vol.21, No.595, CAB.24/277.

② "Note by Sir J. Simon on Assistance to China", *Documents on British Policy Overseas*, July 1, 1938, Ser.2, Vol.21, No.596, CAB.24/277.

③ 《驻英大使郭泰祺自伦敦致行政院长孔祥熙报告英阁议对五千万英镑金融借款未能通过现正进行出口信用贷款之商洽电》(1938 年 7 月 14 日)，秦孝仪主编：《中华民国重要史料初编——对日抗战时期》第三编"战时外交"(二)，台北：中国国民党中央委员会党史委员会，1981 年，第 202 页。

④ 《齐焌呈蒋介石函》(1938 年 9 月 15 日)，台北："国史馆"藏，"国民政府档案"，001-115000-00001-006。

伯伦穿梭于英伦与欧陆之间，并亲赴德国同希特勒洽谈以寻求妥协之策。另一方面，英国又摆出应战的姿态。英国政府在 9 月 26 日晚发表公报，声明"如果德国坚持对捷克斯洛伐克动武，而将英国首相的努力弃之不顾，那么将导致一个直接的结果，即法国必然对捷克斯洛伐克进行保护。英国和苏联都将支持法国"。英国海军部于 28 日"正式向英国舰队下达了动员令"。① 在同德国朋比为奸的意大利的斡旋下，英法德意四国于 9 月 29 日召开慕尼黑会议，并签署《慕尼黑协定》。② 英法两国以牺牲捷克斯洛伐克的苏台德地区为代价，换取所谓的欧洲和平。只不过从长远看，英国所支付的代价同样巨大，因为"慕尼黑协定标志着英国在东欧的影响——除希腊和土耳其半岛的前哨基地外，也开始趋向结束"。③

当此欧洲局势的危急万状之时，一直密切关注欧洲事态演进、寻机而动的日本误以为欧战爆发只在旦夕之间，盘算着利用欧战将英国牢牢束缚在欧洲，减少英国对其在远东扩张的阻碍。于是，日本积极推波助澜，为德国摇旗助威。日本外相发表谈话，把捷克斯洛伐克定义为共产国际在欧洲推行"布尔什维克化阴谋的基地"，宣称"日本准备一如既往地根据《反共产国际协定》的精神，与德国、意大利联合起来对

① 温斯顿·丘吉尔:《丘吉尔第二次世界大战回忆录》(1)，方唐译，北京:北京时代华文书局，2017 年，第 300、301 页。
② 《关于捷克斯洛伐克割让苏台德领土给德国的协定》(1938 年 9 月 29 日)，《国际条约集（1934—1944）》，北京:世界知识出版社，1961 年，第 208—211 页。
③ 阿德诺·汤因比主编:《第二次世界大战全史（1）:1939 年 3 月的世界》，郑玉质、关仪译，上海:上海译文出版社，2015 年，第 389 页。

抗红色行动"。[1] 因此，当闻知《慕尼黑协定》签订，日本军方尤感失落，因为其认定"欧洲大战将使其国家得以在远东自由行动"。[2]

由于对欧洲临战状态和德意日三国沆瀣一气心有余悸，英国谋划调整帝国防务战略。1938 年 10 月初，三军参谋长完成了关于在不久的将来可能发生的对德战争之形势的评估。三军参谋长坦承，争取意大利很可能是与虎谋皮，意大利加入德国一方进行干涉将把战区扩大到地中海，若日本再乘隙而入，英国在向远东派遣一支力能胜任的舰队的同时，显然不可能再控制东地中海及途经此地的海上交通线。"在这种情况下，除非法国海军承担起对西地中海和直布罗陀地区的全部责任，否则意大利几乎将任意支配整个地中海。"[3] 对英国来说，以如今之国力与形势，一旦全力以赴对德国作战，再也无法独自同时应付意大利和日本分别在地中海地区和远东—太平洋地区发起的攻击。其当务之急是重新思考远东—太平洋地区／日本和地中海地区／意大利在帝国防务战略中的轻重缓急之位置。事实上，英国于 1938 年 4 月 16 日和意大利签订了《英意协定》，企图通过承认意大利吞并埃塞俄比亚等让步改善英意邦交，协调彼此利益，

① "Sir R. Craigie（Tokyo）to Viscount Halifax", *Documents on British Policy Overseas*, September 14, 1938, Ser.3, Vol.8, No.95, F9885/152/23.

② "Sir R. Craigie（Tokyo）to Viscount Halifax", October 7, 1938, London, The National Archives, FO 371/22185/F11368.

③ N. H. Gibbs, *Grand Strategy*, Vol.1, London, Her Majesty's Stationery Office, 1976, pp.420—421.

奈何竹篮打水一场空。①

英国对日本攻掠华南的反应从侧面反映出远东—太平洋地区在其帝国防务战略优先次序中呈下降状态。1938年10月，日本发动惠广战役。至是月29日战役结束，日军攻陷了广州及其周边主要城镇、要塞。基于英国在华南和东南亚享有巨大的殖民利益，中国试图以此为契机，推进英国援华制日。10月17日，中国驻英大使馆向英国政府递交了两份备忘录。其中一份备忘录写道："日本入侵广东，标志着日本南进政策的开始，这显然不是针对中国，而是为了试探英国的态度。如果英国听信日本尊重外国权益的空话，采取日本可以理解为软弱或动摇的态度，那么一旦日本在华南获得基地，日本当前的统治者们就会把西太平洋地区内所有英国领土和利益作为兼并的目标。日本大胆向南挺进，这显然是其反英政策的具体化"。"日本对大英帝国是如此的敌视，以致在不久的将来，大英帝国必会发现她不得不和其他民主国家联合起来，对日本在东亚和西太平洋的侵略野心进行永久性的遏制，否则日本将与其他某些国家联合起来，继续对大英帝国的完整性构成严重威胁"。在另一份备忘录中，中方强烈呼吁英国切实履行国联的盟约及有关决议，支援中国抗日，并对日本实施战略物资的禁运。然而，哈利法克斯子爵并没有给予郭泰祺明确的答复。②11月4日，蒋介石

---

① 齐世荣：《论英国对意大利的外交政策（1936年7月—1938年11月）》，《历史研究》2002年第1期，第154—158页。

② "Viscount Halifax to Sir A. Clark Kerr（Shanghai）", October 17, 1938, *Documents on British Policy Overseas*, Ser.3, Vol.8, No.160, F10937/78/10.

约见英国驻华大使卡尔，直言日本占领广州是"予中国及大英帝国以打击……夺取英国一百年来享有的历史地位，而一跃为东亚之盟主"。他以略带威胁的口吻警告称，如果英国仍不改变拒绝援华之政策，国民政府将不再就"中国未来之国策与态度，或与远东有关之任何事件"与英方商量及合作。①两天后，蒋介石再次约见卡尔，谈话中威胁的意味更浓：如果英国仍不准备援助中国，他将从别的地方寻求盟友；如果中国愿意加入日本的远东反英政策，日本将放弃其自战争以来赢得的一切。②可是，英国政府又一次把美国推出来当挡箭牌。面对奉命前来恳谈关于合作对抗日本的郭泰祺，英国外交副大臣表示英法两国都愿意对日本采取进一步动作，"惟其效力知何，胥视美国能否并行动作。就过去而言，英方屡次向美国有所建议，辄被拒绝……""英方随时愿与美国合作，不甘落后，美亦知悉，故关键实在美"。③

当远东—太平洋地区在英国的战略优先次序中不断后移，南海诸岛在英国的战略视野中也就愈发边缘化。英法两国预定于1938年11月24日在巴黎举行的英法部长级会议，商讨彼此在远东事务尤其是对日博弈上的合作问题。依据英国外交部为此专

---

① 《十一月四日与英使卡尔谈话节略》（1938 年 11 月 4 日），台北："国史馆"藏，"蒋中正总统文物"，002-080106-00057-006。

② "Sir A. Clark Kerr（Changsha）to Viscount Halifax", November 11, 1938, *Documents on British Policy Overseas*, Ser.3, Vol.8, No.223, F11989/84/10.

③ 《王宠惠致蒋中正电》（1938 年 11 月 24 日），台北："国史馆"藏，"蒋中正总统文物"，002-090103-00003-194。

门拟定的备忘录可知，虽然英方拟同法方商讨的内容包括了南海诸岛问题，但它并不知晓同时期日本在南海诸岛的各类试探性行动。[①] 而且，到了正式会谈时，双方的讨论内容却完全未涉及南海诸岛。[②]

"慕尼黑阴谋"并不能真正改善英国在欧洲的战略危境。1939年3月，德国疾风骤雨式地发起新一轮的扩张：15日，撕毁《慕尼黑协定》，兵不血刃地吞并捷克，把斯洛伐克变成保护国（捷克斯洛伐克有小部分领土为波兰、匈牙利所瓜分）；22日，威逼立陶宛向其割让了梅梅尔。通过灭亡捷克斯洛伐克，德国得到了斯柯达兵工厂——仅次于德国克虏伯兵工厂的欧洲第二大兵工厂，并将军事力量延伸到波兰的侧翼。这"标志着物资上和地势上的力量从此大大有利于轴心国"。[③] 希特勒又马不停蹄地对波兰提出了归还波兰走廊和但泽的要求。为了威慑德国，英国和波兰展开永久性互惠协定谈判，前者还向波兰提供了临时性单方面保证。3月31日，张伯伦在下议院宣布：在英波协商期间"如果发生任何显然已威胁波兰独立的行动，而波兰政府因此也认为必须动员全国力量进行抵抗时"，英国政府"有责任立即全力支持波兰"，并"已经给予波

---

① "Memoranda for Use at Meeting of British and French at Paris on 24th November", November 16, 1938, London, The National Archives, FO 371/22176/F12923.

② "Record of Anglo-French Conversations Held at the Quai D'Orsay On November 24, 1938", November 24, 1938, *Documents on British Policy Overseas*, Ser.3, Vol.3, No.325, C 14652/13/17.

③ 罗伯特·安东尼·艾登：《艾登回忆录：清算》（上），瞿同祖、赵曾玖译，北京：商务印书馆，2017年，第55页。

兰政府这种保证"。① 德国很快就还以颜色，希特勒在 4 月 28 日宣布废除 1934 年缔结的《德波互不侵犯条约》和 1935 年缔结的《英德海军协定》。紧随其后的是，德国不再隐藏其建造的"H 级"战列舰龙骨。② 有学者认为这是希特勒对英国实施"神经战"。③ 不管德国是否意图虚张声势，单方面撕毁条约让德国可以不受约束地对波兰发动进攻和随心所欲地扩充海军力量，这必然令英国寝食难安。英国在欧洲承受的战略压力愈大、承担的军事义务愈多，则能够投送到欧洲以外的力量愈少。1939 年 3 月，英国政府在寻求同美国政府达成海军合作时，坦承英国"如果卷入了一场欧洲战争，可能无法立即大规模加强驻远东的海军力量，而这可能会影响到美国海军部署。"④

一波未平一波又起。意大利在 1939 年 4 月 7 日出兵希腊的邻国阿尔巴尼亚，随后将其兼并。轴心国的军事力量进一步楔入了巴尔干半岛。更令英国坐卧不安的是，关于意大利将夺取希腊的科孚岛、甚至进攻希腊本土的传闻接踵而至。而一旦轴心国真的控制或征服希腊，会对英国在地中海和中东的利益形

① 《英国首相张伯伦在下院的讲话（节录）》(1939 年 3 月 31 日)，李巨廉、王斯德主编：《第二次世界大战起源历史文件资料集（1937.7—1919.8）》，上海：华东师范大学出版社，1985 年，第 544 页；罗伯特·安东尼·艾登：《艾登回忆录：清算》(上)，瞿同祖、赵曾玖译，北京：商务印书馆，2017 年，第 55 页。

② Joseph A. Maiolo, *The Royal Navy and Nazi Germany, 1933—39: A Study in Appeasement and the Origins of the Second World War*, London: Macmillan Press Ltd., 1998, p.189.

③ A. J. P. 泰勒：《第二次世界大战的起源》，潘人杰、朱立人、黄鹏译，上海：华东师范大学出版社，1991 年，第 224 页。

④ "Foreign Office to R. Lindsay", March 19, 1939, London, The National Archives, FO 371/23560/F2879.

成更直接的威胁。[①]英国政府迅速做出反应，于4月13日发表声明称"极其关注地中海和巴尔干半岛的现状，认为上述地区应免受武装力量的干扰或武装部队的威胁……一旦出现明显威胁希腊或罗马尼亚的行动，而希腊或罗马尼亚两国政府均认为必须使用其国家武装部队予以抵抗时，英王陛下政府认为自己将根据当时情况，有义务全力以赴地给予希腊或罗马尼亚政府以援助"。[②]法国随即采取协同行动，发表了类似声明。[③]在此情势下，英国在地中海和远东之间作出明确取舍更为急迫了。毕竟正如参谋长委员会所指出的："我们对希腊和罗马尼亚的保证及我们和土耳其的协议使我们更难放弃对东地中海的控制：这一点在帝国防务委员会最近的一次会议上得到了强调。"[④]

伴随着大国博弈的激化及由此造成的自身战略处境的恶化，进入1939年，"地中海优先于远东"战略原则逐步清晰化。1939年2月，三军参谋长起草的《1939—1940年欧洲的评估》明确主张改变在对日战争爆发后向远东派遣主力舰队这一既定战略规划。三军参谋长指出，"如以前所认为的，以新加坡为基

① 阿德诺·汤因比主编：《第二次世界大战全史（2）：大战前夕1939年》，劳景素译，上海：上海译文出版社，2015年，第138页。
② 《英国首相张伯伦关于向希腊、罗马尼亚提供保证的声明（节录）》（1939年4月13日），李巨廉、王斯德主编：《第二次世界大战起源历史文件资料集（1937.7—1939.8）》，上海：华东师范大学出版社，1985年，第573页。
③ 《法国总理达拉第关于向希腊、罗马尼亚和波兰提供保证的声明（节录）》（1939年4月13日），同上书，第574页。顾维钧：《顾维钧回忆录》第三分册，中国社会科学院近代史研究所译，北京：中华书局，2013年，第391页。
④ "Report about the Situation in The Far East by Chiefs of Staff Sub-Committee", June 18, 1939, London, The National Archives, CAB 53/50.

地，在远东开展的海军行动将为澳大利亚、新西兰、印度和南非以及英国在印度洋的地位提供保护。"然时异事殊，如今开赴远东的"舰队的力量必须取决于我们的资源和欧洲战场上的战况"。这一评估报告被提交帝国防务委员会讨论。在 2 月 24 日的会议上，张伯伦赞成三军参谋长的评估，认为"向各自治领做出的我们将向远东派遣一支力能胜任的舰队的保证已经变得绝对化和不切实际……在某种情况下，能够派往远东的舰队的力量可能难以胜任"。总之，"在对日战争爆发后向远东派遣主力舰队这一早已被接受的战略遭到了前所未有的公开的挑战。"英国政府内部的主流意见在 1939 年春已倾向于"优先考虑地中海而不是远东"。①

在"地中海优先于远东"战略原则定型的过程中，英国海军部起了主导作用。1939 年 3 月 29 日，海军部在致外交部、陆军部、空军部、自治领部的函电中系统阐述了英国所处的防务困境："目前的建设计划是我们的生产能力所能达到的最大规模；再者从生产、人员和资金的角度来看，英国有可能无法建设和维持一支能够跟上述三个国家海军力量之总和旗鼓相当的舰队"。而且"无论是在现在，还是到了完成目前的舰队扩充计划的时候，英国舰队都不能够被视为足以同时成功地对抗德国、意大利和日本的海军"，甚至也没有把握能够战胜其中一国。因此，英国在海军主力驻防本土的情况下，实在无法做到同时向地中海和

---

① N. H. Gibbs, *Grand Strategy*, Vol.1, London, Her Majesty's Stationery Office, 1976, pp.421—423.

远东分别提供由主力舰和其他较小型的军舰所组成的舰队。目前剩余的主力舰被大量部署在地中海，故向远东部署主力舰是不可能的事。总之，英国"必须继续依赖于其当前的政策，即在本土留驻一支主力舰队，在地中海留驻另一支主力舰队。这一政策并不排除必要时派遣舰队开赴远方的可能性。新加坡的基地已经加强了防御，以备不时之需"。但是否"必须以放弃地中海作为加强我们在远东的地位的代价"，这"只能由政府决定，而且大概要在与自治领协商后才能做出决定"。至于远东防务的远景目标，则是"我们在 1942 年之前能够在远东部署一艘主力舰"。[1] 换言之，海军部认定保护地中海战略通道在紧迫性和必要性上已经超越了保护大英帝国东部，尽管意大利仍旧不如日本强大。海军副总参谋长坎宁安（Andrew Cunningham）专门向东南亚指挥部提交一份备忘录，强调"有如此多的可变因素是当前无法评估的，因此不可能明确地说明在日本介入之后多久才可以派遣一支舰队前往远东，也不可能精确地列举出我们能够派出的舰队的规模"。5 月 2 日，帝国防务委员会最终作出决议："鉴于许多可变的因素，目前不可能评估在对日开战之后能够派往远东的舰队之规模或确切的起航时间"。[2] 也就是说，只有在彻底击败了德国和意大利的军队，或者在欧洲—地中海地区的战略安全得到保障之后，英国才会派遣主力舰队开赴远东与日军对抗。这与放弃"在对日战争爆发后向远东派遣主力舰队"的设定又有何异！自此，

---

[1] "Admiralty to the Under Secretary of State, Foreign Office", March 29, 1939, London, The National Archives, FO 371/23544/F3147.

[2] N. H. Gibbs, *Grand Strategy*, Vol.1, London, Her Majesty's Stationery Office, 1976, pp.421—426.

"地中海优先于远东"战略原则定型了。英国对抗日本、遏止其侵吞南海诸岛的底气也就所剩无几了。

5月22日，由于日本不愿接受德国的方案，把英国作为军事同盟的针对对象，[①] 德意两国抛开日本先行结成军事同盟。[②] 用丘吉尔的话说，"这是对英国给予东欧各国软弱性保证的挑战性回复。"[③] 德国和意大利在欧洲、地中海地区兴风作浪、相互策应，令英国疲于奔命，而日本尚和德意两国保持距离，这一局面给了英国某种希望——存在分化日德关系和日意关系的可能性，至少可以减缓日本倒向德意阵营的速度。这在客观上也会促使英国选择"地中海优先于远东"战略原则。6月，日本以伪海关监督程锡庚在天津英租界被暗杀为借口，要求英国进行合作与作出让步，并以武力封锁天津英租界、法租界进行胁迫，是为"天津事件"。面对日本近乎羞辱的行动，英国国防协调大臣要求参谋长委员会就远东局势进行评估。6月18日，参谋长委员会提交了报告。其结论是：在缺乏美国的军事合作的情况下，英国无力对抗日本。尽管目前英国和日本主力舰对比是11:9，但英国"在确保自身在本土和地中海之地位的同时，能派往远东的最大兵力不可能超过两

---

① 1939年5月，日本政府向美国驻日大使格鲁保证：日本不会和德意两国结成全面性的联盟，"只是强化反共协定，其适用范围仅限于苏俄"（约瑟夫·C.格鲁：《使日十年》，沙青青译，北京：社会科学文献出版社，2020年，第326页）。

② 《德国与意大利同盟条约》（1939年5月22日），《国际条约集（1934—1944）》，北京：世界知识出版社，1961年，第218—220页。

③ 温斯顿·丘吉尔：《丘吉尔第二次世界大战回忆录》（1），方唐译，北京：北京时代华文书局，2017年，第367页。

艘主力舰"，而英国"要稳妥地对付日本，需要一支包括 8 艘主力舰在内的舰队"。参谋长委员会甚至做了最坏的打算：如果日本舰队大举南下，英国在远东的海军舰队将不得不向西撤退，致使新加坡门户洞开。[①] 日本的咄咄逼人并没有改变英国的"地中海优先于远东"的战略抉择。相反，英国还决定委曲求全，不就"天津事件"对日本采取经济报复措施，以免激怒日本。

1939 年上半年英国意图推动美国肩负起在太平洋抑制日本的责任甚至承担协防远东地区的英属领地的义务，以及中英两国在 1939 年 3—8 月的互动，皆在某种意义上反映了英国关于"地中海优先于远东"的抉择。面对美国，英国是积极接近的一方。英国一再以自己在地中海地区承担了新的防务义务，无法兼顾远东—太平洋为由，敦促美国调整海军部署，加紧从大西洋抽调海军力量，转而部署到太平洋。[②] 5 月 26 日，英国海军部决定委派海军计划局官员汉普顿（T. C. Hampton）以个人身份前往华盛顿，与美方海军代表就两国海军合作进行秘密会谈。汉普顿的任务是让美国深切感受到英国的困境，即一旦日本趁英国对德国、意大利作战而向英国动武，英国无力派遣主力舰队开赴太平洋对抗日本，进而引导美国提出而非自己主动提出英美海军联合问题。如若美国提出这一问题，则趁机表明希望美国海军将

---

① "Report about the Situation in The Far East by Chiefs of Staff Sub-Committee", June 18, 1939, London, The National Archives, CAB 53/50.

② 参见麦克唐纳：《美国、英国与绥靖：1936—1939》，何抗生等译，北京：中国对外翻译出版公司，1987 年，第 169—186 页。

力量集中于太平洋，必要时可使用新加坡基地。① 英美双方在 6 月 12—16 日的秘密会谈中基本摸清了对方的意图。

　　与此截然相反的是，面对积极靠拢的中国，英国却刻意保持距离。3 月下旬，国民政府决策层计划"先向英法提出在东亚军事协定"，并"决定对英法协商条文原则"。② 是月 24 日，国民政府外交部训令郭泰祺、顾维钧分头就该问题与英国和法国政府商洽。③4 月 12 日，英国外交部告诉郭泰祺，关于中方提出的"中国、法国、英国和美国应该达成某些安排，以便在远东地区进行务实的磋商和有效的联合行动"的建议，英国政府认为远东形势尚未恶化到必须严肃、深入地加以研究。④ 英国一边拒绝中国提出的在远东进行军事合作的建议，一边全然不顾中国的强烈反对而一再对日本让步。7 月 24 日，英国和日本达成有碍中国抗战的《有田—克莱琪协定》，英国承认"在华日军为保障其自身之安全与维持其控制区内公安之目的计，应有特殊之要求……凡有妨害日军达到上述目的之行动，英政府均无意加以赞助"。⑤ 而两天后，7 月 26 日，美国政府通知日方将废止

① J. R. Leutze, *Bargaining for Supremacy: Anglo-American Naval Collaboration, 1937—1941*, Chapel Hill: The University of North Carolina Press, 1977, p.37.

② 《蒋介石日记》(手稿)，1939 年 3 月 21 日、1939 年 3 月 23 日，美国斯坦福大学胡佛研究所藏。

③ 顾维钧：《顾维钧回忆录》第三分册，中国社会科学院近代史研究所译，北京：中华书局，2013 年，第 379—380 页。

④ "Foreign Office to R. Craigie", April 26, 1939, London, The National Archives, FO 371/23561/F3945.

⑤ 《有田—克莱琪协定》(1939 年 7 月 24 日)，章伯锋、庄建平主编：《抗日战争》第四卷《抗战时期中国外交》(上)，成都：四川大学出版社，1997 年，第 651—652 页。

美日商约。^①英美两国在中日问题上的表现形成鲜明对比，这令国民政府"意识到几乎不可能再依赖英国政策"，蒋介石称美国此举"来得十分及时"，"缓解了中国面临的极其严峻和危险的局势"。^②也是在这个时候，中国战时外交中心最终完成了"美进英退"的转变。^③国民政府在寻求中英军事合作中的屡屡碰壁及与之相伴的外交重心之转移，映射出了远东—太平洋地区在英国战略优先次序中的后退。在某种意义上看，中国战时外交中心"美进英退"的转变与英国"地中海优先于远东"战略原则的定型形成了呼应——置身国际变局的中国和英国均在大国博弈视野下探索符合自身战略利益的最优解。

第二节　英国在西沙问题上的撒手与远离

在法国于 1938 年 6 月向西沙群岛派驻警察部队之后，中国和日本因各自的战略考量而未诉诸武力。然而，日本汲汲于南进，绝不可能忘怀西沙群岛。1938 年 8—9 月间，日本成立了几家有官方背景的企业，以开发西沙群岛的磷酸矿。或许是

---

① "The Secretary of State to the Japanese Ambassador (Horinouchi)", July 26, 1939, U. S. Department of State, *Foreign Relations of the United States Diplomatic Papers, 1939*, Vol.3, WDC, U. S. Government Printing Office, 1955, pp.558—559.

② "The Ambassador in China (Johnson) to the Secretary of State", July 31, 1939, U. S. Department of State, *Foreign Relations of the United States Diplomatic Papers, 1939*, Vol.3, WDC, U. S. Government Printing Office, 1955, p.562.

③ 肖自力、蔡梓：《多边关系框架下国民政府外交重心的转移（1937—1940）》，《历史研究》2019 年第 6 期，第 126—127 页。

因为这些企业尚未制定出切实可行的计划，英国政府似乎对此不在意。① 显然，英国政府忘记半年前英国驻日大使克莱琪对日本南进扩张模式的概括——"国旗紧随贸易之后"。②9 月 16 日，粤省当局公开表示已获悉有两艘日本军舰于 9 月 14 日驶往西沙群岛，目前已有一艘日本航空母舰驻留在东京湾（即北部湾），并据此预测"日本预备一旦欧战发生，即在西沙群岛攻打法国"。③10 月 2 日，两艘日本巡洋舰出现在文昌、临高等地洋面，"往来窥伺，并派出水机 4 架到西沙群岛方面侦察"。④11 月，日军登上西沙群岛，竖碑而还。⑤ 只是英国全神贯注地应付德捷危机及其余波，对日本此类试探性行动未有丝毫察觉。至于西沙群岛上的法国警察部队，简直是形同虚设！

慕尼黑会议之后，英国希望进一步密切同法国的协同合作，以应对险象环生的远东局势。英法两国预定在 1938 年 11 月 24 日在巴黎举行部长级会议。为此，英国外交部就拟磋商事项精心准备了备忘录。关于南海诸岛问题，外交部在备忘录中写道：数月以来，围绕着西沙问题和南沙问题，法国"一直与日本进行着针锋相对的交涉"。英、法"在防止日本永久占领中国南方沿海岛屿（东沙群岛、海南岛和西沙群岛）的问题上具有共同

① "D. P. Macdermot to R. Craigie", August 31, 1938, London, The National Archives, FO 371/22137/F10765; "R. Craigie to Halifax", September 16, 1938, London, The National Archives, FO 371/22137/F10765.
② "R. Craigie to Halifax", March 23, 1938, London, The National Archives, FO 371/22190/F4209.
③ 《欧战一旦发生日将攻西沙岛》，《上海报》1938 年 9 月 17 日，第 1 版。
④ 《日派水机四架飞西沙群岛窥察》，《申报》(香港版) 1938 年 10 月 4 日，第 2 版。
⑤ 韩振华编：《我国南海诸岛史料汇编》，北京：东方出版社，1988 年，第 689 页。

利益。我们同样关注他们如何遏制日本海军在整个南中国海扩大影响力的雄心勃勃之计划。我们和他们一样急于阻止日本控制南威岛和太平岛"。日本"到目前为止，尚未对海南岛或西沙群岛采取任何行动"。外交部认为，英国当前在海南岛和西沙群岛的问题上重复之前的对日交涉是不明智的。由于日本已经不在乎英日关系会因为日本占领海南岛、西沙群岛而进一步恶化，英国在此问题上提出交涉只会招致日本的抵制。在有关海南岛、西沙群岛、南沙群岛的问题上，英国只能在外交上向法国提供道义支持。① 就结论而言，外交部试图把西沙政策中的"以法遏日"策略的适用范围扩展到海南岛和南沙群岛，指望在不付出实际代价的情况下推动法国单枪匹马地抵御日本可能发动的对上述岛屿的军事行动。到了最后，英国和法国在 11 月 24 日的会议中却完全没有讨论如何合作防止日本侵吞西沙群岛和南沙群岛。② 这预示着英国将南海诸岛移出战略视野只是时间问题。

曾几何时，英国也设想过在日本进攻海南岛时与法国联合实施干预。1938 年 6 月下旬，英法两国政府联合向日本政府发出警告：一旦日本占领海南岛，英、法"毫无疑问将向对方提供在目前情况下看起来是必要的支持"。③ 可是后来，英国受制

---

① "Memoranda for Use at Meeting of British and French at Paris on 24th November, 1938", November 16, 1938, London, The National Archives, FO 371/22176/F12923.

② "Record of Anglo-French Conversations Held at the Quai D'Orsay On November 24, 1938", November 24, 1938, *Documents on British Policy Overseas*, Ser.3, Vol.3, No.325, C 14652/13/17.

③ "Foreign Office to R. Craigie", June 30, 1938, London, The National Archives, FO 371/22137/F6931.

于欧洲危局，竟背弃了对法国的这一承诺。同年 11 月 17 日，莱热向顾维钧透露，他"问过英国人，如果日本在华南发动类似占领海南岛或其他岛屿的军事袭击时，英国能否与法国一致行动……英国人的回答一直是否定的。"莱热认为"英国由于欧洲现况，也不能对远东作出任何反应或采取任何积极的政策，除非美国准备出面带头"。① 由于西沙群岛的军事价值远不如海南岛，如前所述英国外交部又产生了在西沙问题上对日交涉有害无益的认知，英国在日本对西沙群岛发起军事行动时联合法国进行干涉和制止的可能性着实很小。就事论事，日本忌惮英国甚于法国，假如英国不站在日本的对立面对其施加压力或者影响，从长远看，单靠法国一己之力恐不足以阻止日本南进的步伐。

1939 年初，关于日本即将吞并西沙群岛和南沙群岛的报道不时见诸英国媒体，这甚至引起了日方的注意。如《旗帜晚报》于 1939 年 1 月 26 日报道称，1938 年 12 月 27 日日本经阁议决定吞并西沙群岛，这一决议于 12 月 28 日得到天皇裁可，并将于近期付诸实施。报道分析认为，日本在决策期间"并未向列国发出过任何通告，可见其是以制造既定事实为方针"。由于西沙群岛与香港、美属菲律宾、法属印度支那等毗邻，"若日本在岛上设空军基地，则英法美等国政府将蒙受同样的威胁"。报道还谈到，日本在近期也将以同样的方式侵占南沙群岛。② 当天伦

---

① 顾维钧：《顾维钧回忆录》第三分册，中国社会科学院近代史研究所译，北京：中华书局，2013 年，第 252 页。

② 《重光大使致有田外务大臣電》（1939 年 1 月 27 日），東京：日本外務省外交史料館藏，《各国領土発見及帰属関係雑件／南支那海諸礁島帰属関係》第三巻，JACAR（アジア歴史資料センター）Ref.B02031160700。

敦还有其他媒体做了类似报道，谓如果日本将西沙群岛"用作空军基地，或用于其他军事用途，英美法等国将视之为危险信号"。[①] 然而，英国政府似乎没有受到触动。"伦敦的外交界认为日本不可能吞并西沙群岛"，怀疑这类传闻是谣言，因为"根据现有的资料，法国人对西沙群岛的占领没有引发冲突，岛上只有几个日本渔民"。[②] 由于当时已经出现了"一种令人不安的可能性，即日本人也许会占领海南岛，这将使他们介于香港和新加坡之间"，[③] 英国在南海地区的注意力集中于海南岛。早在1938年12月，英国已经接二连三地接获关于日军正在为进攻海南岛做准备的情报，并得出日本"不久后将尝试进行登陆"的判断。[④] 这大概是英国对日本可能占领西沙群岛的传闻无动于衷的主要原因。

英国的判断是正确的。1939年1月13日，日本御前会议作出了攻占海南岛的决定。2月10日，日军发起登陆作战并攻陷

---

① 《宫崎代理大使致有田外务大臣电》（1939年1月27日），东京：日本外务省外交史料馆藏，《各国领土发见及归属关系杂件／南支那海诸礁岛归属关系》第三卷，JACAR（アジア歴史资料センター）Ref.B02031160700。

② "No Attack Expected On Paracels: Rumours of Japanese Plans Discredited in London", *The North-China Daily News*, January 29, 1939, pg.12; "Nippon Attack on Paracels Said Unlikely", *The China Press*, January 29, 1939, pg.1; "Paracel Islands: Reports of Annexation by Japan Unconfirmed London", *South China Morning Post*, January 30, 1939, pg.15.

③ "J. S. Watson to the Secretary of State for Foreign Affairs", January 3, 1939, London, The National Archives, FO 371/23476/F1069.

④ "A. Clark Kerr to Foreign Office", December 3, 1938, London, The National Archives, FO 371/22137/F12835; "The Staff Officer（Intelligence）, Shanghai to Admiralty", December 3, 1938, London, The National Archives, FO 371/22137/F13000.

海口，14日又占领了三亚、榆林等地。①10日当天，克莱琪向英国外交部报告了日军的行动。②面对日军进攻海南岛，法国政府不但指示驻日大使向日方提出抗议，亦向英国政府寻求支持。于是，英国外交部训令克莱琪也向日本政府提出类似抗议，同时要求他"鉴于英国政府和法国政府在面对日本行动时的处境不同"及日本政府此前在海南岛问题上向英法两国政府做出的保证的性质也不一样，"应该与法国驻日大使分开抗议"。③显然，英国仅是意图通过在表面上保持与法国"共进退"的姿态，震慑日本。毕竟从英法两国各自在远东的属地的分布来看，倘若日本占领海南岛，首当其冲的是法国而非英国，英国不愿为法国"作嫁衣"。2月16日，面对法方关于一起派军舰前往海南岛以威慑日本的请求，英国政府索性表示"英国在该岛上不存在重要的利益"，"两艘或三艘小型军舰，无论是法国的、美国的还是英国的，无法对任何可能的日本海军或陆军的行动进行有力抵抗。驻日的法国和英国大使已经采取的交涉是唯一适合当前情况的政治行动。在英国政府看来，当前任何进一步的政治举措将因为被视为具有挑衅性而不获赞成"。④其实，法国意在

---

① 日本防卫厅防卫研究所战史室：《中国事变陆军作战史》第二卷第二分册，田琪之译，北京：中华书局，1980年，第101、103页。

② "R. Craigie to Foreign Office", February 10, 1939, London, The National Archives, FO 371/23476/F1322.

③ "Foreign Office to R. Craigie", February 11, 1939, London, The National Archives, FO 371/23476/F1322.

④ "R. Q. Howe to E. Phipps", February 17, 1939, London, The National Archives, FO 371/23476/F1574.

恫疑虚喝。自日本发动全面侵华战争以来，法国"极力怂恿英国不要卷入远东问题"。中美苏三国的驻法大使不约而同判定，这是缘于法国担忧英国会因为过分卷入远东事务甚至对日开战而"被迫分散力量"，以致"向德国妥协"并"要求法国作出最大的牺牲"。[①] 只是法国没有料到，此时英国连通过展示武力摆摆姿态、做做样子都不愿意了。

在日本进攻海南岛的第二天，捷克斯洛伐克驻日大使就提醒克莱琪：据悉"德意两国大使已经强烈敦促日本政府占领海南，这大概是目前轴心国对法国施压的组成部分"。[②] 不管是否属实，这类情报必然会加剧英国对日本与德意两国东西联动的顾忌，也可能会助长其侥幸心理，认为法国才是首当其冲。[③] 其后果即是降低英国作出强硬回击的意愿。也恰恰是在这个时候，英国的"地中海优先于远东"战略原则逐渐清晰化。因此，英国尽管意识到日本攻占海南岛将对远东的地缘政治格局造成深刻变动，进而影响到大国博弈的整体形势，却绝不肯轻易在远东投放更多的战略资源。国民政府把日本占领海南岛视作天赐良机，试图促成中国与英国、法国等西方列强的军事合

---

① 《顾维钧回忆录》第三分册，中国社会科学院近代史研究所译，北京：中华书局，2013 年，第 297、323—324 页。

② "R. Craigie to Foreign Office", February 11, 1939, London, The National Archives, FO 371/23476/F1376.

③ 英国驻日大使馆编写的《1939 年第 2 号政治日记，2 月 1—28 日》分析称："日本作为反共三角的忠实成员，无疑觉得一定要尽其所能给英、法制造麻烦……占领海南对印度支那构成了直接的威胁"（"R. Craigie to Halifax", March 21, 1939, London, The National Archives, CO 129/575/3）。

作以共抗日本，^①实无异于缘木求鱼。果不其然，英国军方婉拒了国民政府关于中英法三国在远东进行军事合作的提议："海南岛被占，影响至巨，尤以新加坡至香港之航行大受威胁，英颇感形势险恶，但军事行动尚嫌过早"；"倘英与日在作战状态中即考虑接受。现形势不同"；"对于远东迳用外交方式阻止日本一切超出轨道之行动，因距本国遥远不得不尔"。^②英国外交部官员豪（R. Q. Howe）也告诉郭泰祺，即便日本有意永久占领海南岛，他"也说不出英国政府可能在这件事上采取什么进一步的措施"。^③值得一提的是，当日本于1937年9月占领东沙群岛时，英国率先想到的是阻止日本进一步夺取海南岛和西沙群岛，而且在某种意义上把它俩视为一个整体加以考虑。这是因为这两者地理位置相近，又都处于自新加坡至香港航线之

---

① 1939年2月11日，蒋介石关于日本登陆海南岛发表谈话，声言"敌军若占领该岛，不仅可完全阻断香港与新加坡间交通，切断新加坡与澳洲间之联络……实为完全控制太平洋海权之发轫，该岛若归日军掌握，则日本海军向西可以由印度洋以窥地中海，而在东面，即可以断绝新加坡、夏威夷岛、珍珠港英美海军根据地之联络"。此"无异造成太平洋上之九一八"（《蒋介石关于日军海南岛登陆问题谈话》（1939年2月11日），中国第二历史档案馆编：《中华民国史档案资料汇编》第五辑第二编"外交"，南京：江苏古籍出版社，1997年，第63—64页）。蒋介石断言"此为开战以来对英法美最大之威胁，此后战局必将急转直下"，"预料英美法俄列强不久必有积极行动之表现"（《蒋介石日记》（手稿），1939年2月10日、1939年2月11日"上星期反省录"，美国斯坦福大学胡佛研究所藏）。中国第四战区司令长官张发奎认为"敌在琼岛登陆，在军事上于我不发生影响，其登陆可说是对英法美在太平洋的一种威胁"（《张发奎日记（1939—1941）》（手稿），1939年2月11日，中国社会科学院近代史研究所藏）。

② 《杨杰致蒋中正电》（1939年2月24日），台北，"国史馆"藏，"蒋中正总统文物"，002-080106-00057-007。

③ "The Conversation Between R. Q. Howe and Chinese Ambassador", February 15, 1939, London, The National Archives, FO 371/23476/F1533.

要冲。从英国应对日本攻占海南岛的举措可以预估：假若日本进而占领西沙群岛，英国也不会采取超过这种限度的反制措施。

日军进攻海南岛一定程度上让西沙群岛和南沙群岛的军事价值稍得突显。英国远东情报局局长怀利（F. J. Wylie）指出，最近的敌对行动令西沙群岛和南沙群岛"变得引人注目，而且它们控制着位于香港与印度支那之间的航线"。[1]只是，这类关注转瞬即逝，并不能扭转英国把西沙群岛移出视野的趋势。

克莱琪在 1939 年 2 月 24 日向英国外交部报告称，据说日本在 2 月 22 日正式吞并了西沙群岛，[2]又于同月 26 日补充说明该情报来源于日本外务省。[3]英国对这则消息的反应十分平静。外交部在复电中轻描淡写地谈及"这里的新闻界在上个月刊载了有关这方面的传闻，但我们还没有进行确认"，而无任何指示。相比西沙群岛，此时外交部的注意力落在了南沙群岛。[4]外交部明明获悉日本已于近期侵占了西沙群岛之传闻，却没有去搜集情报进行核查，无疑是不想再在西沙问题上劳心费力了。揆诸前文，早在 20 世纪 20 年代初英国决策层为可能发生的日

---

① "Chief of the Intelligence Staff, Far East to Commander-in-Chief, China Station", February 13, 1939, London, The National Archives, ADM 116/3936.

② "R. Craigie to Foreign Office", February 24, 1939, London, The National Archives, FO 371/23458/F1801.

③ "R. Craigie to Foreign Office", February 26, 1939, London, The National Archives, FO 371/23458/F1801.

④ "Foreign Office to R. Craigie", February 27, 1939, London, The National Archives, FO 371/23458/F2005.

本"南进"问题画了一道"红线"——防止日本在香港以南获得军事立足点。英国外交部更关心更靠南的南沙群岛这一现象折射出来的是，英国在远东—太平洋地区收缩力量、南移防线。如果再联系到一年多以前英国获悉日本攻取东沙群岛时更关注海南岛和西沙群岛，这一隐藏在现象之后的"实质"将更为突显。2月28日，英国外交部在评估日本的远东政策及日本与德意两国进行合作的可能性时提到日本即将占领西沙群岛之传闻，谓西沙群岛"可能没有什么绝对的用途，但很可能可以作为高级观察哨和水上飞机、潜艇的加油站"。从会议纪要来看，本次评估的焦点又一次落在南沙群岛而非西沙群岛。[①] 很明显，外交部把克莱琪的情报抛诸脑后。这预示英国将对日本侵占西沙群岛的行动撒手不管、远离西沙问题。

英国海军部对克莱琪的情报相对上心。海军部起初表示，"英国政府一直认为中国最合适拥有西沙群岛的所有权"，或许能以此立场向日方交涉，但"唯一有可能奏效的方针就是支持法国提出的任何抗议"，尽管这将"作茧自缚，不能在一场法国保持中立的战争中使用它们"。[②] 由于"策略性支持中国"政策决策思路的惯性，英国海军部还会偶尔浮现把西沙群岛纳入帝

---

① "Foreign Office Minute about Japanese Policy in Far East and Probable Co-operation with Italy and Germany", February 28, 1939, London, The National Archives, FO 371/23560/F3478.

② "Paracel Islands Report of Formal Annexation by Japan Probably on Feb. 22th 1939, Register No.M01623/39", March 1, 1939, London, The National Archives, ADM 1/9951.

国东部防务体系之设想，甚至竟然还有些担心"以法遏日"政策运用失当以致妨碍了这一设想。随后，海军部在3月9日召开专门会议进行讨论，其结果却使其在西沙问题上向后退却。会议指出，"曾一度认为西沙群岛的永乐群岛的锚地也许适合作为一个先进的舰队基地"用以支援香港，但后来该锚地被证明"难以防御来自空中的和潜艇的攻击"，军事价值不大。因此，英国在收到日本关于兼并西沙群岛的正式通报之前，除了已采取的举措，似乎不可能对日本采取任何进一步的行动。[①] 海军部和外交部对西沙群岛军事价值的认知趋于一致了。或者可以说，海军部为说服自己从西沙问题退出找到了一个合理的理由。3月27日，海军部将其看法电告外交部，表示"我们不再考虑发掘一旦发生战争这些岛屿的任何实质性用途"。至于克莱琪的情报，"我们目前没有任何消息可以证实或否认这一报告，也还没有看到任何可以得出确切结论的外交部电报。"只是"若有任何证据表明日本要永久掌控这些岛屿，应通过外交手段尽一切可能劝阻它。"因为坐视西沙群岛"落入日本人的手中是最不可取的"，日本可能准备将其打造成有防御能力的锚地。海军部提出，英国可指责日本，对西沙群岛的"永久性吞并行为违背其一再重申的对中国没有领土野心之保证"；"如日本能够制造出某种战前的对这些岛屿的所有权要求"，则应坚称"仅有的两个有效声索国是法国和中国，在它们解决这个问题之前，英方不

---

① "Paracel Islands Report of Formal Annexation by Japan Probably on Feb. 22th 1939, Register No.M01623/39", March 9, 1939, London, The National Archives, ADM 1/9951.

能认可任何第三国的干预是正当的"。英国还可警告日本，为了微不足道的利益而占领西沙群岛只能对英国的立场和英日邦交造成最不利影响。^①海军部所提建议或老调重弹，或异想天开。在不能以军事力量为后盾的情况下，英国对日本的任何外交交涉都是苍白无力的。日本穷兵黩武、志在建立"东亚新秩序"，迟早要和英国一决雌雄，又岂会仅因江河日下的英国的恫疑虚喝而放过西沙群岛呢！从中亦可知，海军部在西沙问题上的底线是否认日本侵吞西沙群岛的合法性。这其实是英国决策层的共识，并始终得到坚守。应该说，否认日本兼并行为的合法性同样是这一时期英国在南沙问题上的底线。

事实上，日军挟攻占海南岛之势，在1939年3月1日进兵西沙群岛，^②旋即收缴了岛上的法国国旗，取而代之升起日本国旗，也有报道说是日军军旗。^③日本鉴于法国警察部队不阻挠其军事行动，甚至对极具羞辱性的收缴国旗行为也毫不抵抗，决定允许法国警察部队在"安分守己"的前提下驻留原地。日本夺得西沙群岛的控制权标志了英国西沙政策的破产。一望而知，英国始终没有核实克莱琪的情报，也没有因之提高警惕，甚至在日本进占西沙群岛将近一个月之后仍浑然不觉，相关部门皆

---

① "C. G. Jarrett to Ashley Clarke", March 27, 1939, London, The National Archives, FO 371/23476/F3141.

② 《海军巡弋南沙海疆经过》，《中国南海诸群岛文献汇编》(9)，台北：台湾学生书局，1984年，第13页。

③ "Rising Sun Replaces French Flag on Paracel Islands", *The Shanghai Times*, March 4, 1939, pg.1; "Paracel Islands: French Flag Replaced by Japanese", *South China Morning Post*, March 7, 1939, pg.12.

以那则含混不清的情报作为评估和决策的依据，所愿意做的仅限于在外交上把中国或法国推出去当挡箭牌。英国之所以出现如此不可思议的举动，实是它已无暇顾及日本控制西沙群岛可能对大英帝国东部造成的威胁。在这一时期，德国和意大利在欧洲的扩张击碎了英国以绥靖求和平的迷梦。英国海军部在3月29日向外交部强调"地中海优先于远东"战略原则时表示，当英国无法向远东派遣主力舰队时，"潜在敌人数量的减少，就像我们的战舰数量增加一样，肯定会增强我们的力量"。① 照此逻辑，英国自然也不应该为了在帝国东部防务体系中已无甚分量的西沙群岛而去招惹日本，以致强化日本对英国的敌意乃至引发英日冲突，毕竟这是得不偿失的。于是乎，继放弃了将西沙群岛纳入帝国东部防务体系的设想之后，英国丧失了在西沙问题上对日博弈的剩下的动力。此后，英国唯一不变的是绝不承认除中国外任何国家拥有西沙主权，这是对原先西沙政策之最后坚守。

　　1939年3月31日，日本正式宣布吞并南沙群岛。英国在南海的注意力迅速聚焦于此，对西沙群岛不再问津。4月，日本政府将西沙群岛划归台湾总督府管辖，② 从而为侵吞西沙群岛完成行政上的安排，可英国毫无反应。1940年2—3月，法国一再向英国抱怨日本侵占西沙群岛、南沙群岛等地，胁迫其与之合

---

① "Admiralty to the Under Secretary of State, Foreign Office", March 29, 1939, London, The National Archives, FO 371/23544/F3147.

② 《海军巡弋南沙海疆经过》，《中国南海诸群岛文献汇编》(9)，台北：台湾学生书局，1984年，第13—14页。

作。①陷入欧战的英国始终装聋作哑。无论如何，在西沙问题上，焦头烂额的英国已置身事外。

有学者将日本进占西沙群岛之后的情形称为"法国和日本和平共处"，甚至认为"日本在西沙的行动难以称为占领西沙"。②这种观点值得商榷。面对日本派驻军队、没收法国国旗、升日本国旗、驱离部分岛上的法国人、将西沙群岛划归台湾总督府管辖等"取而代之"式的挑衅甚至是侮辱性的行为，法国当时不敢反抗，事后亦没有反制。这不仅显示法国默认了日本的占领行为，也标志着西沙群岛的控制权已经易手——从法国转移到日本。再者说，日本在西沙群岛上是驻军，如陆战队、气象情报部队等，法国则始终仅仅是派驻警察部队，双方在西沙群岛上的力量不可同日而语。是否清除、何时清除、如何清除法国在岛上的势力，仅在日本一念之间。要言之，日本夺得西沙群岛的控制权，这本身就是"占领西沙"；法国在西沙群岛的势力完全在日本的掌控之中，受日本摆布，这必然不是"法国和日本和平共处"。事实上，法国对于自身所处的这种境况是心中有数的。1939 年 5 月，法国政府内部就一旦日军攻击非法驻守西沙群岛的法国警察部队，法国应如何处置展开磋商。法国外交部开始还向殖民部表示，岛上的法国警察部队首先要做

---

① "The Conversation Between Roche and Ashley Clarke", February 21, 1940, London, The National Archives, FO 371/24672/F1300; "The Conversation Between Roche and Ashley Clarke", March 8, 1940, London, The National Archives, FO 371/24673/F1749.

② 黎蜗藤：《从地图开疆到人工造岛：南海百年纷争史》，台北：五南图书出版股份有限公司，2017 年，第 119 页。

的是向法属印度支那政府报告情况，以便法国政府向日本政府提出抗议。与此同时，岛上的警察部队不可轻易屈服，不然会减弱外交抗议的效果。[①] 但外交部很快就醒悟过来，在不可能提供支援的情况下显然不应苛求警察部队"螳臂当车"。于是外交部又告诉殖民部，万一在法国提出抗议之后，日本仍坚持其要求并威胁使用武器，法国警察部队"可以在抗议的同时屈服"。[②] 由此可见，法国做好了逆来顺受、甚至从西沙群岛撤出警察部队的准备。

纵观从日本于1938年11月派兵登岛立碑，到次年3月日本侵吞西沙群岛，再到1940年上半年法方的诉苦，英国对西沙群岛的情况始终一头雾水，决策时显得漫不经心，并选择了"撒手不管"与"远离是非"。从这一点来说，自1938年底以后，英国其实就不存在所谓的西沙政策了。这种状态一直持续到第二次世界大战结束。

第三节　英国在南沙问题上的挣扎与挫败

英国决策层在意识到"南沙基地建设"构想可能是"镜花水月"之后，在1938年4月下旬开始思考南沙政策何去何从。

---

① "Télégramme du Ministre des Affaires Etrangères à Monsieur le Ministre des Colonies", le 12 Mai, 1939, Paris, Centre des Archives Diplomatiques de La Courneuve, 32CPCOM/747, N°526.

② "Télégramme du Ministre des Affaires Etrangères à Monsieur le Ministre des Colonies", le 24 Mai, 1939, Paris, Centre des Archives Diplomatiques de La Courneuve, 32CPCOM/747, N°966.

英国外交部结合海军部、空军部的意见，拟定了咨询备忘录。5月6日，贾德干提请帝国防务委员会或相应的小组委员会尽快就如下问题做出决策：鉴于"法国人害怕激怒日本人或卷入同日本人的冲突"，英国应该对南沙群岛"给予何种程度的重视"，及"当法国坚持其对这些岛礁的所有权要求时"英国能承诺给予法国何种支持。① 汉基随后和国防协调大臣英斯基普、第一海务大臣兼海军参谋长查特菲尔德（Alfred E. M. Chatfield）、皇家空军参谋长纽沃尔（O. L. N. Newall）和帝国总参谋长戈特（Viscount Gort）进行磋商。汉基的想法是，"假若日本政府采取强硬措施否定法国对南中国海中某些小岛的主权，应以武力支持法国"。其他人则相继表示应从长计议。② 最后，参谋长委员会承担了这一任务。

7月5日，参谋长委员会制定了《南海诸岛：战略重要性与日本的侵占》文件。参谋长委员会的结论是：南沙群岛对英国"没有战略价值"，任由日本掌控南沙群岛则对英国有害，但无论如何，南沙群岛的重要性"没有达到有必要对日本采取敌对行动"的程度。参谋长委员会提出了四个对策：一是"在道义上强烈支持法国人对这些岛屿的主权要求"；二是"采取必要的反击措施"坚决反对日本在南沙群岛进行军事设施开发；三

---

① "Alexander Cadogan to Maurice Hankey", May 6, 1938, London, The National Archives, FO 371/22175/F4823.

② "Chatfield to Maurice Hankey", May 10, 1938, London, The National Archives, WO 106/121; "O.L.N. Newall to Maurice Hankey", May 11, 1938, London, The National Archives, WO 106/121; "Maurice Hankey to Gort", May 10, 1938, London, The National Archives, WO 106/121.

是试探日本对英法美荷四国联合交涉的反应；四是促成法日两国"共同统治"南沙群岛，从而实现南沙群岛非军事化，即法国和日本可以在南沙群岛"享有同等权利，双方分别完全控制各自尤为重视的那一小部分岛屿，并且彼此保证不以任何可能增加其价值的方式——从军事行动的角度来看——开发各自控制的那部分岛屿"。参谋长委员会研究后认为，"在战争爆发后，肃清该群岛是有可能的，随着英国主力舰队抵达远东，我们应该有希望能够控制这一区域"，及"争夺这些岛屿的控制权"。①英国决策层认可了该报告的论断，放弃了"南沙基地建设"构想，并整合了第二、三项对策。最终，英国首选联合同样在南海地区拥有殖民利益的欧美列强制衡日本，其中，远东防务虚弱又妄图保住"吞并南沙群岛"之既得利益的法国首当其冲。就此而言，英国在南沙问题和西沙问题上的决策思路和策略抉择如出一辙。此外，从这份评估报告可以看出，英国军方仍坚持"防御性对日军事战略"，即在对日战争爆发后向远东派遣主力舰队、确保掌握南海南部的战略通道和制海权。毕竟，英国当时在远东—太平洋地区 / 日本和地中海地区 / 意大利孰轻孰重的问题上举棋不定，"地中海优先于远东"战略原则尚未定型。至于第一、四项对策之所以未被采纳，是因为第一项对策一旦把握不好便容易被视为公开承认法国对南沙群岛的主权，以致和此前秉持的"不承认"任何国家拥有南沙主权之原则相抵触，

---

① "Islands in the South China Sea: Strategical Importance and Japanese Encroachment", July 5, 1938, London, The National Archives, FO 371/22175/F7231.

244

第四项对策则由于法日两国皆志在鲸吞整个群岛而犹如缘木求鱼。当然，第二项对策所谓"必要的反击措施"无疑不包括军事手段，至少在没有爆发对日战争的情况下是如此。

事实上，英国军方对日本谋划把南沙群岛用于对英作战的忧惧绝非杞人忧天。随着英日矛盾趋于尖锐，日本海军逐渐把南沙群岛视为日后对英作战的依凭，认为它"在对英作战上占据极其重要的地位"，其重要性远超西沙群岛，"完全可以作为潜艇根据地之用"。①

放弃"南沙基地建设"构想之后，英国继续以防止日本军事控制和利用南沙群岛作为决策的基本目标，但其南沙政策开始从"积极"慢慢转向"消极"，核心思想可以归纳为"有限度联法制日"。其政策力度弱化的过程是伴随着"在对日战争爆发后向远东派遣主力舰队"这一设定被逐步放弃的过程，前者可谓是后者的"后果"。

9月2日，英国外交部官员罗纳德致电驻法大使菲普斯，做出如下指示：首先要提醒法国政府，"日本人之所以对这些岛屿感兴趣，并非出于商业目的，而是直接出于战略目的"。日本渔民已经占据了太平岛，如果法国不及时制止，日本可能会继续以同样的方式在其他南沙岛礁上确立其存在，"并将发展对法国和英国都有潜在危险的秘密设施"。退而言之，太平岛上的日本人携带有无线电装置，有可能在紧急情况下向日本政府报告其观察

① 《新南群島問題ニ關スル件》(1937年12月2日)，東京：日本外務省外交史料館，《各国領土発見及帰属関係雑件/南支那海諸礁島帰属関係》第一卷，JACAR（アジア歴史資料センター）Ref.B02031161600。

到的英国或法国的舰队的行动。其次，应"敦促法国政府要么驱逐日本殖民者，要么至少采取措施将这些岛礁置于法国的有效管辖之下，并拆除日本人的无线设备"，或许还要"把印度支那的土著居民安置在那些合适殖民的地方"。最后鉴于法方可能"期望得到更实质性的支持"，可向法方保证，当法国在南沙问题上与日本交涉时，"英国政府准备给予强有力的道义支持"。① 其实，这些指示早在筹划"南沙基地建设"构想时就在英国政府内部相继出现了，只是当时没有成为主流。从这一视角观之，英国如今是退而求其次了。这样的变化说明英国在南沙问题上正在退却。

菲普斯对罗纳德来函进行提炼，拟定了致法国政府的备忘录。该备忘录本质上是罗纳德来函的精华版。②9 月 8 日，英国驻法大使馆把该备忘录和"先驱号"舰关于南沙群岛的勘察报告的副本一并递交给法国外交部亚洲—大洋洲事务处处长伯威（Joseph Beauvais）。伯威表示会尽快向菲普斯告知法国政府的答复。当时英法双方还举行了晤谈，伯威透露："一个来自印度支那的法国代理人"已经在太平岛定居下来，"一艘法国船也被派往该群岛"。法国政府原本寄望能以此"威慑日本殖民者，从而迫使他们离开。然而这一目的并未达到，法国政府现在正就这一问题同日本政府进行沟通"。菲普斯当天就向英国外交大臣哈

---

① "N. B. Ronald to E. Phipps", September 2, 1938, London, The National Archives, FO 371/22175/F9147（英国外交部的上述观点源自海军部，参见 "Phillips to the Under-Secretary of State, Foreign Office", August 22, 1938, London, The National Archives, FO 371/22175/F9147）.

② "Memorandum to the French Government", September 6, 1938, London, The National Archives, FO 371/22175/F9668.

利法克斯子爵简要汇报了上述情况。①

　　"对法国有限联合"的"有限性"也体现在军事情报共享方面。1938年4月，英国政府派遣"先驱号"舰勘察南沙群岛的过程中，为了减少来自法国的阻力，曾许诺向其通报勘察结果。8月，英国海军部、空军部和外交部商讨英法情报交流的分寸。军方主张"这种交流应该是泛泛而谈的"，而诸如"供战时使用的通过该群岛的秘密航线"等不宜告知法国政府。② 这一尺度成为英国决策层的共识。

　　1938年10月10日，法国政府向英国大使馆递交备忘录，作为对上月英方关于南沙问题的照会之答复。法国政府明确告诉英方，它在南沙群岛所采取的措施必须确保"不至于引起日本任何性质的反应而最终酿成两国之间的冲突"。法国已经"在太平岛安置一定数量的安南渔民，并派驻了一名法国警察进行管理"，"法属印度支那当局将确保他们的定期供应"。法国政府认为如此则足以震慑日本夺取南沙群岛的野心，"确保了日本人不会把这些岛屿当作基地，从事有损法国和英国利益的活动"。法国还认为"不存在驱逐先前已在岛上定居的日本殖民者的问题"，并拒绝了英方的相应建议。③ 刚刚经历了德捷危机和欧洲

---

① 这份档案同样把法国外交部"亚洲—大洋洲事务处"写成"the Far Eastern Department"。"E. Phipps to Halifax", September 8, 1938, London, The National Archives, FO 371/22175/F9668.

② "I. J. B. Abraham to the Under-Secretary of State, Foreign Office", August 6, 1938, London, The National Archives, FO 371/22175/F8869.

③ "Note from French Ministry of Foreign Affiair to British Embassy（Paris）", October 10, 1938, London, The National Archives, ADM 116/3936.

临战状态的法国惊魂未定，更加注意避免陷入对日冲突乃至战争。法国的做法和英国的预期相去甚远。

趁着英法两国聚精会神于德捷危机及其余波，日本在南沙问题上"投石问路"，于10月30日、12月7日先后派小股部队进驻太平岛。[①] 相对此前支持"渔民""矿工""考察队"开发或勘察该岛的做法，此不啻于政策上的跃进。12月23日，日本内阁开会策划吞并南沙群岛事宜，认为可将其划归台湾总督府管辖。[②] 英国尽管此时依旧"急于阻止日本控制南威岛和太平岛"，[③] 却对日本"零敲碎打"式的试探性行动后知后觉。直到1939年1月12日，克莱琪才向英国外交部汇报这些情况，并以嘲讽的口吻评价法国对日本登陆太平岛的抗议：法国驻日大使"在非常（在我看来是过度——原注）友好地提及法日关系后，请日本承认法国对岛屿的主权"。[④] 英国高层终于意识到关于日本可能侵吞南沙群岛的猜测正在变成现实。1939年2月10日，日本进攻海南岛，并迅速将其占领。这在一定程度上进一步提醒英国关注南沙群岛，因为它和西沙群岛控制着香港与印度支

① "R. Craigie to Foreign Office", January 12, 1939, London, The National Archives, FO 371/23543/F381.

② 《新南群島ノ所属ニ関スル件右謹テ裁可ヲ仰ク》(1938 年 12 月 23 日)，東京：国立公文書館，《公文類聚・第六十二編・昭和十三年》第二巻，JACAR（アジア歴史資料センター）Ref.A02030022900。

③ "Memoranda for Use at Meeting of British and French at Paris on 24th November, 1938", November 16, 1938, London, The National Archives, FO 371/22176/F12923.

④ "R. Craigie to Foreign Office", January 12, 1939, London, The National Archives, FO 371/23543/F381.

那之间的航线。① 以后见之明观之，这种关注没能给英国的南海诸岛政策，无论是南沙政策抑或西沙政策，带来实质性改变。

英国是将列强在全球的竞逐视为一个有机整体，在此大国博弈视野下审视日本对南沙群岛的侵略动机和扩张行动，从而不但断定侵吞南沙群岛是日本南进国策中的一环，还倾向认定这是日本与德意两国协同对抗英国、法国的战略行动，意图令英法两国疲于奔命，顾此失彼。英国外交部经研究后表示，"有充分的理由认为，（日本政府）大约在两个月前就决定要吞并南沙群岛，并且可能已经正式通知了德国人和意大利人。但是，公开声明被推迟了，这显然是担心会正中美国'大海军派'（Big Navy Party）下怀，导致（美军）更有可能在关岛设防"。② 可想而知，外交部认为当前能够抑制日本对南沙群岛的野心及侵略行动的是美国而非英国。这是英国逐渐自觉将捍卫西方列强在远东的共同战略利益之重任交给美国的一种信号，从中隐约透露出英国面对日本在南海扩张的无力感。在2月28日的会议中，外交部进一步系统阐述："日本的长期目标是建立一个独立的、不受任何外部经济压力影响的经济集团。即使成功地将中国纳入这一集团，日本发现仍缺乏一些自给自足所必需的原材料……这些产品的最近供应地在婆罗洲和马来亚"。故从逻辑上讲，夺取这些地方是日本下一阶段的战略目标。日本在几周

---

① "Chief of the Intelligence Staff, Far East to Commander-in-Chief, China Station", February 13, 1939, London, The National Archives, ADM 116/3936.

② "Foreign Office to R. Craigie", February 27, 1939, London, The National Archives, FO 371/23458/F2005.

前就想把吞并南沙群岛的决定通知德意两国，德国和意大利则企图"利用日本暗中谋求在该海域的重要地位之意图为自己谋利"，"鼓动日本继续占领其他法国声称拥有主权或利益攸关之地以搅乱时局……日本将尽其所能，刺激法国、英国徒劳地试图保护他们在远东地区摇摇欲坠的声誉"。日本可能已经准备和德国、意大利在东西方携手向英国、法国发难，"部分原因是这么做符合其长期计划，主要原因则是其相信一旦法国、英国派遣舰队奔赴远东……德国、意大利就会在欧洲发动攻势"。① 这一战略预判很可能令英国在日本侵吞南沙群岛之际裹足不前，不敢轻举妄动，毕竟同时陷入对德国、意大利、日本三线作战终归是英国难以承受之重。

平心而论，英国疑惧日本谋夺南沙群岛之背后有德国和意大利的影子是合情合理的，毕竟德意日三国同恶相济是当时的国际共识。中国驻法大使顾维钧在日本宣布吞并南沙群岛不久后就提醒法国外交部秘书长莱热："日本作为反共产国际协定缔约国，它在远东的军事活动一直是秘密配合德、意两国在欧洲特别是在地中海的活动的。""日本吞并南沙群岛正发生在意大利入侵阿尔巴尼亚的前夕，值得注意"。② 乍看之下，日本谋夺南沙群岛确实可能蕴藏向英国、法国施压，与德国、意大利遥相

---

① "Foreign Office Minute about Japanese Policy in Far East and Probable Co-operation with Italy and German", February 28, 1939, London, The National Archives, FO 371/23560/F3478.

② 顾维钧：《顾维钧回忆录》第三分册，中国社会科学院近代史研究所译，北京：中华书局，2013 年，第 389 页。

策应之意图，故英国宁可信其有。由此亦可窥知，当时的"当事人"和"局外者"都清晰地意识到这一事实：英国和日本在南沙问题上的对抗实非纯粹的双边对抗，而是诸大国围绕区域甚至全球秩序主导权的竞斗之构成部分。更关键的是，这一时期英国因国防力量捉襟见肘而正在逐步调整帝国防务战略，"地中海优先于远东"原则趋于定型。在此情形下，英国越加不可能因日本夺占南沙群岛而诉诸武力。这将压缩英国应对日本向南沙群岛扩张的决策空间，减少其对日博弈的筹码和底气。于是，英国在预判日本夺占南沙群岛在所难免的情况下终究没有采取强有力的预防性措施。

无论如何，英国的忧惧终成现实——日本于 1939 年 3 月 30 日下定决心正式吞并南沙群岛。3 月 31 日，日本外务省发布通告：为了保护当地日本国民的生命及财产和当地的日本企业，也为了避免和法国产生不必要的纠纷，"日本政府决定将岛礁划归台湾总督府管辖"。当天，克莱琪便将该通告报送外交部。①同一天，日本向英法美等国通报此事。日本驻英大使馆参赞冈本季正向英国外交部递交备忘录，强词夺理地辩解日本侵吞南沙群岛具有合法性、合理性，声称由于法国拒绝承认日本对南沙群岛"早已拥有的权利"，日本政府认定解决日法之争的"唯一办法是吞并这些岛屿"。冈本季正向英方澄清："日本这一行动不应被解读为对英国、美国、法国、荷兰在该地区的利益构

---

① "R. Craigie to Foreign Office", March 31, 1939, London, The National Archives, FO 371/23543/F3227.

成任何威胁与恐吓"。① 这套说辞无非是为了掩人耳目。时任日本驻英大使的重光葵后来回忆称，占领南沙群岛"是海军南下的第一步"。② 此言虽稍显夸张——占领海南岛对日本"南进"的意义更大，但足显日本侵吞南沙群岛与实施南进国策之关联。诚如入江昭所言，此举"表明海军有意将其控制范围延伸至南洋，即使是冒着和英法美关系紧张的危险"。③ 纵然日本极力淡化吞并南沙群岛的意图，奈何司马昭之心路人皆知。英国舆论沸沸扬扬，或谓"日方行动势必冲击法方，且因其地理位置靠近新加坡及英属加里曼丹岛，必将引起英方在战略上的重视"，④ 或称这"可谓是日本海军的夙愿"，是其南进国策和扩张主义的体现。⑤ 大英帝国自治领澳大利亚的舆论惊呼这让日本得以将前哨基地"从海南岛向南推进了七百里，其动机令列国的疑惑陡增"。⑥ 总之，继侵夺海南岛、西沙群岛之后，日本在推进南进

① "The Conversation Between R. Q. Howe and Okamoto", March 31, 1939, London, The National Archives, FO 371/23543/F3229.

② 重光葵口述，古谷纲正记录：《重光葵外交回忆录》，天津市政协编译委员会译，北京：知识出版社，1982年，第123页。

③ 入江昭：《第二次世界大战在亚洲及太平洋的起源》，李响译，北京：社会科学文献出版社，2016年，第93页。

④ 《重光大使致有田外务大臣電》(1939年4月1日)，東京：日本外務省外交史料館藏：《各国領土発見及帰属関係雑件／南支那海諸礁島帰属関係》第二卷，JACAR（アジア歴史資料センター）Ref.B02031162600。

⑤ 《重光大使致有田外務大臣電》(1939年4月4日)，東京：日本外務省外交史料館藏，《各国領土発見及帰属関係雑件／南支那海諸礁島帰属関係》第三卷，JACAR（アジア歴史資料センター）Ref.B02031160700。

⑥ 《若杉総領事致有田外務大臣電》(1939年4月4日)，東京：日本外務省外交史料館藏，《各国領土発見及帰属関係雑件／南支那海諸礁島帰属関係》第三卷，JACAR（アジア歴史資料センター）Ref.B02031160700。

国策过程中又迈进一步。

日本侵吞南沙群岛令大英帝国感到如芒在背，诚如克莱琪对格鲁所强调的，"这是事态在恶化，因为该群岛作为监视来自新加坡的海空军之动向的前哨，具有战略重要性"。[①] 同时，其他在南海及其周边拥有利益的国家也会敦促、推动当时亚太地区的主要强权——英国肩负起遏止日本南侵之重任，从而客观上加剧英国的危机感。例如，1939 年 4 月 3 日，访英的荷兰外交大臣向英方直言，日本侵吞南沙群岛"引起他和荷兰政府的严重关切"，他已于上周"强烈要求荷兰政府立即开始建造用于防御荷属东印度群岛的巡洋舰"。[②] 言外之意，英国也应有所作为，防患于未然。于是，英国决定尝试迫使日本知难而退，以遂其防止日本军事控制和利用南沙群岛的目标。

英国第一时间向日本表达不满，郑重声明其在南沙群岛存在利益诉求，并主动"引入"法国，以期利用自身残存的威慑力，辅以法国的影响力迫使日本悬崖勒马。3 月 31 日，英国外交部官员 R. Q. 豪在会谈中向冈本季正强调："我们确实提出过且从未放弃过这些岛屿的所有权要求。"再者，法国也"对这些岛屿提出过所有权要求"。"夺取同另一方存在争议的对象在任何情况下似乎都是一种奇怪的解决争端的方式……日本人在这

---

① "The Ambassador in Japan（Grew）to the Secretary of State", March 31, 1939, U. S. Department of State, *Foreign Relations of the United States Diplomatic Papers, 1939*, Vol.3, WDC, U. S. Government Printing Office, 1955, p.112.

② "The Conversation Between R. Q. Howe and Netherlands Minister", April 3, 1939, London, The National Archives, FO 371/23543/F3308.

件事上的行为肯定不受英国政府欢迎，尤其是在当前，在我看来，这必将使远东局势复杂化，目前的局势已经够复杂了。"[1] 需说明的是，R. Q. 豪先后提到的"这些岛屿"即"these Islands"所分别指代的对象其实是有区别的，具体而言，英国提出"所有权要求"的对象是南威岛和安波沙洲，法国提出"所有权要求"的对象是南沙群岛。尽管后者包括了前者，但 R. Q. 豪并未做出明确区分，这或许是有意为之——通过模糊英国和法国彼此诉求之界限，更好地向日本展现伦敦和巴黎的利益的"一致性"。英国外交部官员克拉克（Ashley Clarke）以为，假如法国人早一点，在 1937 年末，就向日本人表明其在太平岛的占领是言行一致的，"那么这种事（即日本宣布兼并南沙群岛，引者注）或许就不会发生……现在到了法国人决定是否能够采取何种行动的时候了"。[2] 英国既埋怨法国，又渴望法国相向而行。

法国由于同样面临日本的威胁且力求保住"吞并南沙群岛"的既得利益，[3] 积极对日交涉，并主动向英国靠拢以寻求支持。这为英国实施联合法国对抗日本之策略提供了良好契机。4 月 7 日，法国驻英大使馆官员罗杰（Louis Roché）拜

---

① "The Conversation Between R. Q. Howe and Okamoto", March 31, 1939, London, The National Archives, FO 371/23543/F3229.

② "Minutes by Ashley Clarke", April 3, 1939, London, The National Archives, FO 371/23543/F3229.

③ 诚如澳大利亚舆论所言："日本在二月占领海南岛是对法国的侮辱"，吞并南沙群岛"则是对法国最高等级的挑衅。"参见《若杉総領事致有田外務大臣電》，1939 年 4 月 4 日，東京：日本外務省外交史料館藏，《各国領土発見及帰属関係雑件／南支那海諸礁島帰属関係》第三卷，JACAR（アジア歴史資料センター）Ref.B02031160700。

访英国外交部，声称"法国政府对于英国政府在这一事件上提供的任何帮助都将非常感激"。外交部官员罗纳德表示，英国驻日代办多兹将奉命与法国驻日大使就双方在何种程度上开展合作进行协调。4月14日，罗纳德将此次晤谈的内容告知了英国驻法、驻华及驻荷兰的外交人员。^①这是为了让这些在南沙问题上身处外交前线的英方机构和人员能够在接下来的对日博弈中更好地相互配合。同一天，外交部按照对法国的承诺，指示多兹和法国驻日外交官员进行协调，对日本开展相应的交涉，并继续对日本吞并南沙群岛的行动予以谴责。^②当然，英国从一开始就明确：反对日本侵吞南沙群岛的首要责任应由法国承担。4月6日，外交副大臣巴特勒（R. A. Bulter）在议会接受质询时直言不讳：抗议日本侵吞南沙群岛"主要是法国政府的事"。^③不言而喻，英国愿意尽量和法国协同行动对日博弈，却绝不会越俎代庖。质言之，英国遵循既定对策，力图在南沙问题上将法国推到对抗日本的最前线。

与法国一致否定日本吞并南沙群岛的合法性是英国又一重要举措。4月10日，克莱琪奉命在与法国驻日大使协商后，向日本外务省次官递交照会，并口头表示希望日方能够解释"处置南沙群岛的程序"，"因为这是英国政府和法国政府都无法理

---

① "N. B. Ronald to E. Philips", April 14, 1939, London, The National Archives, FO 371/23543/F3435.

② "Foreign Office to Dodds", April 14, 1939, London, The National Archives, FO 371/33543/F3435.

③ "Parliamentary Question from Mander and Captain Graham", April 6, 1939, London, The National Archives, FO 371/23543/F3463.

解的"。外务省次官表示会"给出一个解释"。① 同一天，多兹致函日本外相有田八郎，告以"英国政府不能承认日本政府的主张有任何法律依据，并对日方在此事上的举措表示遗憾，因为这只会使远东局势更复杂化"。② 英国的一系列措辞尽管颇为温和，却力求从法理上否定日本吞并南沙群岛的合法性。这和重申对南威岛、安波沙洲的"所有权要求"相辅相成，是英国争夺外交话语权、使日本师出无名的两大举措。

对于英国的外交行动，日本针锋相对。4月13日，日方向英方递交照会，辩称日本吞并南沙群岛"是基于事实与法律的合法行为，又是一个关系到日本和法国的事件"，故日方"难以理解英国政府的抗议所恃之依据"，而且"完全不同意这一举措会进一步导致远东局势复杂化"。③ 言下之意，一是英国无事生非；二是英国乃局外人，无资格介入南沙问题；三是英国言过其实。4月17日，日本外务省欧洲和西亚局局长向英国驻日大使馆参赞强调，日本政府的通告"是为了使日本的立场合法化。迄今为止，日本人对南沙群岛的占领已是既成事实"。英国参赞指责"日本的做法更像是把法国已提出领土要求的土地，在不经仲裁的前提下擅自编入本国领土的挑衅行为"。对此，外

① "R. Craigie to Foreign Office", April 10, 1939, London, The National Archives, FO 371/23543/F3451.
② "Dodds to Hachiro Arita", April 10, 1939, London, The National Archives, FO 371/23543/F5184.
③ 这份照会于1939年4月19日由克莱琪转发给英国外交部（"The Note to R. Craigie from Hachiro Arita", April 13, 1939, London, The National Archives, FO 371/23543/F5200）。

务省欧洲和西亚局局长干脆表示日方"无意把此问题提交仲裁"。[①] 其实，英国一再主动替法国"代言"，反而衬托出其"心虚"——既对自身所持的对南威岛和安波沙洲之"所有权要求"的"合法性"感到心虚，也对在身处战略危局的情势下独自对抗日本的前景感到心虚。

除了外交措施，英国也在评估采取军事、经济手段的可行性，前者是重中之重。4月5日，多兹向外交部、驻华舰队总司令等建议以日本侵吞南沙群岛为由象征性向远东派遣舰队，认为"这一不可避免会引人注意的行动甚至具有一定的价值"。多兹分析道："日本采取行动大概是为了对东南亚人民施加心理影响，令他们将此视为对在中国海域拥有利益的大国之挑战。"向远东派遣舰队是向全世界表明英国不会对日本的挑战视而不见，"而且这可能会抵消日本的行动所造成的心理影响。相比于日本的反英行动，这难以被视为是反日行动"。[②] 质言之，多兹绝非希望英国和日本兵戎相见，而是认为英国值得冒激怒日本的风险——尽管风险较低——虚张声势以迫使日本知丘而止，进而挽救自身在东南亚岌岌可危的权威和影响力。故这一建议严格来说并非对"地中海优先于远东"原则的反动。英国外交部则

---

① 《新南群島問題ニ關シ井上局長、「ドッツ」英参事官ト會談ノ件》（1939年4月17日），東京：日本外務省外交史料館，《各国領土発見及帰属関係雑件／南支那海諸礁島帰属関係》第二巻，JACAR（アジア歴史資料センター）Ref. B02031162800；"R. Craigie to Halifax", April 19, 1939, London, The National Archives, FO 371/23543/F5205。

② "Dodds to Foreign Office", April 5, 1939, London, The National Archives, FO 371/23544/F3355。

不愿冒险，认为从目前欧洲的情况看，劳师东渡对日本进行威慑不太现实。① 毕竟这即使是形式上的，仍会削弱英国在欧洲—地中海对抗德国和意大利的力量，至少从表面上看也与"地中海优先于远东"原则背道而驰。况且如此兴师动众还很可能会弄巧成拙——激怒日本而致使其加速倒向德国，这是英国外交部力图避免的。4月13日，哈利法克斯子爵向驻华大使卡尔坦言："万一发生全欧性的灾难，英国在远东的地位很大程度上将取决于日本。只要日本维持中立，哪怕是非善意中立，我们也将尽可能阻止它主动和我们的敌人站到一起"。②

在应否就此派舰队东渡的问题上，英国军方的态度举足轻重。海军部几经权衡，认为南沙群岛"完全落入日本人手中而造成的不利情况尽管足够严重，值得采取强有力的外交行动，但不能成为对日本采取敌对行动的理由"，并主张"英国应继续正式地维持对南威岛和安波沙洲的所有权要求……目的是为英国政府保留一个发言权，以备它决定试着对日本的主权主张进行法律检验"。③ 尽管"如果进行法律验证，英国的所有权要求之优势确实值得怀疑，但这无须承认"。④ 4月24日，海军部将

① "Foreign Office to R. Craigie", April 7, 1939, London, The National Archives, FO 371/23544/F3355.

② "Viscount Halifax to Sir A. Clark Kerr (Shanghai)", April 13, 1939, *Documents on British Policy Overseas*, Ser. 3, Vol.9, No.6, F3024/2882/10.

③ "Admiralty to Commander-in-Chief, China", May 8, 1939, London, The National Archives, FO 371/23543/F3948。海军部在 4 月 24 日将这份电函草稿发给外交部，外交部于 5 月 8 日答复称没有意见，故海军部当天发给了驻华舰队总司令。

④ "Admiralty to Commander-in-Chief, China", May 8, 1939, London, The National Archives, FO 371/23543/F3948.

具体分析与主张告知外交部。① 向远东派遣舰队牵涉到英国的全球战略部署，实乃牵一发而动全身，海军部正力倡"地中海优先于远东"，自然不会支持武力威慑日本。5月初，英国的"地中海优先于远东"战略原则大致定型。这使得以日本侵吞南沙群岛为由向远东派遣舰队从根本上失去可能性。5月8日，外交部予以海军部肯定的答复。② 而在这一时期，鉴于日本不肯接受德国提出的结盟方案，把军事同盟所针对的对象从苏联扩展到一切对手，德意两国抛开日本于5月22日结成军事同盟。英国就更不愿意在军事层面轻易刺激日本，以致将其推入德意军事集团。总之，面对风云莫测的大国博弈形势，英国基于对诸核心利益和各方威胁所做出的轻重缓急之安排，最终没有象征性向远东派遣舰队。

此外，英国决定在没有美国一致行动的情况下，不因日本侵吞南沙群岛而对它实施经济制裁。英国、法国、荷兰均期望美国制止日本侵吞南沙群岛，纷纷主动和美国沟通，美国却选择冷眼旁观，仅仅于5月17日、5月19日先后向日本递交照会，宣布不承认其兼并之合法性。③ 这对英国产生了消极影响，"在日

① "C. G. Jarrett to Ashley Clark", April 24, 1939, London, The National Archives, FO 371/23543/F3948.海军部随函附上两份电函草稿，详尽记录了海军部的主张。

② "Foreign Office to C. G. Jarrett", May 8, 1939, London, The National Archives, FO 371/23543/F3948.

③ "The Secretary of State to the Japanese Ambassador（Horinouchi）", May 17, 1939, U. S. Department of State, *Papers Relating to the Foreign Relations of the United States, Japan: 1931—1941*, Vol.2, WDC, U. S. Government Printing Office, 1943, pp.280—281; "The Secretary of State to the Chargé in Japan（Dooman）", May 19, 1939, U. S. Department of State, *Foreign Relations of the United States Diplomatic Papers, 1939*, Vol.3, WDC, U. S. Government Printing Office, 1955, p.118.

本吞并南沙群岛以后，法国政府曾在一些矿产品如铁砂等方面对日本实行禁运，并与伦敦及华盛顿联系，要求采取类似措施。英国的回答是，要是没有美国的合作，他们无能为力，而美国政府则不愿意采取同样的行动……日本正从美国和英国殖民地源源不断地获得供应"。莱热抱怨称："华盛顿和伦敦都把日本吞并南沙群岛看作是只对法国有影响的事"。[①] 可是，中国政府不明就里。5 月 4 日，中国驻英大使郭泰祺试图以日本侵占海南岛和南沙群岛"很明显是针对西方国家"，"而且是针对列强中对远东最感兴趣的国家"为由，策动英国在国联理事会促成对日本"实施一种折衷形式的经济制裁或禁运"，加强对华援助，并成立由英法苏三国组成的小型协调委员会。结果，哈利法克斯子爵仅表示会仔细检视中方备忘录。[②] 郭泰祺无功而返，中国的策略落空。

纵观英国在南沙问题上的"有限度联法制日"政策，其具体表现为：军事上不对日本展示武力也不向法国提供支援，和法国的南沙水文信息交流亦有严格限制；经济上不在没有美国合作的情况下配合法国或单独制裁日本；外交上与法国进行有限度的协作，通过谴责日方的单边行动、否定日方举措之合法性等方式对日本展开博弈，并视法国为在南沙群岛及其海域对抗日本的首要责任者，同时坚持对南威岛、安波沙洲的"所有权要求"以保持话语权。只是，该政策的威慑力因缺乏武力作

---

① 顾维钧：《顾维钧回忆录》第三分册，中国社会科学院近代史研究所译，北京：中华书局，2013 年，第 440—441 页。

② "Viscount Halifax to Sir A. Clark Kerr（Shanghai）", May 4, 1938, *Documents on British Policy Overseas*, Ser.3, Vol.9, No.43, F 4272/149/10.

后盾而大打折扣。这是英国对日本南进扩张的一次无力之抗争。

面对英国的"有限度联法制日"政策及法国虚张声势的交涉，日本变本加厉。"日本政府基于战略上的考虑"，从1939年5月23日起对南沙群岛"进行行政调查，台湾总督府向群岛派遣职员"，逐渐强化控制。① 英国自缚手脚甚至可能为日本所利用。克莱琪指出，日本军方内部"有一种顽固的观点认为，削弱中国士气的最好方法是使第三国——尤其是英国——威望下降，其方式是展示这些国家在应对一连串剧烈冲击时除口头抗议外无能为力"。② 6月19日，英国内阁总结认为日本占领海南岛和南沙群岛，加紧威胁、压迫外国在华的国际居留点和租界，"在一定程度上是德国和意大利鼓动的结果"。③ 这反映了英国对日本侵吞南沙群岛和实施南进国策之认知的思维定势。

然而，英国已经进退维谷。1939年6月22日至27日，英法两国在新加坡举行军事会议，商讨远东共同防御问题。双方达成共识，鉴于和平时期无法在新加坡部署一支力量足够的舰队，一旦发生对日战争，英国将把驻华舰队撤往新加坡，并以新加坡基地为核心对日本进行防御作战。④ 这意味着，英国做好了在对日作战中放弃争夺新加坡以北、以东的远东海域制海权之准备。英国继选择远离西沙问题之后，选择把南沙问题移出

① 浦野起央：《南海诸岛国际纷争史》，杨翠柏等译，南京：南京大学出版社，2017年，第182页。

② "R. Craigie to Foreign Office", May 26, 1939, London, The National Archives, FO 371/23561/F5061.

③ "Cabinet Paper: Economic Retaliation Against Japan", June 19, 1939, London, The National Archives, FO 371/23438/F5985.

④ N. H. Gibbs, *Grand Strategy*, Vol.1, London, Her Majesty's Stationery Office, 1976, pp.429—430.

视野势所难免了。海军部既主张采取必要措施以表明英国"不承认日本的所有权要求"之立场，又囿于"如今在远东的弱势地位"而认为所采取的措施不宜强硬。海军部还强调，不能让日本了解到英国所掌握的关于南沙群岛及其海域的知识之真实情况，因为"这些知识超出我们业已出版的海图"，"在某些情况下可能对我们非常有用"。8月1日，海军部将其思考及主张电告外交部、陆军部、空军部和殖民地部，请外交部"如果决定进一步交涉，务必随时通知我方"。① 海军部力求继续在南沙水文地理信息方面保持对日本的优势，为的是在将来对日作战时能将其转化为军事优势，这说明它希望有朝一日能将日本逐出南沙群岛，以绝祸患。

1939年8月，大国博弈格局风云突变。是年夏开始的、并行不悖的英法苏谈判和英德秘密谈判均告失败，前者是英国联合法国，一起寻求同苏联合作构建集体安全体系，以遏制德国的扩张；后者是英国试图与德国达成妥协，以避免卷入对德战争。由于都和英国存在难以弥合的利益冲突，为了在大国博弈中争取更大主动，势同水火的德苏两国在8月开始秘密谈判，于同月23日签订《苏德互不侵犯条约》及秘密附加议定书。②

① "C. G. Jarrett to Henniker-Major", August 1, 1939, London, The National Archives, FO 371/23543/F8378.

② 苏联和德国通过签署秘密附加议定书划分了彼此在波罗的海、波兰、东南欧的利益归属。而且在欧战初期，两国根据时局演变进行协商，并瓜分了东欧。参见《苏德互不侵犯条约秘密附加议定书》（1939年8月23日）、《苏德友好边界条约》（1939年9月28日）、《苏德友好边界条约秘密附加议定书（1）》（1939年9月28日）、《苏德友好边界条约秘密附加议定书（2）》（1939年9月28日），沈志华总主编：《苏联历史档案选编》第16卷，北京：社会科学文献出版社，2002年，第68—69、79—82页。

德苏准同盟的形成让德国解除了后顾之忧并获得稳定的战略资源供应地，英国的战略处境随之雪上加霜。诚如法国殖民部部长孟戴尔（Georges Mandel）所言："苏德条约意味着国际局势中的一次根本变化，对于英国和法国来说，这实在是令人感到突然和焦虑的。"① 英国政府在获悉苏德缔约之后，迅速开展紧急军事动员，并于 8 月 25 日公开了英波条约并明确了此前提出的保证。② 欧洲列强拔刃张弩了。

值此山雨欲来风满楼之际，英国不愿再在日本侵吞南沙群岛这一事件上劳心费力。8 月 25 日，英国外交部对海军部 8 月 1 日的来函作出答复："当前我们倾向于认为最好不要再向日本人提及这件事，除非法国人要求我们提供支持，关心南沙群岛的主要是法国人"。假如又一次被问及对日本侵吞南沙群岛事件的看法，英国应坚持"不承认日本的所有权要求"之立场。③ 随后，外交部远东司将海军部和本部之间的讨论要点电告驻日大使馆，并表示"我们已经向日本人清楚地表示不承认其所有权要求，至于海军部建议采取进一步行动，这似乎没有必要，除非再次发生此类事件"。④ 一言以蔽之，只要日本不采取类似的南进行动、法国不主动要求英国予以支持，英国在日本侵吞南沙群岛事件上

---

① 顾维钧：《顾维钧回忆录》第四分册，中国社会科学院近代史研究所译，北京：中华书局，2013 年，第 18 页。

② 温斯顿·丘吉尔：《丘吉尔第二次世界大战回忆录》(1)，方唐译，北京：北京时代华文书局，2017 年，第 384—386 页。

③ "Henniker-Major to C. G. Jarrett", August 25, 1939, London, The National Archives, FO 371/23543/F8378.

④ "Far Eastern Department, Foreign Office to the Chancery, British Embassy (Tokyo)", August 25, 1939, London, The National Archives, FO 371/23543/F8378.

只须守住不承认日本的"主权要求"之底线。外交部的主张最终被接受，直到二战结束，英国未再主动向日方提及南沙问题。这表明英国已无意维持"有限度联法制日"政策。

1939年9月1日，德国闪击波兰，3日，英、法对德宣战，英国的战略处境急转直下。纵然意大利待价而沽，未即刻协助德国作战，陷入欧战的英国也不敢漠然置之，不得不在地中海严阵以待，而将新加坡作为大英帝国东部的防御前线。海军大臣丘吉尔坦言："即使远东地区面临着巨大的威胁，我们的主要目标在欧洲，决不能转移……假如日本参战，那么新加坡要塞是我们力量所能达到的最远地区。在地中海的安全得到保障之前，在意大利的舰队被驱逐出地中海以前，我们必须要坚守新加坡"。[1] 对英国而言，包括南沙群岛在内的新加坡以东、以北的远东大部分地区已鞭长莫及。可是自苏德缔约以来，英国政府内部"所有讨论都倾向于认定为了能够成功地应付我们当前正面临的危机，保住我们在世界这一地区（即远东，引者注）的所有可资利用的资源至关重要"。[2] 可想而知，欧战爆发令英国更需要稳住日本乃至改善英日邦交，而力避刺激其与德国结成军事同盟、乘虚而入。

这个时候，由于苏德缔约的冲击，日本政坛动荡，政府更迭。9月4日，新上台的阿部内阁发表"不介入欧洲战争，优先

---

[1] 温斯顿·丘吉尔：《丘吉尔第二次世界大战回忆录》(2)，方唐译，北京：北京时代华文书局，2017年，第13页。

[2] "Foreign Office to A. Clark Kerr", September 1, 1939, London, The National Archives, FO 371/23460/F9585.

解决日华事变"的主旨声明，[①] 以此作为同西方列强博弈的筹码。翌日，日本政府主动向英方示意："现在欧洲爆发了战争，日本政府不打算参与其中，而是集中精力解决中国事务。在这方面，日本政府对列强在'中国事变'中的态度和行为深感关切，想要寻求英国政府赞赏日本政府的上述意图，不采取任何可能损害日本在中国事务上的立场之措施"。[②] 这对英国来说虽非好事，却不算坏事，毕竟两害相权取其轻。因此，在日本宣布新方针的当天，刚刚出任自治领大臣的艾登致电澳大利亚和新西兰自治领政府，劝说它们以大局为重，服从"先欧后亚"的战略安排。艾登直言："不论日本的中立是友好的还是有保留的"，大英帝国都必须做好对德战争长期化的准备，"这需要动用我们的一切资源"。[③] 显而易见，英国再主动向日本提及南沙问题乃至施压已不合时宜。英国为适应新形势而选择放弃"有限度联法制日"政策可谓势所必然。

此后，英国不再就南沙问题配合法国对日本施压。1940 年 2 月 21 日，罗杰向英国外交部官员克拉克抱怨，"日本人在交涉中似乎给法国政府留下了简单的选择"，若法国同意和日本秘密合作，关闭中国和印度支那的边境，禁止中国假道越南运输军事物资，日本将"提供有吸引力的物质条件"作为回报，否则

---

① 外务省编纂：《日本外交年表竝主要文书》(下)，"年表·昭和 14"，東京：原書房，1965 年，第 129 頁。

② "R. Craigie to Foreign Office", September 5, 1939, London, The National Archives, FO 371/23460/F9844.

③ 安东尼·艾登：《艾登回忆录：清算》(上)，瞿同祖、赵曾玖译，北京：商务印书馆，2017 年，第 75 页。

就继续轰炸滇越铁路。罗杰表示，法国政府已加以拒绝，坚称这"在形式和实质上均不可接受"，"即使法国政府愿意考虑这个提议，但在日本侵占海南岛、南沙群岛和西沙群岛的事件发生之后，他们也缺乏达成协议所必需的信任。""该僵局的唯一出路是日本政府重新考虑自身立场"。①3月8日，罗杰又向克拉克透露，法国政府提出"应该得到一些日本人在任何情况下都有义务履行的东西"作为法日"合作"之回报，并要求日方回答"法国在海南岛、南沙群岛和西沙群岛的权益是否包括"在"回报"之内，然而日方"无意延伸或扩大会谈内容的范围"。② 英国对此置若罔闻。之所以如此，归根到底是因为值此危急存亡之秋，英国在远东—太平洋地区的兴趣点和着力点皆已落在对日妥协上。3月21日，英国外交部将罗杰的"抱怨"电告克莱琪，却未指示他向法国驻日大使提供合作，反而表示"很感兴趣地想知道你为了确保和日本的合作，想要进行哪些准备工作。就阻止经由西伯利亚向德国供应材料而言，这种合作在某种程度上在未来很可能至关重要"。③

英国在欧战爆发后对日妥协乃至寻求合作，既是为了避免日本完全投入德国怀抱，对英国落井下石，也是意欲牵制德国的准盟友苏联。苏联在和德国缔约之后，直到被德国突袭，不

---

① "The Conversation Between Roche and Ashley Clarke", February 21, 1940, London, The National Archives, FO 371/24672/F1300.

② "The Conversation Between Roche and Ashley Clarke", March 8, 1940, London, The National Archives, FO 371/24673/F1749.

③ "Foreign Office to R. Craigie", March 21, 1940, London, The National Archives, FO 371/24673/F1749.

但从政治、外交宣传和经济领域公开支持德国的扩张，而且为德国开展军事行动提供实际的便利和协助。① 而自从苏德缔约及两国瓜分波兰，"苏联是'德国的盟友'成了英国的普遍共识"。② 实际上，不止英国，美国、法国甚至是德国的军事盟友意大利和政治盟友日本，它们的舆论不谋而合地断定苏联对德缔约是有预谋行为，两国将狼狈为奸对外扩张，谓"苏联扮演鬣狗的角色，德国则是狮子""德国负责谋杀，俄国负责分享遗产"，等等。③ 正在苦撑促变的中国亦深有同感。苏联和日本在诺门坎战役中停火，和德国联手瓜分波兰的消息接踵而至，给中国当局造成巨大的心理冲击。国民政府部分要员"恐苏德日联为一阵，与英法美对峙"。④ 蒋介石忧心苏联意欲"左倭右德，以佐其称霸欧亚两洲之势。"⑤ 国民政府考试院副秘书长王子壮直指苏联"逐渐联合德日有共同对英的企图"。⑥ 苏联在对德缔约后的行为对中国的刺激是普遍而深刻的，以致"不管苏联怎样

① Militärgeschichtliches Forschungsamt ed., *Germany and the Second World War*, Vol.4, Translated by Dean S. McMurry, Ewald Osers, Louise Willmot, Oxford: Clarendon Press, 1998, pp.109—111.

② 伊万·迈斯基著，加布里埃尔·戈罗德茨基编注：《伦敦日记：苏联驻伦敦大使二战回忆》，1940 年 4 月 2 日，全克林、赵文焕译，桂林：广西师范大学出版社，2021 年，第 379 页。

③ Keith Sword ed., *The Soviet Takeover of the Polish Eastern Provinces, 1939—1941*, London: Macmillan Publishers Limited, 1991, pp.291—294.

④ 李学通、刘萍、翁心钧整理：《翁文灏日记》上册，1939 年 12 月 22 日，北京：中华书局，2001 年，第 417 页。

⑤ 《蒋介石日记》（手稿），1939 年 11 月 2 日，美国斯坦福大学胡佛研究所藏。

⑥ 《王子壮日记》（手稿本）第 5 册，1939 年 9 月 21 日，台北："中央研究院"近代史研究所编印，2001 年，第 336 页。

明白地阐明它的严守中立的立场，关于苏德关系仍有许多离奇怪诞之风说"。① 进入 1940 年，关于国际上形成两大对抗集团的讨论"在英国政界中愈发激烈"，即"'极权和大陆'——德国、苏联和日本"对抗"'民主和海上'——英国、法国和美国"。② 以后见之明观之，英国此举可谓寒不择衣。

在南沙问题上，英国、日本一退一进。欧战爆发后，日本趁英法两国自顾不暇，规划以太平岛为中心"设置必要的、全天候的、可向各地辐射权力的设施"，"在群岛内开展定期巡逻"和"在各岛屿上建设用来昭示其为帝国领土的标志物"，③ 力图渐进地将法国的殖民势力和英国的影响力排挤出南沙群岛及其海域。1940 年 4 月 9 日，德国入侵丹麦、挪威，旋即将它们征服；5 月 10 日，德军横扫荷兰、比利时、卢森堡和法国。荷比卢三国沦亡，英法联军一溃千里；6 月，意大利趁火打劫，向英国和法国宣战。在德军的打击下，丧师失地的法国很快屈膝求和，英国退守本土。日本在法国败降之后急不可待地清除其在南沙群岛的残余势力。④ 凡此种种，不一而足。

---

① 《对苏潜行战争的加紧》，《世界知识》1939 年第 5 期，第 139 页。

② 伊万·迈斯基著，加布里埃尔·戈罗德茨基编注：《伦敦日记：苏联驻伦敦大使二战回忆》，1940 年 1 月 3 日，全克林、赵文焕译，桂林：广西师范大学出版社，2021 年，360 页。

③ 《外務省歐亞局長西春彦致臺灣總督官房外務部長千葉蓁一電》(1939 年 9 月 6 日)，東京：日本外務省外交史料館藏，《各国領土発見及帰属関係雑件 / 南支那海諸礁島帰属関係》第二卷，JACAR (アジア歴史資料センター) Ref. B02031162900。

④ 浦野起央：《南海诸岛国际纷争史》，杨翠柏等译，南京：南京大学出版社，2017 年，第 184—185 页；Stein Tønnesson, "The South China Sea in the Age of European Decline", *Modern Asian Studies*, Vol.40, No.1 (Feb., 2006), p.15.

更有甚者，日本迫不及待想要和如日中天的德国联手宰割世界。日本大本营认定"欧洲战争方面，旧势力正在屈服于新兴国家集团的威力，残存者只有英国一国，形势急剧演变当可预测"。日本的当务之急是"大致以印度以东及澳洲、新西兰以北的南洋地区为一环，确立自给自足的态势"。[①]1940 年 7 月 27 日，日本"大本营—政府联席会议"通过了《应对世界形势推移的时局处理纲要》，力主"在推进处理中国事变的同时，以解决南方问题为目标"。"只要国内外各方面形势允许，应捕捉时机使用武力解决南方问题。"为此，日本在外交方面应"以对德政策、对意政策、对苏政策为重点，特别是要迅速强化同德意两国在政治上的团结及飞跃式地调整对苏邦交"。日本决策层虽然强调要求在解决南方问题时"应极力将战争对手限制为英国"，却也意识到"即使在此情况下，亦难以避免对美开战，因此必须做好充分准备"。[②]日本非但志在把或亡或降的荷兰、法国在东南亚的属地收入囊中，而且甘愿冒着和美国开战的风险，[③]参与瓜分命悬一线的大英帝国。9 月 27 日，德意日三国代表正式在柏林签署《日德意三国条约》，三国相互承认彼此在东

---

① 服部卓四郎：《大东亚战争全史》（上卷），张玉祥等译，北京：世界知识出版社，2016 年，第 28 页。

② 《世界情勢の推移に伴ふ時局處理要綱》（1940 年 7 月 27 日），外務省編纂：《日本外交年表竝主要文書》（下），東京：原書房，1965 年，第 437—438 页。

③ 日本在做出对美开战的决策之前，一直和美国保持着外交接触，奈何彼此的战略诉求存在的结构性矛盾实难解决。参见鹿锡俊：《中国问题与日本 1941 年的开战决策——以日方档案为依据的再确认》，《近代史研究》2008 年第 3 期，第 90—103 页。

亚和欧洲建立新秩序的领导地位，并规定"一旦缔约国中任一国家遭受现在尚未参加欧战及中日冲突的任何国家之攻击，三国须采取一切政治、经济和军事手段相互援助"。条约还规定，"上述条款对缔约国各自同苏联之间的现存政治关系不产生任何影响"。① 日本终于下定决心同德意两国共进退，将政治联盟升级为军事同盟。日本一方面企图借重德国以威慑美国，从而阻遏美国在其南进时进行军事干预，另一方面意在一旦对美开战能够引为强援，以增加取胜的可能性。与此同时，德意日三国仍为日后苏联可能加盟留有余地。②

对此，英国也有察觉。1941 年 2 月 25 日，英国外交部训令克莱琪向日本外相松冈洋右交涉，谓英国"在远东没有部署能够威胁到任何人的军队或飞机"，可"日军为什么会正在向台湾、海南、印度支那和南海集结"！而且"日本这些南下行动，其目的迄今仍未得到解释"！③ 为了更好地理解日本的侵略轨迹，英国情报部门梳理了日本自明治维新以来的扩张，关于南海诸岛唯独提到南沙群岛，强调它"介于婆罗洲和法属印度支那之间，位于至新加坡的航程之内"。④ 可以窥知，英国对日本侵吞

---

① 《日本國、獨逸國及伊太利國間三國條約》（1940 年 9 月 27 日），外務省編纂：《日本外交年表竝主要文書》（下），東京：原書房，1965 年，第 459—460 页。

② 关于日本政府如何设计和推行"日德意苏四国同盟"构想及其结局，可参见武向平：《日德意苏"四国同盟"构想及演进述考》，《东北师大学报》（哲学社会科学版）2012 年第 6 期，第 102—106 页。

③ "Foreign Office to R. Craigie", February 25, 1941, London, The National Archives, FO 371/27887/F1159.

④ "Ministry of Information to Foreign Office", March 27, 1941, London, The National Archives, FO 371/27879/F2436.

南沙群岛并强化控制如鲠在喉。只是，危如累卵的英国却已无计可施，只得听之任之，毕竟全力以赴抗击德国才是当务之急。而正是在英国的漠视下，日本将太平岛要塞化，[1] 用以支撑在太平洋战争期间的作战行动。

总之，英国于欧战爆发后逐步实质性放弃"有限度联法制日"政策。在南沙问题上，英国所能做的只是不宣布放弃对南威岛和安波沙洲的"所有权要求"及不承认日本吞并行为的合法性。从形式上，英国似乎重拾"不承认不放弃"政策，但是不再以日本不向南沙群岛扩张作为维持该政策的前提条件。当下英国之所以有此坚守，不单是为了尽量维护大英帝国的尊严和体面，本质上更是为了保留卷土重来之后能够"名正言顺"介入南沙问题之"权利"。在某种意义上，这也反映出英国未曾忘怀防止日本军事控制和利用南沙群岛的决策目标。

本章小结

自慕尼黑会议结束到太平洋战争爆发，英国在一连串的国际变局中逐步退出南海。从某种意义上说，这一时期英国的南海诸岛政策可以等同于南沙政策。英国在日本攻占海南岛之后，已经实质上放弃抵制日本控制西沙群岛，对于日本占领西沙群岛的传闻及后来的实际行动始终漫不经心。在欧战爆发之前，

---

[1] 《新南群嶋长嶋全岛》，1943 年 10 月 19 日，東京：防衛省防衛研究所，《監視日誌　昭和 18 年 10 月 19 日～昭和 19 年 7 月 27 日》，JACAR（アジア歴史資料センター）Ref.C11110405900。

英国以"有限度联法制日"政策有心无力地抵制日本军事控制和利用南沙群岛。随着日本逐步"南进",英国挣扎着不断地"退却"。从结局来看,由于缺乏必要的军事力量作为支撑,英国最终不能实现其决策目标。在欧战爆发之后,英国主动、实质性地放弃在南沙问题上对抗日本。[①]

英国的南海诸岛政策的逐步弱化,是伴随着其"地中海优先于远东"战略原则的逐渐定型。当英国不断地从远东—太平

[①] 关于英国对日本侵占南沙群岛的反应,现有的研究聚焦外交层面。郭渊论述了英国的外交应对并分析其局限性。作者认为,英国"担心海峡殖民地利益及南海航线受到影响","明确表示反对单方面改变南海事态、日法南沙争执应通过国际仲裁的立场",并对南沙群岛归属持"不介入"立场,但其对日交涉毫无效果(郭渊:《日占南沙与英国的外交应对》,《史林》2020年第3期,第184—192页)。斯坦因·托尼森和黎蜗藤都指出,英国试图借助法国对抗日本,但该企图最终落空。后者的一个表述尤惹人注意:英国在日本侵吞南沙群岛之后停止了和法国关于南沙群岛归属之争论,"几乎第一时间承认了南沙主权归法国所有"(Stein Tønnesson, "Why are the Disputes in the South China Sea So Intractable? A Historical Approach", *Asian Journal of Social Science*, Vol.30, No.3, SPECIAL FOCUS: Research on Southeast Asia in the Nordic Countries (2002), p.577;黎蜗藤:《从地图开疆到人工造岛:南海百年纷争史》,台北:五南图书出版股份有限公司,2017年,第121—122页)。陈鸿瑜也认为在日本侵吞南沙群岛之后,"英国与法国停止了对于南沙群岛的交涉",转而抗议日本的占领行动,但作者未提出所谓英国承认法国对南沙群岛的"主权要求"之观点(陈鸿瑜:《英国对于南沙群岛之主张及其影响(1930—1951)》,台北《"国史馆"馆刊》2016年总第48期,第83页)。尤利西斯·格拉纳多斯把英国反应概括为"微弱的抗议"(Ulises Granados, "Japanese Expansion into the South China Sea: Colonization and Conflict, 1902—1939", *Journal of Asian History*, Vol.42, No.2 (2008), p.138)。浦野起央则提到,英国表示希望日本政府通过国际法庭和平解决同法国之间的南沙争端(浦野起央:《南海诸岛国际纷争史》,杨翠柏等译,南京:南京大学出版社,2017年,第181页)。揆诸前文,英国是主动对日本侵吞南沙群岛的行动施加了力所能及的干预,而且在联合法国的时候始终没有承认南沙群岛归属法国。

洋地区进行战略收缩，最后把新加坡作为大英帝国东部防务的前沿，南海诸岛也就不可避免地会被英国"弃之不顾"。质言之，这一时期的英国南海诸岛政策是"首重欧洲"和"地中海优先于远东"的战略原则、力避多线作战的战略思维、视法国为遏止日本侵占南海诸岛的首要责任者之认知的共同产物。遗憾的是，法国在远东的力量远比英国虚弱，它既无能力又无勇气强硬抗衡日本，实不足恃。

当然，英国早就意识到美国最有实力承担起在远东遏制日本的首要责任。英国驻日大使馆在向外交部提交的《1939年日本年度报告》中曾自嘲："美国在某种程度上取代英国成为'远东的看门狗'"。[1] 到了1940年夏，无论是客观现实还是在英国的主观认知中，美国已完全取代英国在远东—太平洋地区的地位。德国在1940年春、夏，在欧洲大陆攻城拔寨、所向披靡，迅速征服北欧和西欧的大多数国家，把英军逐出了欧洲大陆。一时之间，"君临七大海洋的大英帝国在新兴的德国面前也仿佛陷于累卵之危"。[2] 孤军奋战的英国已然分身乏术，不仅主动寻求美国保护其海外利益，甚至要把大英帝国东部的安全、远东—太平洋地区秩序的主导权交托给美国。参谋长委员会的建议是，要求美国"在其利益所在地区加强力量，甚至取代英国的军事力量，美国这么做也有助于捍卫它在该地区的利益。美

---

① "R. Craigie to Halifax", January 1, 1940, London, The National Archives, FO 371/24743/F2417.

② 服部卓四郎：《大东亚战争全史》，张玉详等译，北京：世界知识出版社，2016年，第21页。

国的军事力量应该被部署在那些有美国基地的地区，以保障在其势力范围内的英国之利益"。新上任的英国首相丘吉尔更是明确希望美国以任何方便的方式使用新加坡，从而令日本人不敢轻举妄动。[1] 可是，美国尚不愿意挺身而出。

1941 年 12 月 1 日，日本御前会议作出决策：对美国、英国、荷兰开战！[2]8 日，日军奇袭珍珠港，太平洋战争爆发了。在日军疾风骤雨般的攻击中，大英帝国东部防务体系简直不堪一击，英国被日本逐出远东。而 1942 年 2 月 15 日驻守新加坡的英帝国军队向日军投降、新加坡陷落，则成了"帝国衰落的里程碑"。[3] 总之，这一时期英国在南海地区的退却，包含了它放弃抵制日本侵吞南海诸岛的主动退却和其势力被日本武力驱逐出南海及其周边地区的被动退出。若从全球视野加以观察，某种意义上说，这是号称"日不落"的大英帝国日薄崦嵫的缩影，是后来英国淡出远东—太平洋地区权势格局之中心的预兆。

① J. R. M. Butler, *Grand Strategy*, Vol.2, London, Her Majesty's Stationery Office, 1957, p.243.
② 《對米英蘭開戰に關する件》(1941 年 12 月 1 日)，外務省編纂：《日本外交年表竝主要文書》(下)，東京：原書房，1965 年，第 564 頁。
③ 肯尼思·O.摩根等：《牛津英国史》，方光荣译，北京：人民日报出版社，2021 年，第 521 页。

结　语

　　1941 年日本发动太平洋战争，东方战场和西方战场终于联结起来。此时距离第一次世界大战结束大约才过去了 23 年。此间国际秩序经历了从重建到毁灭，而作为凡尔赛—华盛顿体系的主要缔造者、维护者和获益者的英国则在跌宕起伏的大国博弈中度过了从称雄世界到回归欧洲这一历程的关键阶段。或许可以说是巧合，1920—1941 年是南海诸岛问题演进史上的至关重要的时期。在这一时期，诸强围绕南海诸岛而展开的博弈是远东—太平洋地区大国竞争的表现之一。其中，英国是一个特殊的角色。它不是南海诸岛问题的始作俑者，甚至在严格意义上说也不是主要的争夺者，尽管它对南沙群岛中的南威岛和安波沙洲怀有"殖民情结"。但是，在欧战爆发之前，英国也不是一个冷眼旁观者或隔岸观火者。总体而言，英国是一个力不从心的干预者、现状维护者。英国从主动介入这一地缘博弈到挣扎着离开，其实是英国的帝国防务战略变迁、远东—太平洋地区的权势转移等更宏大的历史进程的一个缩影、一个面向。

　　英国本质上是一个彻头彻尾的欧洲国家、北大西洋上的岛国，欧洲对它而言是"攸关性命"。可是，英国同时又是大英帝国这一世界性帝国的核心和本土。"世界性帝国"连同独领风骚的海军、独享一个多世纪的海权等其他要素，共同成就了英国当时首屈一指的世界性强权。另一方面,"世界性帝国"使得英国会面临来自全球各地的挑战,难以在大大小小的世界性或区域性的危机中置身事外。就如约翰·加拉格尔(John Gallagher)所言,"一旦大英帝国成为世界性的,则它在太阳所照射之处都会面临危机。"① 因此,尽管本土和属地之间在重要性上存在本质区别,两者的战略安全有时候并不重合,但英国的战略视野还是必然要超越欧洲和北大西洋而涵盖全球,其决策和行动自然也要兼顾帝国的整体战略利益和诉求。

英国经历了数个世纪的殖民扩张之后,在南海周边地区拥有了大量的属地,它们是大英帝国的构成部分。穿越南海的通道连接着英国本土、大英帝国东部和包括中国在内的远东市场与原料场地。由是之故,英国对其他强国在南海的一举一动及其背后的意图十分在意。英国尽管已多次对南海海域进行勘测,但所重者乃测绘航道、搜集地理水文信息,而非了解南海诸岛的军事价值,这也导致了 20 世纪 20—30 年代大部分时间里英国对西沙群岛、南沙群岛的军事价值之认知非常模糊。这是因为,自 19 世纪到 20 世纪 20 年代以前,英国在西太平洋的海权无可撼动,② 而当时区域内又未出现可与之匹敌的海军强国。英国既无须担心敌对或潜在敌对的海军强国军事控制和利用南海

---

① John Gallagher, "Nationalisms and the Crisis of Empire, 1919—1922", *Modern Asian Studies*, 1981, Vol.15, No.3, p.355.

② 截至 19 世纪末,英国在亚太地区一共驻扎有 53 艘主力战舰,又兴建了新加坡、香港、纳闽等重要的海军基地以扼守海上交通要道。参见 Niall Ferguson, *Empire: How Britain Made the Modern World*, London, Penguin Group, 2012, p.246。

诸岛，进而对大英帝国东部形成威胁，又没有必要多此一举地考虑将南海诸岛纳入帝国东部防务体系。

　　然而时过境迁，自 1920 年开始，当自身因第一次世界大战而元气大伤、治下的帝国之东部因日本逐渐从盟友转化为敌手而面临前所未有的威胁，英国鉴于南海诸岛的岛礁或横亘于自新加坡至香港这一关键通道上，或毗邻这一通道以及其他重要航线，抑或靠近北婆罗洲等南海周边的英国属地，开始关心它们的状况及注意到它们可能具有的军事价值。诚如斯皮克曼所言，"地理位置本身是恒定不变的，而这些实情的重要性却会根据不同的环境而改变。"[①] 可以说，进入由盛转衰阶段的英国为了大英帝国东部的战略安全和利益，主动参与围绕南海诸岛的大国博弈，逐渐形成南海诸岛政策。

　　另一方面，无论是为了保卫南海诸岛的中国，还是直接参与侵夺中国南海诸岛的法国和日本，抑或诸如美国、荷兰等其他在南海拥有战略利益的国家，都不敢也不能无视英国在远东—太平洋地区的权势和影响力，哪怕英国的这种权势和影响力正在衰退。[②] 因此，有关各国在南海诸岛问题上绕不开英国，或合作或利用或规避抑或对抗，这种情况在 20 世纪 30 年代尤为突出。

[①] 尼古拉斯·斯皮克曼：《和平地理学：边缘地带的战略》，俞海杰译，上海：上海人民出版社，2016 年，第 96 页。

[②] 直到 20 世纪 30 年代后期，绝大多数的观察家都依然认为，"比照维多利亚时代，大不列颠相对变弱了，而且可能会继续衰落，但仍是一个令人敬畏的力量，需要避免引起其敌意"。参见 John R. Ferris, "The Greatest Power on Earth: Great Britain in the 1920s", *The International History Review*, Nov., 1991, Vol.13, No.4, p.741。

从 1920 年到 1941 年，英国是先介入西沙问题而后介入南沙问题，却也是先从西沙问题抽身而后退出南沙问题。英国依据西沙群岛、南沙群岛的具体情况分别制定和推行了有针对性的政策，它们共同构成了英国当时的南海诸岛政策的主要内容。英国对西沙问题、南沙问题的具体立场和策略虽有差异，却无本质区别。纵观 1920—1941 年英国南海诸岛政策的演变，英国始终是在大国博弈视野下审时度势地思考、制定、调整和推行南海诸岛政策。根据政策的演变轨迹，英国参与博弈的历程大致可以分为四个阶段。

第一个阶段是英国南海诸岛政策即西沙政策与南沙政策的起源阶段，大约持续到 1934 年。在这一阶段，英国意图借助旧秩序即华盛顿体系的规定维持南海地区权势格局之现状，主动但有限地介入南海诸岛问题。英国在西沙问题上把中国当作挡箭牌以抑制日本和法国尤其是前者的野心，遏止它们染指西沙群岛，是为"策略性支持中国"政策；在南沙问题上坚称拥有南威岛和安波沙洲的所有权，在不承认任何国家对南沙群岛拥有主权的前提下默许法国占据其中部分岛礁，并以日本不寻求兼并南沙群岛作为不改变政策的先决条件，是为"不承认不放弃"政策。

第二个阶段是英国南海诸岛政策的承上启下阶段。英国总体上延续着"有限介入"政策，趋于积极作为，尤其是在此期间形成了利用南海诸岛完善帝国东部防务体系之构想，其目光先投向西沙群岛，后来又转到了南沙群岛。无论如何，这预示英国选择在战略危境尚未达到无以复加的情势下直面日本可能的南侵并且决意相抗，站到南海地区的遏制日本的最前沿。

　　1937年7月，日本发动全面侵华战争，不惟远东局势，国际形势亦为之震动，南海的地缘政治格局随之进入了重塑时期。大致以此为界，英国南海诸岛政策的演变轨迹进入了第三个阶段。在这一阶段，英国多管齐下积极和日本展开博弈，在西沙问题上逐步对"策略性支持中国"政策进行变通，在不承认法国对西沙群岛的"主权要求"的前提下实施"以法遏日"策略，企图以法国替代中国作为挡箭牌并将其推到遏止日本侵占西沙群岛的第一线；在南沙问题上则千方百计力图实现"南沙基地建设"构想。在1938年7月，法国象征性地占领西沙群岛而日本选择克制、中国选择隐忍，使英国西沙政策的决策目标暂得实现，而与此同时，英国在经过系统勘察之后最终认清南沙群岛总体上对帝国东部防务体系无足轻重、勉强进行基地建设实乃投入过高而前景不明，于是放弃了过于理想化的"南沙基地建设"构想。

　　在第四个阶段，伴随着旧秩序的毁灭，英国退出了围绕南海诸岛而展开的大国博弈。进入1939年，日本渐次侵占西沙群岛和南沙群岛。此时已左支右绌的英国对日本侵占西沙群岛的意图和行动不再放在心上，决意撒手不管，惟求以"有限度联法制日"政策遏止日本军事控制和利用南沙群岛。在1939年8月底至9月初，先是苏德勾结，继之德国入侵波兰，随后英法两国对德宣战，紧接着苏联出兵配合德国瓜分波兰。这一连串令人眼花缭乱的大事件让人应接不暇，其间置身国际变局漩涡中心的英国放弃了在南沙问题上的挣扎，惟拒不承认日本吞并南海诸岛的合法性、始终不宣布放弃对南威岛和安波沙洲的

"所有权要求"。纵观 1920—1941 年英法日美诸强国围绕南海诸岛所展开的斗争，它们均无视中国在南海诸岛的存在和应有的地位，置中国的合法权利于不顾。质言之，这是英国、法国、日本、美国作为殖民列强的本性使然。尤让人悲从中来的是，面对列强竞相攘夺南海诸岛，中国更是因鞭不及腹而无可奈何。不得不说，这是中国作为弱国的悲哀。

摅诸全文，英国南海诸岛政策始终以帝国防务安全为决策立足点，服从和服务于帝国防务战略，并随着后者的变动而调整。自第一次世界大战结束到太平洋战争爆发，英国从主要在远东—太平洋地区面临日本的威胁，逐渐发展成在多个地区遭受数个强国之挑战。其间，英国在 1936 年和 1937 年之交完成了将帝国防务重心从远东—太平洋地区重新移回欧洲的过程，在 1939 年中期确立了"地中海优先于远东"战略原则。至此，在帝国防务战略的优先次序中，英国最终把远东—太平洋地区 / 日本的地位下调到第三位。简言之，随着大国博弈局势的演变及与之相伴的英国的境况之变动，英国因时因势地调整各种战略利益的优先次序与各方威胁的轻重缓急地位。这从根本上制约了不同时期、不同阶段英国因应南海诸岛问题时可供选择的方式、内容及政策调整的空间。而且，随着 1936 年以降德国、日本、意大利基于各自的战略目标和利益诉求逐渐在"反英"问题上聚拢及相互策应，到了 1939 年，英国将日本侵吞南沙群岛的图谋与行动同德意两国在欧洲、地中海地区的扩张联系起来，研判其背后有和德国、意大利协同"反英"的战略意图。在决策过程中，英国关于自身与有关国家之间关系的性质及走向、所处国际关系的演变趋势、南海诸岛分别之于敌我的军事价值这三者的认知之变化，共同形塑了不同阶段的英国南海诸岛政策。至于英国对南威岛和安波沙洲的"殖民情结"，在其决策中的影响实不足道。就决策目标而言，一以贯之的是防止任何强国借助控制南海诸岛而在南海地缘博弈中取得优势。只是英国往往囿于各种主客观因素，而更多地将"任何强国"限定为"敌对强国"。所谓"敌对强国"，在第二次世界大战结束以前，首当其冲是日本。易言之，遏止日本军事控制和利用南海诸岛是其最低决策目标。

日本发动太平洋战争之后，狂飙突进，终成大英帝国和其他西方殖民国家的远东殖民体系在战后无可避免地走向崩溃的重要掘墓人，并短暂地独霸了南海；英国或主动或被动地把远东—太平洋区域秩序的主导权交给美国，美国则最终承担起在太平洋战场对抗乃至击败日本的主要任务，进而在战后长期成为亚太地区新秩序的主导者。不容忽视的是，中国战场是亚洲主战场，[①] 中国通过浴血奋战，以反法西斯战争战胜国的身份，依据战后国际秩序所赋予的权利，收复了南海诸岛，并派兵进驻西沙群岛、南沙群岛、东沙群岛。[②] 这标志着中国以大国的身

---

① 参见胡德坤：《中国抗战开启了中华民族复兴的新征程》，《世界历史》2015 年第 4 期，第 9 页；王建朗：《抗战研究的方法与视野》，《抗日战争研究》2016 年第 1 期，第 17 页。

② 陈谦平：《抗战胜利后国民政府收复南海诸岛主权述论》，《近代史研究》2017 年第 2 期，第 4 页。李金明对中国在抗战胜利后收复和维护南海诸岛主权也有系统研究，参见氏著《抗战前后中国政府维护西沙、南沙群岛主权的斗争》，《中国边疆史地研究》1998 年第 3 期，第 68—75 页；《抗战胜利后中国海军收复西沙、南沙群岛经过与评析》，《东南亚研究》2017 年第 3 期，第 46—56 页。

份重返南海。总之，大国间的博弈在第二次世界大战中又一次达到了高潮，在全世界范围内引发了权势转移，南海地区的权势格局演变是其组成部分。无论如何，欧洲列强和日本主导南海诸岛问题、中国却几乎只能"望洋兴叹"而无能为力的时代一去不返了。

旧的大国博弈刚刚随着第二次世界大战的硝烟散去而结束，新一轮的大国博弈便接踵而至。在国际上，分别以美国和苏联为首的两大阵营于 1947 年爆发了冷战；[①] 在中国，中共击败国民党，于 1949 年 10 月 1 日建立了中华人民共和国。1950 年 2 月 14 日，中苏两国在莫斯科签订《中苏友好同盟互助条约》，"以此为标志，中苏成为名副其实的军事同盟"，"中华人民共和国通过选择坚决站在苏联阵营一边而实际上参加到全球冷战之中"。[②] 到了这个时候，起初既没有反对也没有干预中国收复南海诸岛行动的英国，终于以中国取代日本作为南海诸岛政策的首要针对对象。当然，这又是一个新的故事了。

---

① 关于冷战的起源和发生，代表性的研究参见 Martin McCauley, *Origins of the Cold War 1941—1949*, London: Pearson Education Limited, 2008；沈志华：《经济漩涡：观察冷战发生的新视角》，香港：开明书店，2022 年。
② 牛军：《冷战时代的中国战略决策》，北京：世界知识出版社，2019 年，第 90 页。

参考文献

一、未刊档案

（一）（台北）"国史馆"藏档案

1. "国民政府档案"，001-115000

2. "蒋中正总统文物"，002-080106

3. "蒋中正总统文物"，002-080200

4. "蒋中正总统文物"，002-090103

5. "蒋中正总统文物"，002-090106

6. "蒋中正总统文物"，002-090200

7. "外交部档案"，020-049904

8. "外交部档案"，020-990700

（二）英国国家档案馆藏档案

1. 外交部档案，FO 262/1450

2. 外交部档案，FO 262/1854

3. 外交部档案，FO 371/10957

4. 外交部档案，FO 371/15509

5. 外交部档案，FO 371/16235

6. 外交部档案，FO 371/18145

7. 外交部档案，FO 371/19287

8. 外交部档案，FO 371/19318

9. 外交部档案，FO 371/20270

10. 外交部档案，FO 371/20278

11. 外交部档案，FO 371/20285

12. 外交部档案，FO 371/20952

13. 外交部档案，FO 371/20955

14. 外交部档案，FO 371/20957

15. 外交部档案，FO 371/20978

16. 外交部档案，FO 371/20991

17. 外交部档案，FO 371/20996

18. 外交部档案，FO 371/21000

19. 外交部档案，FO 371/22137

20. 外交部档案，FO 371/22174

21. 外交部档案，FO 371/22175

22. 外交部档案，FO 371/22176

23. 外交部档案，FO 371/22185

24. 外交部档案，FO 371/22188

25. 外交部档案，FO 371/23438

26. 外交部档案，FO 371/23458

27. 外交部档案，FO 371/23460

28. 外交部档案，FO 371/24672

29. 外交部档案，FO 371/24673

30. 外交部档案，FO 371/23476

31. 外交部档案，FO 371/23543

32. 外交部档案，FO 371/23544

33. 外交部档案，FO 371/23560

34. 外交部档案，FO 371/23561

35. 外交部档案，FO 371/63778

36. 外交部档案，FO 371/76038

37. 外交部档案，FO 371/127311

38. 外交部档案，FO 676/85

39. 外交部档案，FO 676/98

40. 外交部档案，FO 676/233

41. 外交部档案，FO 676/271

42. 外交部档案，FO 676/296

43. 海军部档案，ADM 1/9951

44. 海军部档案，ADM 116/3605

45. 海军部档案，ADM 116/3936

46. 海军部档案，ADM 167/61

47. 陆军部档案，WO 106/121

48. 财政部档案，T 161/622/3

49. 财政部档案，T 161/622/4

50. 殖民地部档案，CO 129/560/15

51. 殖民地部档案，CO 273/565/12

52. 殖民地部档案，CO 273/573/23

53. 殖民地部档案，CO 273/627/1

54. 殖民地部档案，CO 273/589/4

55. 殖民地部档案，CO 1030/396

56. 内阁档案，CAB 23/15

57. 内阁档案，CAB 23/67

58. 内阁档案，CAB 23/70

59. 内阁档案，CAB 23/75

60. 内阁档案，CAB 23/78

61. 内阁档案，CAB 23/94

62. 内阁档案，CAB 24/229

63. 内阁档案，CAB 24/244

64. 内阁档案，CAB 24/247

65. 内阁档案，CAB 24/259

66. 内阁档案，CAB 24/268

67. 内阁档案，CAB 24/273

68. 内阁档案，CAB 24/274

69. 内阁档案，CAB 53/50

70. 自治领部档案，DO 35/171/4

71. 自治领部档案，DO 35/180/3

（三）英国内阁办公室文件，https://www.gov.uk/government/organisations/cabinet-office

1. HM Government, "Global Britain in a Competitive Age: The Integrated Review of Security, Defence, Development and Foreign Policy", 2021.

2. HM Government, "National Security Capability Review", 2018.

3. HM Government, "National Security Strategy and Strategic Defence and Security Review 2015", 2015.

4. HM Government, "The UK National Strategy for Maritime Security", 2014.

（四）日本外务省外交史料馆藏档案（国立公文書館アジア歴史資料センター）

1.《各国領土発見及帰属関係雑件 / 南支那海諸礁島帰属関係》第二巻，JACAR（アジア歴史資料センター）Ref.B02031159400

2.《各国領土発見及帰属関係雑件 / 南支那海諸礁島帰属関係》第二巻，JACAR（アジア歴史資料センター）Ref.B02031160000

3.《各国領土発見及帰属関係雑件 / 南支那海諸礁島帰属関係》第二巻，JACAR（アジア歴史資料センター）Ref.B02031160100

4.《各国領土発見及帰属関係雑件 / 南支那海諸礁島帰属関係》第一巻，JACAR（アジア歴史資料センター）Ref.B02031161500

5.《各国領土発見及帰属関係雑件 / 南支那海諸礁島帰属関係》第一巻，JACAR（アジア歴史資料センター）Ref.B02031161600

6.《各国領土発見及帰属関係雑件 / 南支那海諸礁島帰属関係》第一巻，JACAR（アジア歴史資料センター）Ref.B02031161700

7.《各国領土発見及帰属関係雑件 / 南支那海諸礁島帰属関係》第一巻，JACAR（アジア歴史資料センター）Ref.B02031161800

8.《各国領土発見及帰属関係雑件 / 南支那海諸礁島帰属関係》第二巻，JACAR（アジア歴史資料センター）Ref.B02031162100

9.《各国領土発見及帰属関係雑件 / 南支那海諸礁島帰属関係》第二巻，JACAR（アジア歴史資料センター）Ref.B02031162200

10.《各国領土発見及帰属関係雑件 / 南支那海諸礁島帰属関係》第二巻，JACAR（アジア歴史資料センター）Ref.B02031162600

11.《各国領土発見及帰属関係雑件 / 南支那海諸礁島帰属関係》第二巻，JACAR（アジア歴史資料センター）Ref.B02031162800

12.《各国領土発見及帰属関係雑件 / 南支那海諸礁島帰属関係》第二巻，JACAR（アジア歴史資料センター）Ref.B02031162900

13.《各国領土発見及帰属関係雑件 / 南支那海諸礁島帰属関係》第三巻，JACAR（アジア歴史資料センター）Ref.B02031160700

（五）日本国立公文書館藏档案（国立公文書館アジア歴史資料センター）

1.《公文類聚・第六十二編・昭和十三年・第二卷・政綱二・法例～雜載》，JACAR（アジア歴史資料センター）Ref.A02030022900

（六）日本防衛省防衛研究所藏档案（国立公文書館アジア歴史資料センター）

1.《監視日誌 昭和 18 年 10 月 19 日～昭和 19 年 7 月 27 日》，JACAR（アジア歴史資料センター）Ref.C11110405900。

2.《帝国国防方針 / 帝国軍の用兵綱領関係綴》，JACAR（アジア歴史資料センター）Ref.C14121168100。

3.《帝国国防方針 / 帝国軍の用兵綱領関係綴》，JACAR（アジア歴史資料センター）Ref.C14121168200。

4.《帝国軍の用兵綱領 / 御親裁》，JACAR（アジア歴史資料センター）Ref.C14121166700。

（七）法国外交部档案馆巴黎分馆藏档案

1. 外交部档案，32CPCOM/744

2. 外交部档案，32CPCOM/745

3. 外交部档案，32CPCOM/746

4. 外交部档案，32CPCOM/747

5. 外交部档案，32CPCOM/748

6. 外交部档案，32CPCOM/749

7. 外交部档案，32CPCOM/750

（八）The Second Historical Archives of China（源档案馆），Gale Scholar，Gale Primary Sources 检索平台，https://go.gale.com/ps/start.do?p=GDCS&u=nju

二、档案文献汇编

1. 陈天锡编著：《西沙岛东沙岛成案汇编・西沙岛成案汇编》，香港：商务印书馆，1928 年。

2.《国际条约集（1872—1916）》，北京：世界知识出版社，1986 年。

3.《国际条约集（1917—1923）》，北京：世界知识出版社，1961 年。

4.《国际条约集（1924—1933）》，北京：世界知识出版社，1961 年。

5.《国际条约集（1934—1944）》，北京：世界知识出版社，1961 年。

6. 国家图书馆中国边疆文献研究中心编著：《南海诸岛图籍录》（三卷），北京：国家图书馆出版社，2016年。

7. 韩振华编：《我国南海诸岛史料汇编》，北京：东方出版社，1988年。

8. 李巨廉、王斯德主编：《第二次世界大战起源历史文件资料集（1937.7—1939.8）》，上海：华东师范大学出版社，1985年。

9. 秦孝仪主编：《中华民国重要史料初编——对日抗战时期》第三编"战时外交"（二），台北：中国国民党中央委员会党史委员会，1981年。

10. 沈志华总主编：《苏联历史档案选编》第16卷，北京：社会科学文献出版社，2002年。

11.《"外交部"南海诸岛档案汇编》（上、下册），台北："外交部"研究设计委员会编印，1995年。

12. 张中华主编：《日军侵略广东档案史料选编》，北京：中国档案出版社，2005年。

13. 张世瑛编：《蒋中正总统档案·事略稿本》（40）补编，台北："国史馆"，2016年。

14. 章伯锋、庄建平主编：《抗日战争》第四卷《抗战时期中国外交》（上、下册），成都：四川大学出版社，1997年。

15. 中国第二历史档案馆：《中华民国史档案资料汇编》第五辑第一编"外交"（二），南京：江苏古籍出版社，1994年。

16. 中国第二历史档案馆：《中华民国史档案资料汇编》第五辑第二编"外交"，南京：江苏古籍出版社，1997年。

17. 中国近代经济史资料丛刊编辑委员会主编：《一九三八年英日关于中国海关的非法协定：帝国主义与中国海关资料丛编之十》，北京：中华书局，1983年。

18.《海军巡弋南沙海疆经过》，《中国南海诸群岛文献汇编》（9），台北：台湾学生书局，1984年。

19. Kenneth Bourne and D. Cameron Watt, eds., *British Documents on Foreign Affairs*, Part 2, Series E, Vol.12, New York, University Publications of America, 1992.

20. Kenneth Bourne and D. Cameron Watt, eds., *British Documents on Foreign Affairs*, Part 2, Series E, Vol.13, New York, University Publications of America, 1992.

21. Kenneth Bourne and D. Cameron Watt, eds., *British Documents on Foreign Affairs*, Part 2, Series E, Vol.14, New York, University Publications of America, 1992.

22. Kenneth Bourne and D. Cameron Watt, eds., *British Documents on Foreign*

Affairs, Part 2, Series E, Vol.15, New York, University Publications of America, 1992.

23. Kenneth Bourne and D. Cameron Watt, eds., *British Documents on Foreign Affairs*, Part 2, Series E, Vol.27, New York, University Publications of America, 1994.

24. 英国海外政策文件，Documents on British Policy Overseas［该数据库收录了《英国战争起源文件（1898—1914）》《英国外交政策文件（1918—1939）》和《英国海外政策文件》这三个英国档案汇编系列］https://www.proquest.com/dbpo?accountid=41288。

25. U. S. Department of State, *Papers Relating to the Foreign Relations of the United States, Japan: 1931—1941*, Vol.1, Washington, D. C., U. S. Government Printing Office, 1943.

26. U. S. Department of State, *Papers Relating to the Foreign Relations of the United States, Japan: 1931—1941*, Vol.2, Washington, D. C., U. S. Government Printing Office, 1943.

27. U. S. Department of State, *Foreign Relations of the United States Diplomatic Papers, 1939*, Vol.3, Washington, D. C., U. S. Government Printing Office, 1955.

28. Walter Consuelo Langsam（ed.）, *Documents and Readings in the History of Europe Since 1918*, Philadelphia, J. B. Lippincott Company, 1951.

29. 島田俊彦、稲葉正夫編：《現代史資料》第 8 卷《日中戦争》（一），みすず書房，1964 年。

30. 臼井勝美、稲葉正夫編：《現代史資料》第 9 卷《日中戦争》（二），東京：みすず書房，1964 年。

31. 日本外務省編：《日本外交年表竝主要文書》（上、下册），東京：原書房，1965 年。

32. 日本國際政治學會太平洋戰爭原因研究部編：《太平洋戰爭への道：開戰外交史》（別卷），東京：朝日新聞社，1963 年。

三、日记、回忆录

1. 安东尼・艾登：《艾登回忆录：面对独裁者》（上、下卷），武雄等译，北京：商务印书馆，1977 年。

2. 安东尼・艾登：《艾登回忆录：清算》（上、下册），瞿同祖、赵曾玖译，北京：商务印书馆，2017 年。

3. 重光葵口述，古谷纲正记录：《重光葵外交回忆录》，天津市政协编译委员会译，北京：知识出版社，1982 年。

4. 顾维钧：《顾维钧回忆录》（共 13 册），中国社会科学院近代史研究所译，北京：中华书局，2013 年。

5.《蒋介石日记》(手稿)，美国斯坦福大学胡佛研究所藏。

6. 吉田茂：《回想十年》(共 3 册)，徐英东、田葳译，哈尔滨：北方文艺出版社，2019 年。

7. 林美莉编辑校订：《王世杰日记》(上、下册)，台北："中央研究院"近代史研究所，2012 年。

8. 李学通、刘萍、翁心钧整理：《翁文灏日记》(上、下册)，北京：中华书局，2001 年。

9. 伊万·迈斯基著，加布里埃尔·戈罗德茨基编注：《伦敦日记：苏联驻伦敦大使二战回忆》，全克林、赵文焕译，桂林：广西师范大学出版社，2021 年。

10. 温斯顿·丘吉尔：《丘吉尔第二次世界大战回忆录》(共 12 册)，方唐等译，北京：北京时代华文书局，2017 年。

11. 约瑟夫·C. 格鲁：《使日十年》，沙青青译，北京：社会科学文献出版社，2020 年。

12. "中央研究院"近代史研究所编印：《王子壮日记》(手稿本)(共 10 册)，台北："中央研究院"近代史研究所，2001 年。

13.《张发奎日记（1939—1941）》(手稿)，中国社会科学院近代史研究所藏。

四、报刊

1.《国闻周报》

2.《申报》

3.《上海报》

4.《外交部公报》

5.《外交评论》

6.《新政周刊》

7.《战地通信》

8.《循环》

9.《世界知识》

10. *South China Morning Post*

11. *The China Press*

12. *The North-China Daily News*

13. *The Shanghai Times*

五、专著、论文集

1. 艾·塞·马汉：《海军战略》，蔡鸿斡、田常吉译，北京：商务印书馆，1994年。

2. 安东尼·卡蒂：《南海的历史与主权》，王祥、武巍、拾壹译，北京：新星出版社，2023年。

3. 安德鲁·兰伯特：《海洋与权力：一部新文明史》，龚昊译，长沙：湖南文艺出版社，2021年。

4. 安德鲁·罗伯茨：《丘吉尔传：与命运同行》（上、下册），李晓霞译，北京：中信出版集团，2021年。

5. 保罗·肯尼迪：《英国海上主导权的兴衰》，沈志雄译，北京：人民出版社，2014年。

6. 保罗·肯尼迪：《大国的兴衰》（上、下册），王保存等译，北京：中信出版社，2013年。

7. 陈鸿瑜：《南海诸岛主权与国际冲突》，台北：台湾幼狮文化事业公司，1987年。

8. 戴维·雷诺兹：《大英帝国与第一次世界大战》，徐萍、高连兴译，北京：中国友谊出版公司，2019年。

9. 道格拉斯·福特：《太平洋战争》，刘建波译，北京：北京联合出版公司，2014年。

10. E.H.卡尔：《两次世界大战之间的国际关系：1919—1939》，徐蓝译，北京：商务印书馆，2012年。

11. 服部卓四郎：《大东亚战争全史》（3卷），张玉祥等译，北京：世界知识出版社，2016年。

12. 郭渊：《地缘政治与南海争端》，北京：中国社会科学出版社，2011年。

13. 格哈特·温伯格：《希特勒德国的对外政策》（上、下编），何江、张炳杰译，北京：商务印书馆，1992年。

14. 哈·麦金德：《历史的地理枢纽》，林尔蔚、陈江译，北京：商务印书馆，2010年。

15. 亨利·基辛格：《大外交》，顾淑馨、林添贵译，海口：海南出版社，1998年。

16. 胡德坤主编：《反法西斯战争时期的中国与世界研究》（共9卷），武汉：武汉大学出版社，2010年。

17. 胡杰：《海洋战略与不列颠帝国的兴盛》，北京：社会科学文献出版社，2012年。

18. A. J. P. 泰勒：《第二次世界大战的起源》，潘人杰、朱立人、黄鹂译，上海：华东师范大学出版社，1991 年。

19. 肯尼思·O. 摩根等：《牛津英国史》，方光荣译，北京：人民日报出版社，2021 年。

20. 李金明：《中国南海疆域研究》，福州：福建人民出版社，1999 年。

21. 李国强：《南中国海研究：历史与现状》，哈尔滨：黑龙江教育出版社，2003 年。

22. 黎蜗藤：《从地图开疆到人工造岛：南海百年纷争史》，台北：五南图书出版有限公司，2017 年。

23. 劳伦斯·詹姆斯：《大英帝国的崛起与衰落》，张子悦、解永春译，北京：中国友谊出版公司，2018 年。

24. 罗伯特·格拉特利主编：《牛津第三帝国史》，马诗远、韩芳译，北京：北京日报出版社，2021 年。

25. 马士、宓亨利：《远东国际关系史》，姚曾廙等译，上海：上海书店出版社，1998 年。

26. 麦克唐纳：《美国、英国与绥靖：1936—1939》，何抗生等译，北京：中国对外翻译出版公司，1987 年。

27. 牛军：《冷战时代的中国战略决策》，北京：世界知识出版社，2019 年。

28. 尼古拉斯·斯皮克曼：《和平地理学——边缘地带的战略》，俞海杰译，上海：上海人民出版社，2016 年。

29. 尼尔·弗格森：《世界战争与西方的衰落》，喻春兰译，广州：广东人民出版社，2015 年。

30. 浦野起央：《南海诸岛国际纷争史》，杨翠柏等译，南京：南京大学出版社，2017 年。

31. 齐锡生：《从舞台边缘走向中央：美国在中国抗战初期外交视野中的转变（1937—1941）》，北京：社会科学文献出版社，2018 年。

32. 钱宇明：《第二次世界大战与英美海权转移进程研究》，武汉：武汉大学出版社，2022 年。

33. 钱乘旦主编：《英帝国史》（共 8 卷），南京：江苏人民出版社，2019 年。

34. 钱乘旦主编：《英国通史》（共 6 卷），南京：江苏人民出版社，2016 年。

35. 日本防卫厅防卫研究所战史室：《中国事变陆军作战史》第二卷第二分册，田琪之译，北京：中华书局，1980 年。

36. 让-巴蒂斯特·迪罗塞尔：《外交史（1919—1978年）》，李仓人等译，上海：上海译文出版社，1982年。

37. 阮雅等著：《黄沙和长沙特考》，戴可来译，北京：商务印书馆，1978年。

38. 入江昭：《第二次世界大战在亚洲及太平洋的起源》，李响译，北京：社会科学文献出版社，2016年。

39. 萨本仁、潘兴明：《20世纪的中英关系》，上海：上海人民出版社，1996年。

40. 沈克勤：《南海诸岛主权争议述评》，台北：台湾学生书局，2009年。

41. 沈志华：《经济漩涡：观察冷战发生的新视角》，香港：开明书店，2022年。

42. 阿诺德·汤因比主编：《第二次世界大战全史》（共11卷），周国卿等译，上海：上海译文出版社，2015年。

43. 陶文钊、杨奎松、王建朗：《抗日战争时期中国对外关系》，北京：中国社会科学出版社，2009年。

44. 吴士存：《南沙争端的起源与发展》（修订版），北京：中国经济出版社，2013年。

45. 王立新：《踌躇的霸权：美国崛起后的身份困惑与秩序追求（1913—1945）》，北京：中国社会科学出版社，2015年。

46. 王建朗：《抗战初期的远东国际关系》，台北：东大图书股份有限公司，1996年。

47. 威廉·夏伊勒：《第三帝国的兴亡》（共4册），董乐山等译，南京：译林出版社，2020年。

48. 威廉森·默里等编：《缔造战略：统治者、国家与战争》，时殷弘等译，北京：世界知识出版社，2004年。

49. 武向平：《1936—1941年日本对德同盟政策研究》，北京：社会科学文献出版社，2020年。

50. 萧曦清：《南沙风云》，台北：台湾学生书局，2010年。

51. 徐蓝：《英国与中日战争（1931—1941）》，北京：北京师范学院出版社，1991年。

52. 徐蓝、耿志：《英美军事战略同盟关系的形成与发展（1919—1945）》，北京：北京师范大学出版社，2019年。

53. 许峰源主编：《民国时期南海主权争议》，台北：民间历史文化学社有限公司，2021年。

54. 信夫清三郎：《日本外交史》，天津社会科学院日本问题研究所译，北京：

商务印书馆，1980 年。

55. 杨奎松：《中间地带的革命——国际大背景下看中共成功之道》，太原：山西人民出版社，2010 年。

56. 伊恩·克肖：《命运攸关的抉择：1940—1941 年间改变世界的十个决策》，顾剑译，杭州：浙江人民出版社，2017 年。

57. 约翰·达尔文：《未竟的帝国：英国的全球扩张》，黄中宪译，台北：麦田出版社，2021 年。

58. Ann Trotter, *Britain and East Asia, 1933—1937*, London, Cambridge University Press, 1975.

59. A. J. P. Taylor, *English History, 1914—1945*, Oxford, Oxford University Press, 1992.

60. Andrew Field, *Royal Navy strategy in the Far East, 1919—1939: Preparing for War against Japan*, London, Frank Cass, 2004.

61. B. J. C. McKercher ed. *Anglo-American Relations in the 1920s: the Struggle for Supremacy*, London, Macmillan Press Ltd., 1991.

62. Bradford A. Lee, *Britain and the Sino-Japanese War, 1937—1939: A Study in the Dilemmas of British Decline*, Stanford，Stanford University Press, 1973.

63. Bill Hayton, *The South China Sea: The Struggle for Power in Asia*, New Haven and London, Yale University Press, 2014.

64. David Hancox, Victor Prescott, *Secret Hydrographic Surveys in the Spratly Islands*, London, Asean Academic Press Ltd., 1999.

65. Greg Kennedy, *Anglo-American Strategic Relations and the Far East, 1933—1939: Imperial Crossroads*, London: Francis Cass Publishers, 2002.

66. James Neidpath, *The Singapore Naval Base and the Defence of Britain's Eastern Empire, 1919—1941*, Oxford, Oxford University Press, 1981.

67. Jing Huang, Andrew Billo, eds., *Territorial Disputes in the South China Sea: Navigating Rough Waters*, Basingstoke: Palgrave Macmillan, 2005.

68. J. R. M. Butler, *Grand Strategy*, Vol.2, London, Her Majesty's Stationery Office, 1957.

69. J. R. Leutze, *Bargaining for Supremacy: Anglo-American Naval Collaboration, 1937—1941*, Chapel Hill, The University of North Carolina Press, 1977.

70. Joseph A. Maiolo, *The Royal Navy and Nazi Germany, 1933—39: A Study in Appeasement and the Origins of the Second World War*, London, Macmillan Press Ltd., 1998.

71. Kimie Hara, *Cold War Frontiers in the Asia-Pacific: Divided Territories in the*

San Francisco System, London and New York, Routledge, 2007.

72. Keith Sword ed., *The Soviet Takeover of the Polish Eastern Provinces, 1939— 1941*, London: Macmillan Publishers Limited, 1991.

73. Martin McCauley, *Origins of the Cold War 1941—1949*, London, Pearson Education Limited, 2008.

74. Monique Chemillier-Gendreau, *Sovereignty over the Paracel and Spratly Islands*, translated by H. L. Sutcliffe and M. McDonald, Hague, Kluwer Law International, 2000.

75. Marwyn S. Samuels, *Contest for the South China Sea*, New York and London, Methuen & Co., 1982.

76. Militärgeschichtliches Forschungsamt ed., *Germany and the Second World War*, Vol.4, Translated by Dean S. McMurry, Ewald Osers, Louise Willmot, Oxford, Clarendon Press, 1998.

77. Nehginpao Kipgen, *The Politics of South China Sea Disputes*, London and New York, Routledge, 2020.

78. Nalanda Roy, *The South China Sea Disputes: Past, Present, and Future*, London, Lexington Books, 2016.

79. N. H. Gibbs, *Grand Strategy*, Vol.1, London, Her Majesty's Stationery Office, 1976.

80. Nicholas R. Clifford, *Retreat from China: British Policy in the Far East, 1937— 1941*, London, Longmans, Green and Co. Ltd., 1967.

81. Niall Ferguson, *Empire: How Britain Made the Modern World*, London, Penguin Group, 2012.

82. Robert Dallek, *Franklin D. Roosevelt and American Foreign Policy, 1932—1945*, New York: Oxford University Press, 1979.

83. R.D. Hill, Norman G. Owen, E. V. Roberts eds., *Fishing in Troubled Waters: Proceedings of an Academic Conference on Territorial Claims in the South China Sea*, Centre of Asian Studies, University of Hong Kong, 1991.

六、工具书

1. 英汉军事缩略语大辞典编纂委员会编：《英汉军事缩略语大辞典》，北京：解放军出版社，2008 年。

2. 姚楠主编：《东南亚历史词典》，上海：上海辞书出版社，1995 年。

3. 新村出编：《広辞苑》，東京：岩波書店，1998 年。

4.《不列颠百科全书》国际中文版编辑部编：《不列颠百科全书：国际中文版》，北京：中国大百科全书出版社，1999 年。

5. 中国社会科学院近代史研究所翻译室编译：《近代来华外国人名辞典》，北京：中国社会科学出版社，1981 年。

七、期刊、集刊论文

1. 蔡梓：《20 世纪 30 年代初国民政府对西沙群岛问题的因应》，《史学月刊》2023 年第 2 期。

2. 蔡梓：《在变局中寻求突围：假道越南运输问题与中国对法博弈（1937—1940）》，《民国档案》2019 年第 3 期。

3. 陈鸿瑜：《英国对于南沙群岛之主张及其影响（1930—1951）》，《"国史馆"馆刊》2016 年总第 47 期。

4. 陈鸿瑜：《中华民国政府绘制南海诸岛范围线之决策过程及其意涵（1930—1951）》，《"国史馆"馆刊》2016 年总第 48 期。

5. 陈谦平：《抗战胜利后国民政府收复南海诸岛主权述论》，《近代史研究》2017 年第 2 期。

6. 陈欣之：《三十年代法国对南沙群岛主权宣示的回顾》，《问题与研究》（台北）1997 年第 11 期。

7. 陈梁芊：《20 世纪 30 年代初法国西沙群岛政策考论》，《边界与海洋研究》2024 年第 1 期。

8. 褚静涛：《国民政府管辖南沙群岛探析》，《江海学刊》2016 年第 5 期。

9. 崔巍：《"瓢虫"号事件与英日外交博弈》，《日本侵华南京大屠杀研究》2019 年第 2 期。

10. 崔巍：《1937 年英日就英国驻华大使被炸事件进行的外交博弈》，《学海》2015 年第 6 期。

11. 戴可来、张明亮：《中法〈重庆协议〉与西、南沙群岛问题》，《中国边疆史地研究》2001 年第 2 期。

12. 丁雁南：《史实与想象："嘉隆王插旗"说质疑》，《南京大学学报》（哲学·人文科学·社会科学）2015 年第 4 期。

13. 冯军南、华涛：《20 世纪 30 年代日本对我国南沙群岛政策的演变》，《中国边疆史地研究》2020 年第 1 期。

14. 冯军南：《1910—1930 年代日本对南沙群岛政策探析》，《海洋史研究》2020年总第 14 辑。

15. 房建昌：《近代南海诸岛海图史略——以英国海军海图官局及日本、美国、法国和德国近代测绘南沙群岛为中心（1685—1949 年）》，《海南大学学报》（人文社会科学版）2013 年第 4 期。

16. 郭渊：《20 世纪 30 年代初法国西沙立场的演变及评析》，《云南师范大学学报》（哲学社会科学版）2024 年第 1 期。

17. 郭渊、王静：《1937—1940 年日法的南沙群岛之争及交涉》，《军事历史研究》2022 年第 1 期。

18. 郭渊：《20 世纪 20—30 年代英国的西沙立场及对中法日关系的考量》，《世界历史》2020 年第 4 期。

19. 郭渊：《日占南沙与英国的外交应对》，《史林》2020 年第 3 期。

20. 郭渊：《英国政府对于在西沙建塔台的关注及主权立场（1910—1930）》，《军事历史研究》2019 年第 6 期。

21. 郭渊：《英国对南海九小岛事件的关注及外交应对》，《历史教学问题》2019年第 1 期。

22. 郭渊：《20 世纪 20 年代初孙中山与西沙岛务开发关系之考量——兼论英国对日本在西沙存在的关注及研判》，《社会科学》2018 年第 5 期。

23. 郭渊：《20 世纪 30 年代初中日法英对南沙战略作用的认知比较》，《海南热带海洋学院学报》2017 年第 6 期。

24. 郭渊：《20 世纪 10—20 年代法国对西沙群岛的认知及政策》，《暨南学报》（哲学社会科学版）2017 年第 7 期。

25. 郭渊：《南海九小岛事件与中日法之间的交涉》，《世界历史》2015 年第3 期。

26. 郭渊：《日本对东沙群岛的侵略与晚清政府的主权维护》，《福建论坛·人文社会科学版》2004 年第 8 期。

27. 谷名飞：《再谈"嘉隆皇帝插旗"说的真实性——基于法国档案的研究》，《南京大学学报》（哲学·人文科学·社会科学）2018 年第 2 期。

28. 顾跃挺、曹树基、许盘清：《对 19 世纪末中英铜货索赔案的再研究——法国史料"两广总督称西沙既不属于中国也不属于安南"的来龙去脉》，《清华大学学报》（哲学社会科学版）2023 年第 4 期。

29. 高翠：《英国与尼翁会议》，《首都师范大学学报》（社会科学报）2002 年第

5 期。

30. 韩永利、王营宝：《英国对日本侵蚀南沙群岛的应对（1937—1938）》，《军事历史研究》2022 年第 1 期。

31. 韩永利、胡德坤：《20 世纪 70 年代英国官方档案论证南沙群岛属于中国》，《边界与海洋研究》2017 年第 3 期。

32. 胡德坤、韩永利：《20 世纪 20—70 年代英国官方档案证实西沙群岛属于中国》，《边界与海洋研究》2021 年第 1 期。

33. 胡德坤：《中国抗战开启了中华民族复兴的新征程》，《世界历史》2015 年第 4 期。

34. 黄俊凌：《20 世纪 30 年代国民政府维护西沙群岛主权的对法交涉——基于国民政府外交档案所列史实和法理的探讨》，《边界与海洋研究》2020 年第 3 期。

35. 柯伟林：《关于民国时期中国国际化问题的新思考》，朱适、陈红民译，《浙江大学学报》（人文社会科学版）2007 年第 1 期。

36. 李国强：《民国政府与南沙群岛》，《近代史研究》1992 年第 6 期。

37. 李金明：《抗战前后中国政府维护西沙、南沙群岛主权的斗争》，《中国边疆史地研究》1998 年第 3 期。

38. 李金明：《抗战胜利后中国海军收复西沙、南沙群岛经过与评析》，《东南亚研究》2017 年第 3 期。

39. 栗广：《1930 年代美国对南海争端的立场评析》，《太平洋学报》2016 年第 7 期。

40. 李凯航、俞祖成：《明治日本"南进论"思想的形成与演变》，《南洋问题研究》2021 年第 2 期。

41. 林金枝：《外国确认中国拥有西沙和南沙群岛主权的论据》，《厦门大学学报》（哲社版）1992 年第 2 期。

42. 林金枝：《1912—1949 年中国政府行使和维护南海诸岛主权的斗争》，《南洋问题研究》1991 年第 4 期。

43. 吕一燃：《近代中国政府和人民维护南海诸岛主权概论》，《近代史研究》1997 年第 3 期。

44. 吕一燃：《日商西泽吉次掠夺东沙群岛资源与中日交涉》，《中国边疆史地研究》1994 年第 3 期。

45. 刘玉山：《论英国政府的南海政策（1920—1975）——以英国"外交部档案"为中心》，《浙江师范大学学报》（社会科学版）2019 年第 5 期。

46. 刘永连、卢玉敏:《从日本史料看近代日本势力对西沙群岛的渗透——以1921—1926 年何瑞年案为中心》,《中国边疆史地研究》2018 年第 1 期。

47. 鹿锡俊:《日本的国际战略与中日战争的扩大化——论联接中日战争和太平洋战争的一个关键原因》,《近代史研究》2007 年第 6 期。

48. 鹿锡俊:《中国问题与日本 1941 年的开战决策——以日方档案为依据的再确认》,《近代史研究》2008 年第 3 期。

49. 彭敦文:《从日本在南沙的经济开发活动看太平岛的岛屿地位》,《边界与海洋研究》2017 年第 4 期。

50. 齐世荣:《论英国对意大利的外交政策(1936 年 7 月—1938 年 11 月)》,《历史研究》2002 年第 1 期。

51. 任雯婧、彭敦文:《"九一八事变"前后法国声索西沙群岛"主权"研究补正》,《中国边疆史地研究》2023 年第 2 期。

52. 任雯婧:《法国南沙群岛政策与"九小岛事件"再研究》,《中国边疆史地研究》2019 年第 3 期。

53. 任雯婧:《20 世纪初法国西沙群岛政策的演变——基于法国外交部 20 世纪 30 年代西沙群岛档案的考察》,《海南大学学报(人文社会科学版)》2018 年第 6 期。

54. 孙冬虎:《南海诸岛外来地名的命名背景及其历史影响》,《地理研究》2000 年第 2 期。

55. 史桂芳:《第一次世界大战前后日本对外扩张与东亚格局之变动——以华盛顿体系为中心的考察》,《世界历史》2012 年第 4 期。

56. 谭卫元:《民国时期中国政府对南海诸岛设治管辖的历史考察》,《中国边疆史地研究》2016 年第 2 期。

57. 谭卫元:《美国对南沙群岛的认知与政策演变(1898—1946)》,《中国边疆史地研究》2022 年第 3 期。

58. 谭玉华:《二战前法国南中国海政策的演变》,《东南亚研究》2012 年第 5 期。

59. 王建朗:《抗战研究的方法与视野》,《抗日战争研究》2016 年第 1 期。

60. 王静、郭渊:《中法西沙争议及西沙气象台的筹设》,《中国边疆史地研究》2013 年第 4 期。

61. 王静:《20 世纪 30 年代初英国对西沙地缘形势的关注及立场》,《社会科学》2020 年第 7 期。

62. 王静:《英国对南沙群岛的勘测及其历史影响》,《文化学刊》2008 年第 6 期。

63. 王潞:《国际局势下的"九小岛事件"》,《学术研究》2015 年第 6 期。

64. 王子昌、王看:《20 世纪 30 年代初中国对法国强占南沙岛礁的回应及其证据意义》,《中国边疆史地研究》2019 年第 1 期。

65. 王胜:《法国统治印度支那时期的西沙与南沙群岛政策》,《海南大学学报(人文社会科学版)》2015 年第 2 期。

66. 温小平:《抗战胜利后中国政府进驻南海诸岛的后勤保障》,《海南大学学报》(人文社会科学版)2021 年第 4 期。

67. 吴士存:《南海缘何再度成为大国角逐的舞台》,《人民论坛·学术前沿》2021 年第 3 期。

68. 吴士存:《民国时期的南海诸岛问题》,《民国档案》1996 年第 3 期。

69. 武向平:《日德意苏"四国同盟"构想及演进述考》,《东北师大学报》(哲学社会科学版)2012 年第 6 期。

70. 肖自力、蔡梓:《多边关系框架下国民政府外交重心的转移(1937—1940)》,《历史研究》2019 年第 6 期。

71. 许盘清、安俊丽、曹树基:《航线与里程:文昌七洲洋与西沙七洲洋的地理位置》,《中国历史地理论丛》2022 年第 1 期。

72. 许盘清、曹树基:《西沙群岛主权:围绕帕拉塞尔(Paracel)的争论——基于 16—19 世纪西文地图的分析》,《南京大学学报》(哲学·人文科学·社会科学)2014 年第 5 期。

73. 许峰源:《蒋中正捍卫南海诸岛主权的努力(1945—1956)》,《海洋文化学刊》(台北)2017 年总第 22 期。

74. 许浩、杨珍奇:《民国时期维护南海主权是中国管辖权的延续》,《太平洋学报》2013 年第 12 期。

75. 徐国琦:《作为方法的"跨国史"及"共有的历史"》,《史学月刊》2017 年第 7 期。

76. 徐国琦:《"会当凌绝顶,一览众山小"——国际史研究方法及其应用》,《文史哲》2012 年第 5 期。

77. 徐蓝:《试论 20 世纪亚太地区国际格局的演变》,《首都师范大学学报》(社会科学版)2014 年第 3 期。

78. 许龙生:《中日两国围绕西沙群岛磷矿开发的合作、竞争与纠纷(1917—

1930）》,《史林》2017 年第 5 期。

79. 游博清:《英国东印度公司与南中国海水文调查（1779—1833）》,《自然科学史研究》2015 年第 1 期。

80. 赵沁雨:《论英国对南沙群岛主权归属认知的转变（1930—1980）》,《海南热带海洋学院学报》2020 年第 1 期。

81. 张明亮:《冷战前美国的南中国海政策》,《南洋问题研究》2006 年第 2 期。

82. 张明亮:《日本侵占中国西、南沙群岛及后果》,《历史教学》(高教版) 2006 年第 3 期。

83. 张愿:《帝国权力更替的开端——20 世纪 30 年代美英太平洋岛屿主权与跨太平洋航空之争》,《太平洋学报》2017 年第 9 期。

84. Chihiro Hosoya, "The 1934 Anglo-Japanese Nonaggression Pact", *International Studies Quarterly*, Vol.25, No.3 (Sept., 1981).

85. Christopher M. Bell, "Thinking the Unthinkable: British and American Naval Strategies for an Anglo-American War, 1918—1931", *The International History Review*, Vol.19, No.4 (Nov., 1997).

86. John Gallagher, "Nationalisms and the Crisis of Empire, 1919—1922", *Modern Asian Studies*, 1981, Vol.15, No.3.

87. John R. Ferris, "The Greatest Power on Earth: Great Britain in the 1920s", *The International History Review*, Vol.13, No.4 (Nov., 1991).

88. Kimie Hara, "The Post-War Japanese Peace Treaties and the China's Ocean Frontier Problems", *American Journal of Chinese Studies*, Vol.11, No.1 (April 2004).

89. Keith Neilson, "The Defence Requirements Sub-Committee, British Strategic Foreign Policy, Neville Chamberlain and the Path to Appeasement", *The English Historical Review*, Vol.118, No.477 (Jun., 2003).

90. Mark Hoskin, "Have Great Britain and Other Nations Previously Taken a Stance Concerning the Islands in the South China Sea?", *Australian Journal of Maritime & Ocean Affairs*, Vol.11, No.2 (2019).

91. Mark J. Valencia, "Southeast Asia: National Marine Interests and Marine Regionalism", *Ocean Development and International Law*, Vol.5, No.4 (1978).

92. Stein Tønnesson, "The South China Sea in the Age of European Decline", *Modern Asian Studies*, Vol.40, No.1 (Feb., 2006).

93. Stein Tønnesson, "Why are the Disputes in the South China Sea So Intractable? A

Historical Approach", *Asian Journal of Social Science*, Vol.30, No.3, SPECIAL FOCUS: Research on Southeast Asia in the Nordic Countries (2002).

94. Ulises Granados, "Japanese Expansion into the South China Sea: Colonization and Conflict, 1902—1939", *Journal of Asian History*, Vol.42, No.2 (2008).

95. Ulises Granados, "Chinese Ocean Policies Towards the South China Sea in a Transitional Period, 1946—1952", *China Review*, Vol.6, No.1, Special Issue on: Science and Technology Development in China (Spring 2006).

96. Ulises Granados, "As China Meets the Southern Sea Frontier: Ocean Identity in the Making, 1902—1937", *Pacific Affairs*, Vol.78, No.3 (Fall 2005).

后　记

　　我的第一部作品，在跌跌撞撞中，总算要出版了。回首自2018年初涉南海问题历史研究，时至今日，还是谈不上初窥门径。但无论如何，这部作品是我近六年来研究的一个阶段性小结。

　　我进入南海问题历史研究领域算是机缘巧合。是我的博士生导师南京大学陈谦平教授，把我带进这个"新天地"。当时我导师说，"你就和我一起研究英美的南海政策吧"。不承想，这成了我之后数年，甚至未来很多年的研究领域。导师在大方向的指导，让我少走了很多弯路；他对档案的格外注重，督促我在文献收集和整理工作上不敢懈怠；他时常强调要有"国际视野"，我牢记这一点，只是距离导师的要求还相差甚远。我很感念陈老师，是他给了我一个可以见识更广阔世界的珍贵机会。我很开心能以英国为研究对象，因为我喜欢的福尔摩斯和波洛，都活跃于英国，还有名侦探柯南的经典剧场版《贝克街的亡灵》，其主要舞台也在英国。在我看来，侦探和史学研究者是很像的，都致力于"发现真相"。

　　在学术摸索的过程中，我有幸得到中国社科院李国强研究员的指导和支持。李老师是我的博士答辩委员会主席，但他对我的指导却不止于博士学位论文。我毕业后，李老师多次拨冗

303

给予我指点和帮助。他一再鼓励我，让"小青椒"的我有信心继续探索。在我心里，他也是我的导师。

我由衷感激我的博士后合作导师华东师范大学姚昱教授。在站期间，他给予我充分的理解、支持并尽可能给我创设很好的科研环境，让我得以自由进行学术探索。我也很感激师母郭又新老师。我很享受和他们的日常聊天，而彼此的学术交流往往发生在这种宽松的氛围之中，话题超越了南海及共同感兴趣的大国关系，更多的是他们熟悉的经济冷战、人口跨境流动、地缘政治学，等等。谈笑之间，潜移默化、开阔了我的视野。而且，他们在生活上的关心，让"沪漂"的我感觉很温暖。这种温暖，让我得以"熬"过之前的两年，毕竟上海对我来说，是一座"陌生"的城市。

我铭记着华东师范大学沈志华教授对我的肯定和帮助。沈老师常常是"轻描淡写"的几句话，就让我深受启迪，尤其是他对"三海联动"的看法。就像《少年包青天》主题曲的歌词所说，"一些漫不经心的说话，将我疑惑解开"。

我还要感谢我的硕士生导师华南师范大学肖自力教授，是他手把手教授我论文写作的基本功。曾经的"文科楼422"，是我求学的"小灶"，我在那里度过了大部分的硕士时光。还有本科时期的宋德华、周永卫、段雪玉和王秀丽四位老师，他们都是我史学研究的"启蒙者"。2020年初在北京收集资料的时候，我还得到了首都师范大学姚百慧教授的重要帮助。

在文献收集和书稿写作过程中，温小平、朱德峰、陈梁芊、袁航、岳靖芝、任雯婧、李聪慧、王心同、程一玮、田地、陈锐、苏新欢、窦云婷、喻卓、薛鹏程、李梦醒、谢丽萍、孙博和田燕飞诸位好友提供了宝贵帮助。这是我的幸运。

刘同学是这部作品的第一位见证者，也是忠实的听众。每当思路中断，我总是把想法讲给她听。虽然很多时候刘同学只是静静听着，但我在讲述的过程中，慢慢打开了思路。

此刻，我真的很想亲口向陪伴我长大的爷爷奶奶讲述"英国在南海的故事"。我小时候，他们很喜欢听我"讲古"。然而，他们已经到了另一个世界。这个莫大的遗憾，是无法弥补了。

蔡　梓

2024 年 9 月 8 日于上海

图书在版编目(CIP)数据

变局中的抉择：英国南海诸岛政策研究：1920—
1941 / 蔡梓著. -- 上海：上海三联书店，2025.1.
(当代中国与世界/沈志华，姚昱主编). -- ISBN 978
- 7 - 5426 - 8509 - 4

Ⅰ. D815.3

中国国家版本馆 CIP 数据核字第 2024U5T702 号

本书是国家社会科学基金重大项目"二十世纪中国收复南海
诸岛历史主权研究"(18ZDA184)成果，并受上海市华东师范大学
教育发展基金会资助出版

· 当代中国与世界 ·

变局中的抉择：英国南海诸岛政策研究(1920—1941)

著　　者 / 蔡　梓

责任编辑 / 匡志宏
装帧设计 / ONE→ONE Studio
监　　制 / 姚　军
责任校对 / 王凌霄

出版发行 / 上海三联书店
　　　　　(200041)中国上海市静安区威海路 755 号 30 楼
邮　　箱 / sdxsanlian@sina.com
联系电话 / 编辑部：021 - 22895517
　　　　　发行部：021 - 22895559
印　　刷 / 上海展强印刷有限公司

版　　次 / 2025 年 1 月第 1 版
印　　次 / 2025 年 1 月第 1 次印刷
开　　本 / 890mm × 1240mm　1/32
字　　数 / 220 千字
印　　张 / 10.5
书　　号 / ISBN 978 - 7 - 5426 - 8509 - 4/D · 654
定　　价 / 58.00 元

敬启读者,如发现本书有印装质量问题,请与印刷厂联系 021 - 66366565